누적 판매량 63만 누 슬싸
상식 베스트셀러 1위 985회 달성*

수많은 취준생이 선택한
에듀윌 상식 교재 막강 라인업!

[월간] 취업에 강한 에듀윌 시사상식

多통하는 일반상식 통합대비서

일반상식 핵심기출 300제

공기업기출 일반상식

기출 금융경제 상식

언론사기출 최신 일반상식

93개월 베스트셀러 1위!*
Why 월간 에듀윌 시사상식

우수콘텐츠잡지 2021

업계 유일!
2년 연속 우수콘텐츠잡지 선정!*

Cover Story, 분야별 최신상식, 취업상식 실전TEST, 논술·찬반 등 취업에 필요한 모든 상식 콘텐츠 수록!

업계 최다!
월간 이슈&상식 부문 93개월 베스트셀러 1위!

수많은 취준생의 선택을 받은 취업상식 월간지 압도적 베스트셀러 1위!

10 YEARS ANNIVERSARY

업계 10년 이상의 역사!
『에듀윌 시사상식』 창간 10주년 돌파!

2011년 창간 이후 10년 넘게 발행되며 오랜 시간 취준생의 상식을 책임진 검증된 취업상식 월간지!

하루아침에 완성되지 않는 상식, 에듀윌 시사상식 정기구독이 답!

정기구독 신청 시 10% 할인

매월 자동 결제
정가 10,000원 9,000원

6개월 한 번에 결제
정가 60,000원 54,000원

12개월 한 번에 결제
정가 120,000원 108,000원

· 정기구독 시 매달 배송비가 무료입니다.
· 구독 중 정가가 올라도 추가 부담 없이 이용하실 수 있습니다.
· '매월 자동 결제'는 매달 20일 카카오페이로 자동 결제되며, 6개월/12개월/
  무기한 기간 설정이 가능합니다.

정기구독 신청 방법

인터넷
에듀윌 도서몰(book.eduwill.net) 접속 ▶
시사상식 정기구독 신청 ▶
매월 자동 결제 or 6개월/12개월 한 번에 결제

전 화
02-397-0178
(평일 09:30~18:00 / 토·일·공휴일 휴무)

입금계좌
국민은행 873201-04-208883 (예금주 : 에듀윌)

정기구독 신청·혜택
바로가기

에듀윌 시사상식과 #소통해요

#소통하는 방법

방법 1

QR코드 스캔 접속

방법 2

http://eduwill.kr/62dF

인터넷 주소 입력으로 접속

더 읽고 싶은 콘텐츠가 있으신가요?
더 풀고 싶은 문제가 있으신가요?
의견을 주시면 콘텐츠로 만들어 드립니다!

- ☑ 에듀윌 시사상식은 독자 여러분의 의견을 적극 반영하고자 합니다.
- ☑ 읽고 싶은 인터뷰, 칼럼 주제, 풀고 싶은 상식 문제 등 어떤 의견이든 남겨 주세요.
- ☑ 보내 주신 의견을 바탕으로 특집 콘텐츠 등이 기획될 예정입니다.

설문조사 참여 시
#스타벅스 아메리카노를 드립니다!

추첨 방법   매월 가장 적극적으로 의견을 주신 1분을 추첨하여 개별 연락

경품   스타벅스 아메리카노 Tall

취업에 강한

에듀윌
시사상식

SEP. 2022

09

CONTENTS

2022. 09. 통권 제135호

발행일 | 2022년 8월 25일(매월 발행)
편저 | 에듀윌 상식연구소
내용문의 | 02) 2650-3912
구독문의 | 02) 397-0178
팩스 | 02) 855-0008
ISBN | 979-11-360-1473-3
ISSN | 2713-4121

※ 「학습자료」 및 「정오표」도 에듀윌 도서몰
(book.eduwill.net) 도서자료실에서 함께
확인하실 수 있습니다.

PART 01

Cover Story 01

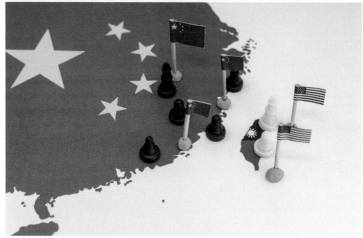

Cover Story 02

PART 02
분야별 최신상식

PART 03
취업상식 실전TEST

PART 04
상식을 넘은 상식

Cover Story

이 달 의 가 장 중 요 한 이 슈

1.

중부지방 집중호우

서울, 115년 만의
재난급 물폭탄

8월 8~9일 이틀간 중부지방에 기록적인 집중호우가
쏟아지면서 많은 인명과 재산손실 피해가 발생했다.
서울에서는 115년 만에 가장 많은 비가 내렸다.
집중호우로 인명 피해와 침수가 잇따랐다.
특히 강남구와 서초구에서 피해가 컸다.
강남역 일대는 주변보다 지대가 낮아 매번 수해에 취약하다.
관악구 신림동에서는 반지하 주택이 물에 잠겨 가족 3명이 참변을 당했다.
정부와 여당은 수해 피해가 큰 지역을 특별재난지역으로
선포하는 방안을 검토하기로 했다. 한편, 야당은 윤석열 대통령이
자택 주변이 침수된 가운데 자택에서 전화로 피해 상황을 보고받고
지시를 내린 것에 대해 무책임하다고 비판했다.

115년 만에 가장 강렬했던 서울 폭우

▲ 서울에 집중호우가 내린 8월 8일 밤 서울 강남구 대치동 한 아파트 주차장이 물에 잠겨 있다.

8월 8~9일 이틀간 서울·경기·인천·강원 등 중부지방에 기록적인 집중호우가 쏟아지면서 많은 인명과 재산손실 피해가 발생했다. 8월 8일 서울 등 수도권에 쏟아진 폭우는 하루 최대 강수량과 시간당 최대 강수량 모두 역대 최고치를 기록했다.

8월 9일 기상청에 따르면 서울 동작구 신대방동 기상청 서울청사에 설치된 자동기상관측장비가 나타낸 전날 일강수량은 381.5mm에 달했다. 이는 서울 종로구 송월동 서울기상관측소에서 관측되는 공식 기록인 1920년 8월 2일 일강수량 354.7mm를 뛰어넘은 수치로 115년 만에 가장 많은 비가 내렸다고 볼 수 있다.

시간당 강수량 기준으로도 신대방동에는 8월 8일 오후 8시 5분부터 오후 9시 5분까지 1시간 동안 141.5mm의 비가 내린 것으로 기록됐는데 이는 시간당 강수량 최고치 공식 기록인 1942년 8월 5일 118.6mm를 80년 만에 뛰어넘은 것이다.

중부지방에 '물폭탄'이 쏟아진 이유에 대해 기상청은 북쪽에서 내려온 찬 공기와 남쪽의 따뜻한 공기가 만나 형성된 정체전선(비구름대)이 한반도 상공에서 '물주머니'를 터뜨렸기 때문이라고 분석했다.

남쪽의 북태평양고기압이 시계방향으로 돌며 뜨겁고 습한 수증기를 계속 올려보냈고 동쪽의 오호츠크해고기압은 북쪽 저기압이 동쪽으로 오는 길목을 막아 이른바 ▪블로킹 현상이 나타났다. 여기에 서쪽의 티베트고기압이 북태평양고기압과 만나며 수증기 공급을 더욱 강하게 했다.

▪ 블로킹 현상 (blocking phenomenon)

블로킹 현상은 위도상 편서풍대에서 상층의 대규모 기압대가 정체하여 저기압의 이동을 저지하거나 방향을 변화시키는 현상을 말한다. 블로킹 현상이 발생하면 대류권 상층의 바람 패턴이 비정상적으로 나타나고 영향권 지역에서는 수일에서 길게는 수 주 동안 거의 같은 기상현상이 반복된다. 대기가 일종의 동맥 경화를 일으키는 것이라고 비유할 수 있다. 블로킹 현상은 전 세계적으로 정체불명의 이상 기후가 잦아지는 원인으로 꼽힌다.

➕ 고기압과 저기압의 특징

공기가 누르는 압력을 기압이라고 하는데 간단히 말해 주변보다 상대적으로 기압이 높은 곳은 고기압, 주변보다 기압이 낮은 곳은 저기압이라고 한다. 고기압일 때는 시계 방향으로 바람이 불고 하강 기류를 나타내며 날씨가 맑을 때가 많다. 저기압일 때는 바람이 반시계 방향으로 불고 상승 기류를 나타내며 비나 눈이 내리는 경우가 많다. 한반도 기후는 봄과 가을에 이동성 고기압, 여름에 북태평양고기압, 겨울에 대륙고기압의 영향을 많이 받는다.

인명 피해·침수 잇따라... 강남권 집중 피해

서울시는 8월 8일부터 중부지방 집중호우에 따른 시설물 피해가 3871건으로 집계됐다고 8월

▲ 2011년 차수문 설치로 집중호우 피해를 막았던 서초구 서초동 청남빌딩은 이번 폭우에서도 차수문 덕에 빗물을 완벽하게 막아내며 네티즌들의 탄성을 자아냈다. (유튜브 지호랑호동이랑 캡처)

10일 밝혔다. 이 중 주택·상가 등 사유시설 피해가 3604건, 공공시설 267건이었다. 차량 침수는 138건, 축대 및 담장 파손 36건이었다. 공공시설 피해는 도로 침수 224건, 지하차도 침수 25건, 지하철 침수 7건, 사면 유실 10건, 하천범람 1건이었다.

중앙재난안전대책본부에 따르면 기록적인 호우로 서울·경기·강원에서 16명이 사망·실종되고 이재민 398세대 570명이 발생했다. 이재민은 서울과 경기에 집중됐다. 또한 724세대 1253명이 일시 대피했다.

곳곳에서 대중교통 운행이 취소되거나 연착되면서 직장인들은 출퇴근길에 발이 묶였다. **고물가와 코로나19 재확산으로 고통 받던 상인들은 침수 피해까지 삼중고가 겹쳐 망연자실한 모습**이었다. 추석 대목을 한 달 앞두고 당장 생계가 위태로운 이들도 적지 않다.

서울 강남구와 서초구 일대에서는 특히 호우 피해가 컸다. 서초구 강남역 인근 반경 500m에서만 4명이 빗물에 휩쓸려 실종됐다. 이들은 주로 지하 주차장과 상가, 맨홀 하수구 등에서 실종됐다.

2010년 이후 서울에 큰비가 내릴 때마다 침수 피해는 강남 쪽에 집중됐다. 전문가들은 강남이 강북에 비해 아스팔트로 뒤덮인 면적이 넓다는 점을 지적한다. 빗물이 땅으로 흡수되지 못하고 도로에서 넘쳐흐른다는 것이다.

또한 상습 침수구역인 강남역 일대는 주변보다 지대가 10m가량 낮은 항아리 지형이고 지하철역을 포함한 지하공간이 넓어 빗물이 고이는 저류시설 설치가 쉽지 않아 수해에 취약하다고 한다. 이러한 까닭에 강남 지역의 시간당 강우 처리 용량은 85mm에 그친다. 그 이상으로 비가 내리면 피해가 불가피하다는 뜻이다.

한편, '착한 사마리아인'들이 더 큰 참사를 막았다. 강남역 인근의 한 시민은 맨홀을 들어올려 맨손으로 쓰레기를 치우며 물이 빠져나가도록 조치했다. 서초동에서는 빗물이 목까지 차오르는 도로에서 한 남성이 여성 운전자를 구해 헤엄쳐 나왔다. 용인시에서는 주민 4명이 하천 범람으로 차에 갇힌 시민을 구조했다.

✛ 착한 사마리아인 법

착한 사마리아인 법은 자신에게 특별한 부담이나 피해가 오지 않는데도 불구하고 다른 사람의 생명이나 신체에 중대한 위험이 발생하고 있음을 보고도 구조에 나서지 않는 경우에 처벌하는 법을 말한다. 성서에서 강도를 만나 죽게 된 사람을 제사장이나 레위 사람도 지나쳤지만 한 사마리아인이 성심껏 돌봐 구해 주었다는 데에서 비롯된 비유다.
착한 사마리아인 법은 도덕을 법률로 강제한 것으로서 도입을 둘러싸고 논란이 존재한다. 위험에 처한 이웃을 적극적으로 도울 것을 권장하고 사회에 본보기가 되는 의인들을 체계적으로 뒷받침하는 데 필요하다는 의견이 있는 반면 형법이 도덕을 강제한다면 개인의 양심에서 도덕성을 앗아갈 것이란 우려도 있다. 현재 우리나라는 착한 사마리아인 법을 적용하지 않지만 프랑스, 독일, 스위스, 네덜란드 등은 형법으로 이를 규정하여 다른 사람을 구조할 수 있음에도 고의로 구조하지 않는 자들을 처벌하고 있다.

신림 반지하 가족 참변... 외신까지 'banjiha' 보도

▲ 윤석열 대통령이 8월 9일 서울 관악구 신림동 침수 피해 현장을 방문, 현장에 대한 설명을 듣고 있다. 이 반지하 주택에서는 발달장애 가족이 지난밤 폭우로 말미암은 침수로 고립돼 사망하는 사고가 발생했다.

서울 관악구 신림동에서는 반지하 주택이 물에 잠기면서 40대 여성 A 씨와 그의 딸, A 씨의 발달장애를 가진 언니까지 3명이 참변을 당했다. 이들은 자매의 모친과 함께 4명이 반지하 집에서 거주했으며 사고 당시 모친은 병원 진료를 위해 집을 비웠던 것으로 알려졌다.

A 씨는 침수 신고를 했지만 경찰과 소방 당국이 도착했을 때는 이미 반지하에 물이 가득 들어찬 상황이었던 것으로 전해졌다. 윤석열 대통령은 8월 9일 참사 현장을 찾아 당시 호우 상황과 사고 신고 등 관련 보고를 받았다.

영국 BBC는 이 사건을 보도하면서 해당 반지하 집이 "오스카상을 받은 한국 영화 '기생충'에 나온 아파트와 거의 똑같이 생겼다"고 설명했다. 이 매체는 반지하 집을 'banjiha'라고 우리말 그대로 표기하기도 했다.

서울시는 이번 참사를 계기로 지하·반지하 주택을 퇴출키로 했다. 서울시는 8월 10일 '지하·반지하 거주 가구를 위한 안전대책'을 발표하면서 **앞으로 지하·반지하의 주거 목적 용도를 전면 불허**하고 장기적으로 서울 시내에서 지하·반지하 주택을 아예 없애기로 했다. 서울 시내에는 2020년 기준으로 **전체 가구의 5% 수준인 약 20만 호의 지하·반지하가 주거용으로 사용**되고 있다.

한편, 정부와 여당은 8월 10일 수해대책 점검 긴급 당정협의회를 열고 수도권과 강원·충청 등 수해 피해가 큰 지역에 대해 **▪특별재난지역**으로 선포하는 방안을 적극 검토하기로 했다. 당정은 또한 정부와 지자체가 전국적으로 배수펌프를 합동 점검할 수 있는 태스크포스를 만들어 차후 재해 상황에 대비할 방침이다.

▪특별재난지역 (特別災難地域)

특별재난지역은 재난·재해를 당한 지방자치단체와 주민들의 행정·재정적 부담을 덜어주기 위해 국가가 보조해주는 제도다. 1995년 삼풍백화점 붕괴 사고를 계기로 도입됐다. 도입 당시에는 대형사고 등 사회재난에 한해 특별재난지역을 선포할 수 있도록 했지만 2002년 태풍 '루사'를 계기로 자연재해 때도 선포할 수 있도록 대상을 확대했다.
특별재난지역은 '재난 및 안전관리기본법'에 따라 시·군·구별 피해액이 국고지원 기준(18억~42억원)의 2.5배를 초과할 경우 선포할 수 있다. 특별재난지역으로 선포되면 향후 피해 복구액 중 지자체 부담액의 일부를 국고로 추가 지원받을 수 있게 된다. 건강보험료 경감, 통신·전기·도시가스·지역난방 요금 감면, 병역의무 이행기일 연기, 동원훈련 면제 등 6개 항목의 간접 지원도 이뤄진다.

대통령 '자택 지시' 두고 여야 '콘트롤타워' 공방

윤석열 대통령은 8월 8일 서울 서초동 자택 주변이 침수된 가운데 자택에서 비 피해 상황을 보고받으며 전화로 지시를 내린 것으로 전해져 이른바 '콘트롤타워' 논란이 일었다.

8월 9일 대통령실에 따르면 윤 대통령은 전날 저녁부터 이날 새벽까지 한덕수 국무총리와 이상민 행정안전부 장관, 오세훈 서울시장과 통화하며 피해가 커지지 않도록 만전을 기할 것을 당부했다.

이날 윤 대통령은 중앙재난안전대책본부와 수해 현장을 방문하려 했지만 자택 주변 도로가 침수돼 일정이 무산됐고 헬기를 타고 이동하는 방안도 검토했지만 주민 불편 등을 이유로 단념했다고 한다.

야당은 재난 컨트롤타워인 대통령이 사저에서 전화로 지시한 것이 무책임하다고 비판했다. 조오섭 더불어민주당 대변인은 "대통령이 사실상 이재민이 되어버린 상황을 국민은 어떻게 받아들여야 하느냐"며 "취임 전 무조건 대통령실과 관저를 옮기겠다는 대통령의 고집이 부른 참사"라고 지적했다.

대통령실은 "비 오면 퇴근 안 하나? 대통령이 있는 곳이 바로 상황실"이라고 해명을 내놓았다가 오히려 야당 공격의 빌미가 됐다. 조 대변인은 "그러한 논리라면 NSC(국가안보보장회의) 위기관리 센터 등은 무슨 필요가 있는지 묻고 싶다"고 했다.

국민의힘은 "민주당이 대통령에 대한 정치 공세에만 열을 올리고 있다"고 맞대응했다. 박형수 국민의힘 원내대변인은 "윤 대통령은 폭우 상황에서 경호와 의전을 받으면서 외부로 나간다면 현장 인력들의 대처역량을 떨어뜨릴 수밖에 없다고 판단하고 자택에 머무르며 상황에 대처한 것"이라며 **"100년 만의 호우 피해를 정쟁의 소재로 이용하는 정치 공세를 멈추라"**고 반박했다.

하지만 여권 내에서도 대통령과 대통령실의 대처에 쓴 소리가 나왔다. 이재오 국민의힘 상임고문은 8월 10일 한 라디오 방송에 출연해 **"호우주의보가 내렸으면 퇴근하지 말고 재난센터를 가든지 대통령실에서 상황을 점검해야 했다"**고 지적했다. 윤 대통령은 8월 9일 신림동 주택 침수 지역을 시찰하며 "(어제) 퇴근하며 보니 다른 아파트들이 침수가 되더라"라고 말해 대통령 발언으로 부적절하다는 비판을 받기도 했다.

➕ 기상특보 발표 기준

기상청에서는 기상 재난을 예방하기 위해 주의보와 경보로 구분해 기상특보를 발표한다. 기상특보에 포함되는 10가지 기준은 ▲강풍 ▲풍랑 ▲호우 ▲대설 ▲건조 ▲폭풍해일 ▲한파 ▲태풍 ▲황사 ▲폭염이다. 이 중에서 호우는 3시간 강우량이 60mm 이상 예상되거나 12시간 강우량이 110mm 이상 예상될 때 호우주의보가 발령되고, 3시간 강우량이 90mm 이상 예상되거나 12시간 강우량이 180mm 이상 예상될 때 호우경보가 발령된다.

2.

펠로시 대만 방문 후폭풍

미중 갈등 최고조...
대만해협 초긴장

미국 권력 서열 3위인 낸시 펠로시 하원 의장이 대만 방문으로 동북아 일대에 후폭풍을 몰고 왔다. 펠로시 의장은 8월 3일 차이잉원 대만 총통을 만난 자리에서 "미국은 대만을 포기하지 않을 것이다"라고 밝혔다. 대만을 흡수통일하려는 중국을 향해 경고성 메시지를 던진 것이다. 펠로시 의장의 대만 방문과 발언에 격앙된 중국은 대만을 6방향에서 전면 봉쇄하는 군사 훈련에 나섰다. 대만해협을 둘러싼 양안 갈등은 최고조에 이르렀다.

美 권력자, 25년 만에 대만 방문

미국에서 **대통령·부통령에 이은 권력 서열 3위이자 의회 수장인 민주당 소속 낸시 펠로시 하원 의장**이 대만 방문으로 동북아 일대에 후폭풍을 몰고 왔다. 미국에서 하원 의장급 고위 인사가 재임 중 대만을 방문한 것은 1997년 뉴트 깅그리치 하원 의장 이후 25년 만이다. **◼하나의 중국 원칙**을 존중해왔던 미국은 이번 펠로시 의장의 방문을 계기로 전략적 모호성을 깨고 중국과의 갈등 구도에 불을 지폈다.

82세의 원로 정치인 펠로시 의장은 미국 정치권의 대표적인 반중파로 꼽힌다. 하원의원 시절인 1991년 베이징 천안문 광장에서 동료 의원들과 함께 천안문 사태로 희생된 사람들을 추모하기도 했고 중국에 대한 **◼최혜국 대우** 지위와 중국의 세계무역기구(WTO) 가입을 앞장서 반대했다. 중국 인권 문제를 꾸준히 비판하며 올해 2월에는 각국 지도자들이 베이징 동계올림픽을 보이콧해야 한다고 주장하기도 했다.

우크라이나 전쟁을 지원하며 러시아와 각을 세우고 있는 조 바이든 행정부로서는 한 번에 두 개의 전선(戰線)을 만들지 않는다는 미국의 전통적 외교 원칙에 따라 펠로시 의장의 대만 방문을 만류했다. 하지만 민주당이 오는 중간선거에서 하원 다수당 지위를 잃을 것이란 전망이 많은 가운데 펠로시 의장은 정계 은퇴 전 그간 일정을 미뤄뒀던 대만 방문을 강행했다.

8월 2일 대만 현지 언론에 따르면 펠로시 의장이 탄 것으로 추정되는 전용기는 말레이시아 쿠알라룸푸르 공항을 이륙해 동쪽으로 비행하다가 북쪽으로 방향을 틀어 필리핀해 상공으로 향했다. 중국의 군사시설이 있는 남중국해를 우회하는 등 첩보영화를 방불케 한 장면이었다.

◼ 하나의 중국 원칙 (one China policy)

하나의 중국 원칙은 중국 대륙과 홍콩, 마카오, 대만은 나뉠 수 없는 하나이고 따라서 합법적인 중국 정부는 오직 하나라는 원칙을 말한다. 중국은 이 원칙에 따라 본토 중화인민공화국만을 유일한 합법 정부로 인정하며 대만은 언젠가 다시 흡수 통일할 지방자치단체의 하나로 보고 있다.

이 원칙은 1949년 중국 공산당과의 전쟁에서 패한 국민당 정부가 대만으로 쫓겨나고 본토에 공산당 정권이 들어서면서 이후 국민당과 공산당 양측 모두 자신이 중국 전체를 대표하는 유일한 정부라고 주장하며 하나의 중국 원칙을 내세웠던 데서 비롯됐다.

중국은 자국과 수교하는 모든 국가에 대해 이 원칙을 수용하라고 요구하고 있다. 1990년대 이후 중국이 경제 대국으로 떠오르면서 한국은 물론 미국, 일본 등 주요 국가도 이 원칙을 따르고 중국을 유일한 합법 정부로 인정하게 되었다. 다만 대만과 비공식적인 관계를 맺는 것은 묵인되고 있다.

◼ 최혜국 대우 (MFN, Most Favored Nation treatment)

최혜국 대우(MFN)는 통상 조건에서 한 나라가 어떤 외국에 부여하고 있는 가장 유리한 특혜를 다른 상대국에도 부여하는 것을 말한다. 예를 들어 A 국가와 B 국가가 관세율을 5%로 정한다는 조약을 체결했을 때 C 국가도 5% 관세율을 부과해달라고 주장할 수 있는 것이 최혜국 대우다. 세계무역기구(WTO) 체제는 가입국 간 무역 장벽과 차별 철폐가 원칙인 만큼 정상적 외교가 이뤄지는 국가 간에는 대부분 최혜국 대우가 적용된다.

中 코앞에서 안보·인권 거침없이 난타... "美는 대만 포기 않을 것"

펠로시 의장은 8월 2일 타이베이 쑹산 공항에 도착하자마자 낸 성명에서 "미 의회 대표단의 대만 방문은 대만의 힘찬 민주주의를 지원하려는 미국의 확고한 약속에 따른 것"이라고 밝혔다. 그는 "전 세계가 독재와 민주주의 사이에서 선택을 마

▲ 낸시 펠로시 미국 하원 의장이 대만을 방문해 차이잉원 대만 총통을 만났다.

주한 상황에서 2300만 대만 국민에 대한 미국의 연대는 오늘날 그 어느 때보다 중요하다"고 강조했다.

중국의 거센 반발과 논란 속에 이뤄진 자신의 대만 방문이 공산주의 독재 국가인 중국에 맞선 민주주의 질서 수호라는 점을 분명히 한 것이다.

펠로시 의장은 몇 년간 중국이 대만과의 긴장을 매우 높이고 있다며 "미 국방부는 중국군이 대만을 무력 통일하고자 비상사태를 준비할 가능성이 크다고 결론을 지었다"고 언급했다. 아울러 "중국은 매일 대만 정부기관에 수십 건의 사이버 공격을 하고 있고 대만을 경제적으로 압박하며 대만과 협력하는 국가와 기업을 위협하고 있다"고 비판했다.

펠로시 의장은 이번 방문이 ▲대만관계법 ▲상호 불간섭 ▲대만 무기 수출 감축 등을 아우른 미중 3대 공동성명 및 하나의 중국 정책에 모순되는 게 아니라면서 "미국은 현상을 변경하려는 일방적인 시도에 반대한다"고 말했다.

그러면서도 중국이 자국 일부로 간주하는 대만에

서 중국 최고 지도자 시진핑 국가주석에게 직격탄을 날렸다. 펠로시 의장은 "시진핑 중국 국가주석이 집권을 강화하면서 혹독한 인권 기록과 법치에 대한 무시는 지속되고 있다"고 지적했다.

그는 또한 홍콩 사태를 거론하며 "중국은 ▪일국양제 약속을 쓰레기통에 던져버렸다. 티베트와 신장에서도 소수민족 대량학살을 자행하고 있다"고 비난했다.

펠로시 의장은 8월 3일 차이잉원 대만 총통을 만난 자리에서 "미국은 대만을 포기하지 않을 것이다"라고 밝혔다. 대만을 흡수통일하려는 중국을 향해 경고성 메시지를 던진 것이다. 펠로시 의장은 이날 "대만과 세계 다른 지역 민주주의를 지키려는 미국의 결의는 철통(Iron clad)같다"며 미국의 대만 수호 의지를 여러 차례 강조했다.

한편, 8월 4일 펠로시 의장은 대만에 이어 한국을 방문했다. 펠로시 의장은 판문점 JSA(Joint Security Area·공동경비구역)를 방문해 "이번 방문이 한미 간 강력한 대북 억지력의 징표가 될 것"이라고 했다. 펠로시 의장은 이날 윤석열 대통령과 40분간 통화했다. 윤 대통령은 통화에서 "펠로시 의장의 (판문점) 방문이 한미 간 대북 억지력의 징표가 될 것"이라며 "아시아 순방이 끝까지 성공하고 잘 마무리되길 바란다"고 말했다.

펠로시 의장은 "한미동맹은 특히 도덕적으로 반드시 지켜야 하는 것"이라고 말했다고 대통령실이 전했다. 일각에서는 비록 휴가 중이었다고 하나 윤 대통령이 다른 순방국과 달리 펠로시 의장을 만나지 않은 것을 두고 중국을 의식한 것 아니냐는 추측을 제기했다.

■ **일국양제 (一國兩制)**

일국양제는 하나의 국가 안에 자본주의와 사회주의 두 체제를 받아들인다는 뜻으로 중국의 홍콩·대만 통일 원칙이다. 이 용어는 개혁·개방론자였던 덩샤오핑(1904~1997)이 1978년 중국 공산당 11기 3중전회(중앙위원회 전체회의)에서 '사회주의를 핵심으로 하되, 경제체제는 사회·자본주의 두 개를 병행할 수 있다'고 선언한 데서 유래됐다. 이후 일국양제는 1997년 7월 홍콩이 중국으로 반환되면서 적용돼 홍콩의 통치 원칙이 되었지만, 2020년 7월 1일 홍콩 국가보안법이 통과되면서 일국양제의 원칙이 깨졌다.

中, 대만 6방향 전면 포위 훈련

펠로시 의장의 대만 방문과 발언에 격앙된 중국은 대만을 6방향에서 전면 봉쇄하는 군사 훈련에 나섰고 대만해협을 둘러싼 **양안**(兩岸 : 중국과 대만 간의 관계를 나타내는 말) 갈등은 최고조에 이르렀다. 중국은 8월 3일 대만 인근 해역에 군사훈련 구역을 설정했다. 왕이 중국 국무위원 겸 외교부장은 "(미국은) 반드시 머리가 깨져 피를 흘리게 될 것"이라고 위협했다.

중국 관영 신화통신은 중국 인민해방군이 대만을 둘러싸는 형태로 설정한 6개 구역의 위도와 경도를 소개하면서 인민해방군이 8월 4일 정오부터 7일 정오까지 해당 해역과 공역에서 중요 군사훈련과 실탄사격을 실시할 것이라고 전했다. 인민해방군의 훈련 구역은 대만 본토와 거리가 불과

16km 떨어졌을 정도로 가까웠다.

통신은 "안전을 위해 이 기간 관련 선박과 항공기는 상술한 해역과 공역에 진입하지 말라"고 통지했다. 앞서 중국군은 펠로시 의장이 도착한 8월 2일 밤 21대의 군용기를 대만 방공식별구역(ADIZ) 서남 공역에 진입시켜 무력시위를 벌였다. 대만 식품 수입 금지 등 경제 제재 조치도 즉각 시작됐다.

대만 국방부는 "중국의 훈련은 대만 영토를 침범하고 대만의 영공과 해상을 봉쇄하는 것과 같다"며 "유엔 규정을 위반한 훈련"이라고 규탄했다.

한편, 중국이 군사훈련 중 쏜 미사일 일부가 일본이 설정한 ■**배타적경제수역(EEZ)** 안쪽에 떨어졌다고 교도통신이 8월 4일 보도했다. 중국의 탄도미사일이 일본이 설정한 EEZ 안쪽에 떨어진 것은 이번이 처음이다.

■ **배타적경제수역 (EEZ, Exclusive Economic Zone)**

배타적경제수역은 자국 연안으로부터 200해리까지의 모든 자원에 대해 독점적 권리를 행사할 수 있는 국제 해양법상의 바다 면적이다. UN 해양법 협약에 의해 1994년 12월에 발효되어 1995년 12월 정기국회에서 비준하였다. EEZ 내에서는 수면으로부터 해저 하토층(대륙붕 포함)에 이르기까지 생물 및 무생물 자원의 개발과 이용, 해수와 해풍을 이용한 에너지 생산, 인공 섬과 구조물 설치, 해양조사 및 해양환경보호 등에 관한 연안국의 관할권이 인정된다. 타국 어선이 주권국의 허가 없이 EEZ를 통항하는 것은 가능하나, EEZ 내에서 조업하기 위해서는 주권국의 허가를 받아야 한다. EEZ는 통상 인접국의 EEZ와 겹치는 경우가 빈번하여 경계획정 분쟁이 발생하기 때문에, 어떤 나라가 일방적으로 선포한다고 해서 즉각 EEZ 권리가 인정되는 것은 아니다.

분야별
최신상식

정치
행정

국민의힘 비대위 전환...
이준석 반발 문제 여전

■ **원내대표 (院內代表)**

원내대표는 국회 내에서 당의
실질적인 사령탑으로서, 소속
의원들을 통솔하며 당무(黨務)
를 맡고 의사(議事)와 대외관계
에서 당을 대표하는 의원이다.
원내대표는 일반적으로 동일
정당 소속의 의원들로 구성되
는 국회 교섭단체를 대표하므로
반드시 의원 신분이어야 한다.

비대위원장에 주호영

국민의힘 상임전국위원회가 8월 5일 **현재 당 상황을 '비상 상황'이라고 규정
하며 비상대책위원회로의 전환을 추인**했다. 앞서 의원총회 논의와 최고위
원회 의결에 이어 이날 상임전국위에서 비대위 출범의 전제조건인 '비상 상
황'에 대한 결론을 내리며 국민의힘은 비대위 체제로 전환됐다.

상임위는 이날 참석 인원 40명 가운데 29명의 찬성으로 현재의 당 상황을
'비상 상황'으로 보는 당헌 유권 해석 안건을 의결했다. 권성동 ■**원내대표**가
당 대표 직무대행 사퇴 의사를 밝히고 배현진·조수진·윤영석 최고위원이
사퇴함에 따라 당 지도부인 최고위 기능이 상실됐다고 본 것이다.

국민의힘은 8월 9일 의원총회에서 5선 중진인 주호영 의원을 비상대책위원
장으로 임명하는 안건을 추인했다. 주호영 비대위원장은 8월 10일 비대위
출범 첫 일정으로 수해 대책을 위한 긴급 당정 협의회를 열었다.

이준석 소송전으로 대응...국민의힘 전운

국민의힘 비대위 출범을 앞둔 상황에서 당 대표 직무가 정지된 ■**이준석**(사

판하기도 했다.

이 대표는 8월 13일 기자회견에서 권성동, 이철규, 장제원 의원 등 이른바 '윤핵관'(윤석열 핵심 관계자)의 실명을 일일이 거론하며 "저는 그들과 끝까지 싸울 것"이라고 했다. 자신의 성 접대 의혹에 따른 징계와 비대위 출범이 자신을 몰아내기 위한 윤핵관의 정치적 술수라는 주장이다.

■ 이준석 (李俊錫, 1985~)

이준석은 2021년 6월 11일 국민의힘 당 대표로 선출된 정치인이다. 2011년 11월 당시 박근혜 새누리당 대표와의 개인적 인연으로 한나라당 비상대책위원회 외부 영입위원에 지명돼 정계에 입문한 이준석은 1985년생으로 헌정사상 거대 양당 내 첫 30대 당 대표가 됐다. 국회의원 경력이 전혀 없는 '0선' 이준석이 4·5선 중진 의원을 모두 꺾고 당선된 것은 정치 혁신과 세대교체를 향한 국민의 열망이 반영된 것으로 풀이됐다. 이에 이준석은 정치 세대교체 열망을 실현할 적임자로 기대받았고 대선까지 승리로 이끌었지만 이른바 '윤핵관'과 갈등을 빚다가 사실상 당 밖으로 밀려났다. 2022년 7월 8일 이준석은 성 접대 의혹 무마를 위해 증거 인멸을 교사한 혐의와 관련하여 윤리위가 품위유지 의무 위반으로 당원권 6개월 정지 처분을 내려 당 대표 직무가 정지됐고 431일 만에 불명예 퇴진했다.

■ 효력정지 가처분 신청 (效力停止假處分申請)

효력정지 가처분 신청이란 분쟁이 있는 권리 혹은 법률관계에서 효력이 발생하는 것을 정지해달라는 청구로서 본안 소송의 판결 전 효력정지를 하기 위해 신청하는 법적 조치다. 가처분이란 금전채권 이외의 권리 또는 법률관계에 관한 확정판결의 강제집행을 유지하기 위한 집행보전제도를 말한다.

POINT   **세 줄 요약**

❶ 국민의힘이 당 상황을 비상 상황이라 규정하며 비상대책위원회로의 전환을 추인했다.

❷ 직무가 정지된 이준석 국민의힘 대표는 법적 대응에 나섰다.

❸ 앞서 권성동 원내대표의 문자 유출 사태로 친윤계와 이 대표의 갈등이 고조됐다.

진) 국민의힘 대표가 법적 대응 방침을 밝히며 항전 태세를 군힘에 따라 여당의 내홍은 계속될 전망이다. 이 대표는 전국위의 비대위원장 임명안 의결 즉시 **효력정지 가처분 신청**에 나설 것이라고 밝힌 바 있다.

이 대표 측은 8월 11일 ▲최고위 및 전국위의 비대위 의결 효력 정지 ▲추후 임명될 비대위원장의 직무 정지 ▲당 윤리위의 이 대표 징계 결정 등에 대해 효력정지 가처분 신청을 냈다. 비대위가 속전속결로 구성됐지만 당내에서는 여전히 이준석 리스크를 우려하고 있다.

앞서 국민의힘 내에서는 윤석열 대통령이 이 대표에 대해 '내부 총질하던 당 대표'라고 표현한 텔레그램 메시지가 권성동 원내대표의 이른바 '문자 유출 사태'로 공개되며 친윤계와 이 대표 간 갈등이 고조됐고 결국 국민의힘의 비대위 체제로 이어졌다. 이 대표는 윤 대통령의 '내부 총질' 텔레그램 대화 내용이 공개되자 **'양두구육(羊頭狗肉 : 겉은 번지르르하나 속은 변변치 않음)'**이라고 비

헌재 "사후 통지 없는
통신 자료 수집은 헌법불합치"

수사·정보기관이 영장 없이도 이동통신사를 통해 가입자의 이름과 주민등록번호 등 개인정보를 제공받아 수집하면서 당사자에게 사후 통지 절차를 마련하지 않은 것은 헌법에 위반된다고 헌법재판소가 판단했다.

헌법재판소는 7월 21일 전기통신사업법 83조 3항 등에 대한 헌법소원 사건에서 재판관 전원 일치 의견으로 헌법불합치 결정을 내렸다. **헌법불합치는 법이 헌법에 위반된다고 판단하면서도 사회적 혼란을 줄이기 위해 법 개정 전까지는 효력을 유지하는 결정**이다. 국회가 2023년 12월까지 법 개정을 하지 않으면 이 조항은 효력을 잃게 된다.

헌재는 "수사기관 등이 이동통신사에 통신 자료 제공 요청을 해서 이용자의 자료를 확보하면 수사나 형의 집행, 국가안전보장 활동의 신속성과 효율성을 도모할 수 있고 실체적 진실 발견에도 기여할 수 있다"며 "해당 조항이 통신자료 제공 요청의 사유와 범위를 한정하고 있어서 침해의 최소성에 위배되지 않고 법익의 균형성도 이루고

있다"고 밝혔다.

다만, "이 조항은 정보 주체인 이용자에 대한 아무런 통지 절차를 두지 않아 자신의 개인정보가 수사기관 등에 제공됐음에도 이용자는 이를 알지 못한 채 자신의 개인 정보에 대한 통제 기회를 가질 수 없다"며 "수사기관 등의 통신자료 취득에 따른 이용자에 대한 사후통지절차를 규정하지 않은 것은 적법절차원칙을 위배해 이용자의 개인정보자기결정권을 침해한다"고 판단했다.

민주사회를 위한 변호사모임과 참여연대 등은 2016년 이 사건 관련 헌법소원을 제기했다. 헌재는 여기에 지난해 공수처가 '고발 사주' 등 수사 명목으로 기자와 시민의 통신자료를 광범위하게 수집한 것이 위헌이라며 제기된 헌법소원 등을 병합해 심리했다.

➕ 최고법원은 어디? 헌재와 대법의 힘겨루기

최근 최고법원 위상을 둘러싼 헌법재판소와 대법원 간 갈등의 골이 깊어지고 있다. 헌재가 대법원 판결에 대한 재심 기각 재판을 재차 취소했기 때문이다. 헌재가 대법 판결을 취소한 건 세 번째다. 헌재의 잇따른 재판 취소 결정에 대법원은 "최고법원은 대법원이란 입장에 변함은 없다"며 불편한 기색을 내비쳤다.

헌재는 지난 7월 21일 GS칼텍스, 롯데디에프리테일, KSS해운이 옛 조세감면규제법(1993년 개정 전 법률) 부칙 23조와 관련해 제기한 재심 청구에 대한 법원 기각 판결을 재판관 전원일치 의견으로 취소 결정했다. GS 칼텍스 등은 헌재가 해당 조항에 한정위헌 결정을 내린 뒤 재심을 청구했으나 2013년 법원에서 기각됐다. 한정 위헌은 '단순 위헌'과 달리 법 조항은 그대로 둔 채 '법원이 이렇게 해석하거나 적용하면 위헌'이라고 보는 것이다.

대법원은 헌재 결정에 대해 "종전 입장에서 변함없다"고 밝혔다. 즉각적 반발로 두 기관이 정면 충돌하는 모

양새를 피하겠다는 의도일 뿐, 헌재 결정을 인정하지 않겠다는 대법원의 그간 입장은 바뀌지 않았다. 더불어 "법령의 해석·적용 권한은 대법원을 최고법원으로 하는 법원에 전속하는 것"이라며 "다른 국가기관이 법률 해석기준을 제시해 법원으로 하여금 구체적 사건에 적용하도록 하는 등 간섭하는 것은 사법권 독립의 원칙상 허용될 수 없다"고 강조했다.

법조계에선 헌재와 대법원의 힘겨루기로 결국 국민들이 피해를 볼 것을 우려한다. 이날 재판 취소 결정을 받아낸 GS칼텍스의 경우, 통상적이라면 헌재 결정을 근거로 법원에 다시 재심을 청구하는 게 일반적이지만 법원은 다시 기각할 가능성이 높다. 헌재와 대법원이 견해를 바꾸지 않는 이상, 법원 재심 기각과 헌재 재판 취소를 반복하게 된다는 것이다.

尹 대통령 휴가…
첫 일정은 대학로 연극 관람

▲ 윤석열 대통령 부부가 대학로에서 연극을 관람하고 배우들과 사진을 찍었다.

윤석열 대통령이 취임 후 첫 여름휴가를 보냈다. 대통령실 측은 8월 1일 브리핑을 통해 "윤 대통령이 8월 2~3일 지방서 휴가를 보내는 방안을 검토 중이었는데 최종적으로 가지 않는 것으로 결정했다"고 말했다. 윤 대통령은 서울 서초동 사저에 머물며 정국 구상을 하고 휴식을 취하기로 했다.

윤 대통령과 부인 김건희 여사는 8월 3일 휴가 첫 외부 일정으로 서울 대학로에서 연극을 관람했다. 대통령실은 "윤 대통령과 김 여사가 오늘 저녁 대학로에 있는 한 극장에서 연극 '2호선 세입자'를 관람했다"고 밝혔다. 동명의 **웹툰을 원작으로 한 연극 '2호선 세입자'는 2호선에 살고 있는 세입자와 그들을 쫓아내야만 하는 비정규직 신입사원의 갈등**을 담고 있다.

윤 대통령은 연극 관람 후 배우들과 인근 식당에서 식사를 하면서 최근 연극계의 어려운 사정을 듣고 배우들을 격려했다고 대통령실은 전했다.

尹, 휴가 중 펠로시와 전화통화

한편, 대통령실은 8월 4일 윤 대통령이 한국을 방문 중인 낸시 펠로시 미국 연방 하원 의장과 전화통화를 했다고 밝혔다. 앞서 대통령실은 윤 대통령이 8월 1일부터 닷새간 여름휴가에 돌입한 만큼 펠로시 의장과 면담 계획이 없다고 발표했다.

그러나 미국 권력 서열 3위인 펠로시 의장이 동아시아를 순방하며 대외 정책 기조를 재편하고 있는 중대한 시점에 대통령이 휴가를 이유로 펠로시 의장을 만나지 않는다는 것에 여권에서도 비판이 쇄도했고 윤 대통령은 이를 고려해 전화통화를 한 것으로 보인다.

이밖에도 윤 대통령이 휴가 중인 가운데 용산구 한남동 대통령 관저 공사를 김건희 여사가 운영했던 코바나컨텐츠를 후원한 업체가 **수의계약**으로 맡았다는 의혹이 일었다. 야권은 해당 업체가 김 여사와의 과거 인연으로 관저 공사를 따낸 것이 아니냐고 추궁했다.

행안부 경찰국 출범...
초대 국장에 김순호 치안감

1991년 내무부(현 행정안전부) 치안본부를 경찰청으로 분리해 운영한 지 33년 만에 행정안전부 ■**경찰국**이 8월 2일 공식 출범했다. **초대 경찰국장으로는 비(非)경찰대 출신의 김순호** 경찰청 국가수사본부 안보수사국장(치안감)이 임명됐다.

경찰국은 경찰법과 경찰공무원법 등 개별 법률이 구체적으로 명시한 총경 이상 경찰공무원 임용 제청 권한 등 행안부 장관의 책임과 권한 수행을 지원한다. 경찰국은 경찰청과의 긴밀한 소통과 협업체계 구축을 위해서 경찰청과 가까운 정부서울청사에 입주한다.

김순호 경찰국장은 이날 기자들과 만난 자리에서

"국민과 경찰 동료들이 우려하는 점이 무엇인지 충분히 잘 알고 있다"며 "그래서 더욱 책임감이 무겁고 막중한 사명감을 느낀다"고 말했다.

이어 "경찰국이 하는 일을 중간중간 기자들과 경찰 동료들에게 설명하고 의견 수렴해서 오류가 없도록 하겠다. 국민의 경찰로 거듭나는 데 디딤돌 역할을 하는 경찰국이 될 수 있도록 소명을 다하겠다"고 밝혔다.

경찰조직의 거센 반발 속에 공식 출범한 경찰국의 앞길은 순탄치 않을 전망이다. 국가경찰위원회가 경찰국 출범에 유감을 표시한 데 이어 정치권에선 경찰국을 무력화하기 위한 입법을 준비하고 있다. 경찰 내부에서도 경찰대 출신 간부들을 중심으로 부당한 인사에 대한 우려가 나오면서 반발 분위기가 이어지는 분위기다.

여기에 김순호 경찰국장이 1989년 인천부천민주노동자회(인노회) 동료들을 밀고해 경찰에 특채됐다는 의혹이 나왔다. 주요 언론 보도에 따르면 김 경찰국장은 인노회 사건 전부터 성균관대에서 주요 이념 서클의 동향 보고를 했다는 ■**프락치** 의혹까지 받고 있다.

■ **프락치 (fraktsiya)**

프락치는 영어로 분파(fraction)에 해당하는 러시아어(fraktsiya)에서 나온 말로 본래 당파, 파벌, 그룹, 집단 등을 뜻하는 단어. 우리나라에서는 주로 어떤 목적을 위해 신분을 숨기고 다른 단체에 들어가 첩자 활동을 하는 사람을 뜻하는 말로 쓰이고 있다. 1949년 당시 남조선로동당 소속 국회의원 몇 명이 국회에서 북한의 입장을 대변했다는 '국회 프락치 사건' 이후로 널리 쓰이게 됐다. 대학가의 민주화 시위가 활발했던 1980년대 전후로 군사정권이 대학생들의 동향을 파악하기 위해 투입한 '가짜 대학생'들이 프락치라고 불렸다.

검찰, 민주당 '대선공약 개발' 의혹 여성가족부 압수수색

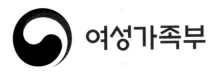

여성가족부의 '대선공약 개발 의혹'을 수사 중인 검찰이 7월 28일 여가부 압수수색에 나섰다. 검찰은 20대 대선을 앞두고 더불어민주당이 대선공약에 활용할 자료를 요구해 여가부가 정책 초안을 작성하고 건넨 혐의를 수사 중이다. 중앙선거관리위원회는 지난해 11월 12일 김경선 전 차관 등 공무원 2명을 ■**공직선거법**상 **공무원의 정치적 중립 의무 위반 혐의**로 대검에 고발한 바 있다.

선관위에 따르면 여가부 공무원 A 씨는 '특정 정당' 정책연구위원으로부터 대선 공약에 활용할 자료를 요구받고 소속기관 각 실·국에 정책공약 초안 작성을 요청한 혐의를 받는다. 내부 회의를 거쳐 이 내용을 정리한 후 '특정 정당'의 정책연구위원에게 전달하도록 했다고 선관위는 파악하고

있다.

선관위는 B 씨가 이렇게 취합한 정책공약에 대한 회의를 주재하는 등 관련 업무를 총괄한 혐의가 있다고 봤고 이 인물이 김 차관인 것으로 파악했다. 검찰은 선관위 고발 일주일 후인 지난해 11월 19일 서울 여의도 국회의원회관 민주당 정책연구실을 압수수색하는 등 강제수사에 시동을 걸었다.

검찰은 지난 6월 14일 여가부 정영애 전 장관과 김경선 전 차관을 소환조사했다. 그간 소환조사를 토대로 파악한 내용과 이날 여가부 압수수색에서 확보한 자료를 분석한 뒤 피의자에 대한 구속영장 청구 및 기소 여부 등을 결정할 것으로 보인다.

한편, 검찰은 박근혜 정부에서도 유사한 사례가 있었는지 함께 살피는 것으로 알려졌다. 여가부 외 다른 부처를 상대로도 더불어민주당의 대선공약 개발 관련 요청이 있었는지 여부를 파악 중이다.

■ **공직선거법 (公職選擧法)**

공직선거법이란 대한민국헌법과 지방자치법에 의한 선거가 국민의 자유로운 의사와 민주적인 절차에 의하여 공정히 행하여지도록 하고, 선거와 관련한 부정을 방지함으로써 민주정치의 발전에 기여함을 목적으로 한 법을 말한다. 해당 법은 대통령선거·국회의원선거·지방의회의원 및 지방자치단체의 장의 선거에 적용한다.

공직선거법에 의하면 선거관리위원회에 소속된 공무원을 제외하고 선거에 관여, 선거운동하는 것을 일절 금지하고 있으며, 허위논평·보도, 후보자 등에 대한 비방도 금지하고 있다. 공직선거법은 선거범으로서 100만원 이상 벌금형 선고를 받고 확정된 후 5년을 경과하지 않으면 선거권이 없다고 규정한다.

'술잔 투척' 논란 김용진 경기도 경제부지사 사임

▲ 7월 31일 사임한 김용진 경기도 경제부지사 (김용진 페이스북 캡처)

경기도의회 여야 대표의원들과의 만찬 자리에서 술잔을 던져 사퇴 압박을 받아온 **김용진 경기도 경제부지사가 7월 31일 사임**했다. 김 부지사는 이날 입장문을 통해 "경기도 경제부지사 직을 사임한다"며 "조금의 불미스러움도 모두 제 책임"이라고 밝혔다. 그가 자리에서 물러나는 건 술잔 투척 논란이 일어난 지 나흘 만, 부지사에 임명된 지는 사흘 만이다.

김 부지사는 지난 7월 27일 오후 용인시의 한 음식점에서 도의회 곽미숙 국민의힘 대표의원, 남종섭 더불어민주당 대표의원과 원 구성 관련 논의 중 갑자기 소주잔을 곽 대표 옆으로 던졌다. 그 충격으로 접시가 깨지며 파편이 튀었으나 다친 사람은 없었다.

이튿날 지미연 국민의힘 도의회 수석대변인 등은 임명권자인 김동연 경기지사를 향해 "협치의 판을 깨는 폭력행위가 김동연식 협치이고 의회 존중인가"라며 김 부지사 파면을 촉구했다. 곽 대표의원도 김 부지사를 특수폭행·특수협박 혐의로 경찰에 고소했다. 용인동부경찰서는 경기남부경찰청으로부터 사건을 배당받아 수사에 착수했다.

이에 당시 회동에 동석했던 남종섭 대표의원은 "술잔을 던진 것이 아니라 김 부지사가 식탁에 내리친 수저가 접시와 술잔에 부딪혔고, 그게 곽 대표에게 향한 것"이라며 "사퇴할 수준은 아니다"라고 옹호하면서 진실공방 양상으로 번졌다.

하지만 임기 시작 전부터 협치를 강조해 온 김 지사 입장에서 부담이 될 수밖에 없는 사안이라, 김 부지사가 전격적인 사퇴를 결정했을 것으로 보인다.

➕ 거버넌스 (governance)

거버넌스는 공공행정의 새로운 패러다임으로서 '국가경영' 또는 '공공경영'으로 번역되며, 다양한 행위자가 통치에 참여·협력한다는 점을 강조해 '협치'라고도 한다. 거버넌스는 종래의 전통적인 관료제 방식인 계층제적 통제에 의한 일방적 통치가 아니라 분권화와 민영화, 시장화 등에 의하여 정부와 국민을 동반자적 관계로 보고 국민의 복지 증진, 질서 유지를 위한 국가 경영을 정부의 주된 임무로 인식하는 것이다. 즉, 사회 내 다양한 기관이 자율성을 지니면서 국정 운영에 함께 참여하는 변화된 통치 방식을 의미한다.

윤 대통령 지지율 또 20%대... 부정평가 70% 육박

윤석열 대통령의 국정 수행 지지율이 20%대를 기록했다는 여론조사 결과가 8월 1일 나왔다. 여론조사 전문업체 한국사회여론연구소(KSOI)가 TBS 의뢰로 7월 29일~30일 전국 성인 1003명에게 윤 대통령의 국정운영 수행에 대한 평가를 물은 결과(신뢰수준 95%, 표본오차 ±3.1%p), **긍정**

▲ 윤석열 대통령

평가는 **28.9%**로 나타났다. 한 주 전보다 3.3%p 하락하며 30%선이 무너진 것이다. **부정 평가는 전주 조사 대비 4.0%p 오른 68.5%를 기록**했다.

윤 대통령의 지지율 추락은 '국정 개입 의혹'이라는 최악의 사태를 맞았던 박근혜 전 대통령 임기 말과 비슷한 수치로서 그만큼 윤 대통령의 지지율 하락은 심각한 상황이라고 볼 수 있다.

정당 지지율도 윤석열 대통령 취임 이후 처음으로 역전됐다. 여론조사 업체 한국갤럽이 8월 2~4일 전국 성인 1001명을 대상으로 실시한 여론조사에 따르면 여야 정당 지지율이 각각 민주당 39%, 국민의힘 34%로 조사됐다

'내부 총질' 문자 노출 이후 비상대책위원회 전환을 놓고 벌어진 여당의 내홍, 이준석 국민의힘 대표의 반발 등이 윤 대통령 지지율 하락의 주요 원인으로 분석된다. 또 초등학교 입학연령을 기존 만 6세에서 만 5세로 낮추는 '취학연령 하향' 정책을 놓고 정부가 오락가락한 행보를 보인 점도 윤 대통령 지지율을 끌어내린 것으로 보인다.

강승규 대통령실 시민사회수석은 8월 4일 YTN 라디오 방송에 출연해 '새 정부 출범 100일도 되지 않아 윤 대통령 지지율이 20%대로 추락한 상황을 대통령실은 어떻게 보고 있느냐'는 질문에 "윤석열 정부 출범에 대한 국민들의 열망과 기대

가 큰데, 대통령실 비서진이나 내각이 충분히 부응하지 못한 측면이 있는 것 같다"고 답했다.

취임 100일 공식 기자회견

8월 17일 윤석열 대통령은 취임 100일을 맞이해 첫 공식 기자회견을 열고 국정운영 방침을 밝혔다. 윤 대통령은 집권 초 저조한 국정 지지율을 의식한 듯 모두 발언 말미에 "저부터 앞으로 더욱 **분골쇄신**(粉骨碎身 : 뼈가 가루가 되고 몸이 부서진다는 뜻으로 정성으로 노력한다는 뜻)하겠다"고 다짐했다.

윤 대통령은 인사 실패 비판에 대해서도 인정하며 "지금부터 다시 다 되돌아보면서 철저하게 다시 챙기고 검증하겠다"고 답했다. 또한 도어스테핑(출근길 기자들과의 문답) 때문에 지지율이 떨어진다고 하지만 "대통령은 국민들로부터 날 선 비판, 다양한 지적을 받아야 한다. (도어스테핑을) 계속하겠다"고 말했다.

한편, 윤 대통령은 이준석 국민의힘 전 대표가 자신을 직격하는 데 대해 "대통령으로서 민생 안정과 국민 안전에 매진하다 보니 다른 정치인들이 어떠한 정치적 발언을 했는지 제대로 챙길 기회가 없었다"고 즉답을 피했다.

> **➕ 스핀닥터 (spin doctor)**
> 스핀닥터는 정치권에서 특정 정치인이나 정부 고위 관료들의 측근에서 여론조정을 담당하는 정치홍보전문가를 말한다. 이 말은 1984년 '뉴욕타임스' 사설에서 공식적으로 처음 등장했다. 스핀닥터는 정치적 목적을 위해 여론을 조작하고 시민을 속이는 인식이 강해 긍정적 의미보다는 부정적 의미로 쓰인다.
> 우수한 스핀닥터를 거느린 대표적인 인물로는 미국의

제42대 대통령 빌 클린턴(Bill Clinton, 1946~)이 손꼽힌다. 대통령 재임 당시 클린턴은 재임 기간 내내 백악관 인턴이었던 르윈스키와의 성추문 사건에 휘말려 탄핵소추를 받으면서도 항상 60% 이상의 국민 지지율을 유지하였다.

대통령실, 무속인 법사 의혹에 "인지하면 공직기강실서 예방 조치"

제20대 대통령실

최근 정치권 안팎에서 건진법사로 불리는 무속인 전 모 씨가 윤석열 대통령 부부와의 친분을 사칭, 세무조사나 인사 등에 영향을 미칠 수 있는 것처럼 행세하며 이권에 개입한다는 의혹이 담긴 지라시(정보지)가 돌았다.

대통령실은 8월 3일 건진법사의 이권 개입 의혹을 둘러싼 자체 조사와 관련해 **"공직기강비서관실 업무 성격상 특정 사안에 대한 조치는 확인해 드릴 수 없다"**고 밝혔다.

대통령실 측은 이날 브리핑에서 "건진법사를 조사한다기보다는 대통령실과 친분을 과시한다든지 이권에 개입하는 듯한 행위가 인지되면 공직기강비서관실에서 관련 예방 조치를 취한다"고 밝혔다. 공무원의 범죄 내지 비위 의혹과 관련된 민간인의 경우 참고인 자격으로 조사할 수 있다는 설명이다.

한편, 김건희 여사와 인연이 있는 건설업체가 한남동 관저와 대통령실 용산청사 건축 설계·감리 등을 맡았다는 '사적 수주 의혹'으로 논란이 확산하는 가운데, 대통령실 용산청사 리모델링 공사에 설계·감리를 맡았던 업체가 건진법사와 관련된 사회복지재단에 거액을 출연한 사실이 밝혀졌다.

더불어민주당은 8월 4일 **"대통령실 청사 공사에 김건희 여사와의 인연, 특정 무속인을 통한 '지인 찬스'가 작용한 것 아닌지 우려스럽다"**면서 "대통령실 청사·관저 공사와 무속인의 이권 개입, 국민이 납득하는 방법으로 규명돼야 한다"고 맹공에 나섰다.

➕ 키친 캐비닛 (kitchen cabinet)

키친 캐비닛이란 대통령 등 최고 권력자의 식사에 초청받아 담소를 나눌 수 있을 정도로 격의 없는 지인들을 일컫는다. 대통령은 이들로부터 국민 여론이나 자신의 국정 운영 스타일에 대해 가감 없는 충고를 들을 수 있다. 그러나 공식적 직책이 없는 키친 캐비닛이 정치에 개입한다면 '비선 실세'가 되어 심각한 문제를 불러일으킬 수 있다.

경찰, '김혜경 법인카드 유용 의혹' 배 모 씨 소환

경찰이 더불어민주당 이재명 의원 배우자 김혜경 씨의 '법인카드 유용(流用 : 남의 것이나 다른 곳에 쓰기로 돼 있는 것을 다른 데로 돌려씀) 의혹' 핵심 인물인 배 모 씨를 지난 8월 3일 소환조사했다.

배 씨는 이 후보의 경기도지사 재직 당시 경기도청 총무과 별정직 5급 직원으로 근무했으며 현재 김 씨를 상대로 제기된 경기도 법인카드 사적 유용·불법 처방전 발급 등 각종 의혹의 중심에 있는 인물이다.

경기남부경찰청 반부패·경제범죄수사대는 이날 특정범죄 가중처벌 등에 관한 법률 위반(국고손실죄) 등 혐의로 배 씨를 피의자 신분으로 불러 조사했다. 경찰은 배 씨를 상대로 법인카드 유용 등 과정에서 김 씨를 비롯한 윗선의 지시나 개입이 있었는지 등 여러 사실 관계를 추궁한 것으로 전해졌다.

지난해 12월 국민의힘은 "김 씨가 2018년부터 3년간 배 씨를 수행비서로 뒀다"고 주장하며 "혈세로 지급하는 사무관 3년 치 연봉이 '김혜경 의전'에 사용된 것 아니냐"는 의혹을 제기했고 이 후보와 김 씨, 배 씨 등을 직권남용과 국고 손실 등 혐의로 고발했다.

권성동 "이재명 의혹마다 의문의 죽음"
한편, 배 씨의 지인인 40대 A 씨가 참고인 신분으로 조사를 받은 이후인 7월 26일 빌라에서 극단적인 선택을 해 논란이 일었다. A 씨는 개인 신용카드를 배 씨에게 빌려줬는데, 이 카드가 이른바 바꿔치기 목적의 사전 결제에 사용됐던 것으로 알려졌다.

이와 관련해 권성동 국민의힘 의원은 7월 28일 "의혹마다 의문의 죽음이 이어지고 있다", "이(재명) 후보가 떳떳하다면 왜 극단적 선택이 끊이지 않는 것인가"라며 해명을 촉구했다. 같은 당 김기현 의원 또한 자신의 SNS에 "도저히 우연이라고 하기엔 믿기 힘든, 마치 저승사자라도 보는 듯한 오싹함마저 느끼게 된다"고 적었다.

이 의원은 A 씨가 사망한 후 일부 언론을 통해 자신과의 연관성이 꾸준히 제기되자 7월 30일 강릉에서 열린 토크콘서트에서 "이재명과 무슨 상관이 있나"라며 "아무 관계도 없는 일을 특정인에게 엮지 않나"라고 말했다.

➕ 대장동 개발 사업 논란
대장동 개발 사업 논란은 이재명 더불어민주당 의원이 성남시장 재직 시절 대장동 개발 산업을 둘러싼 논란을 말한다. 이재명 당시 성남시장은 택지 개발 이익을 공공영역으로 환수하겠다는 목적 아래 성남판교대장도시개발사업 방식을 민간 개발 방식에서 민간·공영 공동 사업으로 바꾸었다.

2015년 성남의 '마지막 노른자 땅'으로 불렸던 대장동 개발 계획이 진행됐고, 진행 결과 이재명 성남시장은 당시 5500억원을 성남시에 환수했다. 그런데 환수액을 제외한 나머지 개발사업 이익금 중 상당액이 특정 개인이 지분을 100% 소유한 회사인 화천대유자산관리에 돌아간 것이 드러나면서 논란이 확산됐다.

화천대유라는 작은 회사에 박영수 전 특별검사, 강찬우 전 수원지검장, 권순일 전 대법관, 곽상도 국민의힘 의원, 원유철 전 미래한국당 대표 등 유력 인사들이나 그 자녀들이 고문이나 직원으로 재직한 사실이 밝혀져 의혹은 더욱 커졌다.

인권위, '여성 가산점' 차별 아냐

국가인권위원회 차별시정위원회가 7월 14일 '영화진흥위원회(영진위)의 ▪**성평등지수** 제도는 차별에 해당한다'는 진정을 국가인권위원회법 제39조 제1항 제2호에 따라 기각했다고 전해졌다. 인권위는 "성평등지수 제도는 여성 영화인에 대한 구조적 차별 문제를 개선하기 위한 적극적 조치"라며 "현존하는 차별 개선을 위한 특정한 집단의 잠정적 우대에 해당하기에 차별행위에 해당하지 않는다"고 전했다.

앞서 진정인은 "영진위가 한국영화 공모전 심사 시 성평등지수 가산점을 적용하고 있다"며 "여성 작가는 2점, 여성 시사 작품은 3점의 가점을 부여하는 것은 불합리한 차별"이라고 주장했다.

인권위는 "영화산업 내 여성 종사자들은 성별 직무분리·임금격차, 남성 중심 네트워크에서 소외 등에 직면해 있다"며 "영화 현장의 특수성으로 인해 이런 불평등이 비가시화됐고, 수직적 구조 때문에 여성 영화인이 살아남기 힘든 구조"라고 기각 이유를 설명했다.

인권위의 이런 결정에도 **성평등지수 제도의 역차별 논란은 여전히 이어지고 있다.** 영화 '신과함께', '광해' 등을 제작한 원동연 리얼라이즈픽처스 대표는 지난 1월 자신의 SNS를 통해 "여성들이 훨씬 더 두각을 드러내는 방송작가 세계에서는 남

성에게 가산점을 주느냐"고 비판했다.

반면 영진위 한국영화성평등소위원회 위원으로 활동했던 조혜영 영화평론가는 "성평등지수가 필요한 이유는 여성이 약자라서가 아니라 한국영화의 구조적 불평등을 해소해야 하기 때문"이라며 "구조적으로 예산 마련이 힘든 지역영화나 독립영화에 영진위가 지원해온 것과 같은 맥락"이라고 설명했다.

▪ **성평등지수 (性平等指數)**

성평등지수(남녀평등지수)는 1995년 유엔 제4차 세계여성회의를 계기로 남녀평등 정도를 측정하기 위해 개발한 지수다. 유엔개발계획(UNDP, United Nations Development Programme)에서 국가별로 교육수준, 국민소득, 평균 수명 등에 있어 남녀평등의 정도를 측정하여 발표하는 지수로 교육수준, 소득 등에서 남녀의 역할비율 등을 근거로 성취수준이 얼마나 평등하게 이루어지고 있는지 보여준다.
영화진흥위원회의 성평등지수 제도는 지난해 영진위 지원사업 심사에 처음 도입되었다. 영화제작의 핵심인 감독, 작가, 제1주연이 여성인 공모작에 가산점 최대 5점을 주는 제도다.

'수행비서 성폭행' 안희정 전 지사 만기출소

비서를 성폭행한 혐의로 수감됐던 안희정 전 충남도지사가 지난 8월 4일 형기를 모두 마치고 만기출소했다. 이날 오전 경기 여주교도소를 나온 안 전 지사는 정문을 나서자마자 자신을 기다리고 있던 고향 친구 등 10여 명과 악수를 하는 등 인사를 나눴다.

안 전 지사는 취재진을 향해 한차례 허리를 숙여

▲ 안희정 전 충남도지사

인사한 뒤 출소 심경을 묻는 취재진의 질문엔 침묵을 지켰다. 이후 안 전 지사는 정문 앞에 대기하고 있던 승용차에 타고 자리를 떠났다. 이날 현역 의원 중에서는 김종민·강준현 더불어민주당 의원 등 충청 지역 의원 2명만 마중을 나왔다.

안 전 지사는 지난 2018년 4월 피감독자 간음 및 강제추행, 성폭력범죄처벌법상 업무상 위력에 의한 추행 혐의로 기소됐고, 2019년 9월 대법원에서 3년 6개월의 실형이 확정돼 복역해왔다.

안 전 지사는 수감 중이던 2020년 7월에 모친상을, 지난 3월에는 부친상을 당해 **■형집행정지**를 받아 일시 석방되기도 했는데, 당시 문재인 전 대통령이 근조화환을 보내고 민주당 인사들이 직접 조문해 논란을 빚기도 했다. 또, 수감 기간 부인과 이혼한 사실이 뒤늦게 알려지기도 했다.

10년간 출마 제한

한편, 안 전 지사는 공직선거법과 형의 실효에 관한 법률에 따라 출소 후 10년간 선거에 출마할 수 없다. 이에 2024년 국회의원 선거와 2026년 지방선거, 2027년 대통령 선거 등 각종 선거에 출마가 불가능하다.

물론 안 전 지사가 복권될 경우에는 선거 출마가 가능하지만, **사회적으로 예민한 문제인 성 관련 범죄로 수감 생활을 한 만큼 안 전 지사에 대한 정부의 복권은 이루어지지 않을 것으로 전망**된다.

게다가 민주당 내부에서도 안 전 지사를 비롯해 오거돈 전 부산시장, 박원순 전 서울시장, 박완주 의원의 성 비위 사건을 겪은 터라, 성 관련 문제에 대해서는 엄정하게 대응하고 있다.

이처럼 한때 강력한 대권주자였지만 정치 재개가 사실상 힘들어졌다는 게 중론인 안 전 지사는 출소 후 수감 전 머물렀던 경기 양평군 모처에서 조용히 지낼 것으로 알려졌다.

■ 형집행정지 (刑執行停止)

형집행정지는 검사의 지휘에 의해 형의 집행을 정지할 수 있는 제도로 형사소송법 제471조에 명시되어 있다. 형사소송법상 형집행정지 요건은 수감자가 ▲형 집행으로 건강을 해치거나 생명을 보전할 염려가 있을 때 ▲70세 이상일 때 ▲잉태 후 6개월 이후 ▲출산 후 60일 이내 ▲직계존속이 중병·장애 등으로 보호할 다른 친족이 없을 때 ▲직계비속이 유년으로 보호할 다른 친족이 없을 때 ▲기타 중대한 사유가 있는 때 등 7가지다. 이러한 요건이 사라지면 재수감도 가능하기 때문에 사면 및 복권에 비해 효과가 제한적이다. 형집행정지는 감옥에 가둬두는 형의 집행을 일시적으로 정지시키는 것일 뿐이므로 검사가 형집행정지의 사유가 없어졌다고 판단되기만 하면 언제든지 시효가 완성되지 않는 한 다시 감옥에 가둘 수 있다.

이재명 누계 73.28% 선두 독주… 반환점 돈 민주당 전당대회

더불어민주당 차기 당 대표를 선출하기 위한 순

▲ 이재명 민주당 대표 후보

회경선 2주 차가 마무리된 8월 14일 이재명 후보가 70%가 넘는 권리당원의 지지를 받으며 선두를 이어갔다.

'**97그룹**'의 대표주자로 나선 박용진·강훈식 후보가 '이재명 대세론'의 높은 벽을 실감한 가운데 이 대표는 1차 여론조사에서도 압도적인 1위를 차지하며 승기를 굳히는 분위기다.

민주당 중앙선거관리위원회는 이날 오후 대전 한밭종합운동장에서 열린 대전·세종 합동연설회 후 공개한 권리당원 투표 결과, **이 후보가 12개 시도에서 누적 득표율 73.28%를 기록**했다고 발표했다.

박용진 후보는 누적 득표율 19.90%, 강훈식 후보 6.83%로 각각 집계됐다. 이는 1주 차 강원·대구·경북(TK), 제주·인천과 전날 부산·울산·경남이 합산된 결과다.

이 후보가 경선 초반 파죽지세로 승기를 잡으며 '97그룹'의 단일화 논의도 힘이 빠지는 모습이다. 97그룹 주자인 두 후보의 득표율을 모두 합쳐도 20%대로, 이 후보 득표율의 절반에도 미치지 못해서다. 당 안팎에서는 단일화 시너지가 기대에

못 미친다면, 두 후보의 향후 정치 행보를 위해 완주하는 게 낫다는 얘기도 나왔다.

8월 15일 강훈식 후보는 사퇴했지만 박용진 후보와의 단일화는 아니라고 분명히 했다. 이로써 민주당의 당권 경쟁은 이재명-박용진 후보의 양자대결로 압축됐지만 이 후보가 독주하는 판세에 큰 변화를 주지 못할 전망이다.

민주당은 **당 대표 경선에서 대의원 30%, 권리당원 40%, 일반 당원 여론조사 5%, 일반 국민 여론조사 25%를 각각 반영**한다. 이날 발표된 1차 여론조사 결과는 8월 28일 열리는 전당대회 당일 최종 득표율과 합산된다.

■ **97그룹**

97그룹이란 70년대생·90년대 학번으로 더불어민주당에서 젊은 정치인들을 지칭하는 말이다. 이들은 보궐선거, 대통령선거, 지방선거까지 3연패를 한 당시 지도부인 이재명과 송영길 등을 비판하며, 패배의 책임을 져야 한다고 주장한다. 97그룹의 대표적인 인물로는 박용진·강병원·강훈식·박주민 등이 있으며, 박용진과 강훈식은 민주당의 혁신·개혁·세대교체를 주장하며 당 대표에 출마했다.

'광복절 특사' 이재용·신동빈 복권

윤석열 정부의 첫 ■**특별사면**으로 이재용 삼성전자 부회장과 신동빈 롯데그룹 회장이 복권되었다. '민생경제 회복'에 초점을 맞춘 특별사면 기조에 따라 정치인을 배제하면서 이명박 전 대통령과 김경수 전 경남도지사 등은 사면 대상에서 제외됐다.

▲ 이재용 삼성전자 부회장

정부는 광복절을 맞아 서민생계형 형사범·주요 경제인·노사관계자·특별배려 수형자 등 1693명을 8월 15일 자로 특별사면·감형·복권 조치한다고 8월 12일 밝혔다. 윤석열 정부 출범 후 단행한 첫 특사다.

정부는 코로나19 등의 여파로 침체된 경제를 활성화하기 위해 이 부회장을 비롯해 신동빈 롯데그룹 회장, 장세주 동국제강 회장, 강덕수 전 STX그룹 회장 등 주요 경제인 4명을 사면했다.

생계형 민생 사범과 노동 사범들도 첫 사면 대상에 포함됐다. **운전면허 취소나, 자가용 화물차 운송업, 여객 운송업, 공인중개업, 생계형 어업인 등 행정제재 대상자 총 59만3509명이 특별 감면 조치**를 받는다.

윤석열 대통령은 8월 12일 시행한 첫 특별사면에서 '민생'과 '경제 살리기'에 방점을 찍었다. 당초 정치인을 포함한 폭넓은 사면이 이뤄질 것으로 관측됐지만, 지지율 하락 국면에서 정치인 사면에 따른 부정적 여론 악화를 우려해 기조를 바꾼 것으로 분석된다.

윤 대통령은 이날 8·15 광복절 특별사면 안건을 의결하기 위한 임시 국무회의에서 '경제 위기 극복'을 강조했다. 서민생계형 형사범과 주요 기업인 등 민생과 경제 부문에 집중하면서 사회적 갈등 유발을 차단하기 위한 조치로 풀이된다.

윤 대통령은 대선 후보 시절, 집권하면 초기에 이전 대통령을 사면하겠다는 방침을 수차례 밝힌 바 있다. 정치적 통합 차원에서 야권 인사인 김경수 전 지사도 사면될 것으로 전망됐다. 하지만 윤 대통령이 8월 첫 주 휴가를 보내는 동안 내부 기류가 바뀐 것으로 알려졌다.

이 전 대통령과 김 전 지사 사면에 반대하는 여론이 상당한 데다 민생 사범과 달리 정치인 사면은 윤 대통령이 그간 강조한 법과 원칙 기조에 맞지 않다는 지적도 나왔다. 이 전 대통령이 보석으로 이미 신체적 구속에서 풀려난 점도 고려한 것으로 보인다.

■ **특별사면 (特別赦免)**

특별사면은 형을 언도받은 특정 범죄인에 대해 국가원수가 국회의 동의 절차 없이 자신의 특권으로 형의 전부나 일부를 소멸시키거나 형을 선고받지 않은 사람의 공소권을 소멸시키는 제도다. 특별사면은 형의 집행을 면제하는 것이 원칙이나, 특별한 사정이 있을 때는 이후 형의 선고의 효력을 상실시킬 수 있다. 일반사면과 달리 특별사면은 현직 대통령에게만 권한이 있어 국회의 동의 등을 거치지 않고 할 수 있다.

분야별 최신상식

경제
산업

윤 정부 첫 세제 개편안 발표...
역대급 대기업·부자 감세

■ **종합부동산세 (綜合不動産稅)**

종합부동산세(종부세)는 주택과 토지 공시가격을 납세자별(인별)로 합산해 공제금액을 초과하는 부분에 대해 과세하는 세금이다. 주택의 경우 공시가격 합산액이 6억원을 넘기면 종부세 과세 대상이다. 단, 1세대 1주택자는 11억원까지 공제받는다. 종합합산토지(나대지, 잡종지 등)의 공제금액은 5억원, 별도합산토지(상가·사무실 부속토지)의 경우 80억원이다. 종부세 세율은 주택 수와 과세표준 액수에 따라 0.6~6.0%가 적용된다. 윤석열 정부는 종부세 세율을 0.5~2.7%로 조정하려 한다.

법인세 인하, 종부세율 감소

윤석열 정부가 7월 21일 첫 세제 개편안인 '2022년 세제 개편안'을 발표했다. 이번 세제 개편안은 법인세 과세표준 구간을 단순화하고 **최고세율을 25%에서 22%로 인하**하는 내용을 골자로 한다. 또 내년부터 시행하기로 한 **금융투자소득세법을 2년 유예하고 주식양도소득세 기준을 100억원으로 상향**하기로 했다.

아울러 ▪**종합부동산세율을 2년 전으로 되돌리고 주택 수에 따른 현행 과세 체계를 가액**(집값) **기준으로 전환**하는 방안을 추진하겠다고 밝혔다. 정부는 1세대 1주택자에게 올해에만 14억원의 특별공제를 적용하되 내년부터 고가주택 기준에 맞춰 공제 금액을 11억원에서 12억원까지 올리기로 했다.

정부는 "글로벌 스탠더드에 맞춰 세제를 합리적으로 재편하고 세 부담의 적정화와 정상화를 꾀했다"고 강조하며, "이번 세제 개편으로 앞으로 5년간 13조1000억원의 세수 감소가 예상된다"고 설명했다.

윤석열 정부 첫 세제 개편안의 가장 큰 특징은 감세 규모에 있다. 최근 10년여

약계층도 보살피는 종합정책을 발표했다"고 자평했다.

반면, 신동근 더불어민주당 의원은 "우리나라는 아직 여전히 저부담·저복지 국가며 세금·재정을 통한 불평등 개선 효과가 경제협력개발기구(OECD) 38개국 중 최하위로 증세가 필요하다"며 "윤석열 정부는 거꾸로 부자 감세 정책을 펴 시대를 역행하고 있다"고 지적했다.

■ 소득세 과세표준 구간 조정

현행		개정안	
과세표준(단위 : 만원)	세율	과세표준(단위 : 만원)	세율
~1200만원	6%	~1400만원	6%
1200만원~4600만원	15%	1400만원~5000만원	15%
4600만원~8800만원	24%	5000만원~8800만원	24%
8800만원~1억5000만원	35%	(좌동)	
1억5000만원~3억원	38%		
3억원~5억원	40%		
5억원~10억원	42%		
10억원	45%		

동안 세제 개편을 통한 감세 자체가 드물었다. 이번 세제 개편에 따른 감세 규모는 집권 초기 대대적이고 전면적인 감세에 나섰던 이명박 정부의 2008년 세법 개정안에 따른 33조9000억원 이후 14년 만에 가장 큰 것이다.

'세제 정상화' vs '부자 감세'

여야는 7월 26일 대정부질문 경제 분야 질의에서 세금 감면에 초점을 맞춘 윤석열 정부 첫 세제 개편안을 놓고 충돌했다.

야당은 이번 세제 개편안이 부자 감세, 재벌 특혜를 위한 세법이라고 비판한 반면, 여당과 정부는 각 계층에 고르게 혜택이 돌아가도록 설계됐고, 세계적 흐름상 법인세 인하는 불가피하다고 맞섰다.

추경호 경제부총리 겸 기획재정부장관은 "윤석열 정부는 출범 즉시부터 민생 안정과 대내불안 리스크 관리에 주력하면서 대한민국의 미래성장 잠재력을 높이고 성장과 복지의 선순환 그리고 취

POINT 세 줄 요약

❶ 윤석열 정부가 7월 21일 첫 세제 개편안인 '2022년 세제 개편안'을 발표했다.

❷ 윤석열 정부 첫 세제 개편안의 가장 큰 특징은 감세 규모에 있다.

❸ 여야는 7월 26일 대정부질문 경제 분야 질의에서 세금 감면에 초점을 맞춘 윤석열 정부 첫 세제 개편안을 놓고 충돌했다.

시중은행 저원가성 예금 이탈...
제2금융권 유동성 부족 사태 우려

시중 금리가 상승하면서 시중은행의 **저원가성 예금**(이율이 싼 예금)이 급속히 이탈하고 있다. 이에 따라 제2금융권과 비은행의 유동성 부족 사태로 이어질 수 있다는 우려가 나온다.

8월 3일 금융권에 따르면 7월 말 기준 **5대 주요 시중은행**(KB국민·신한·하나·우리·NH농협)의 대표적인 저원가성 예금인 **요구불예금** 잔액은 6월보다 38조2000억원 감소해 역대 최저인 673조3602억원으로 집계됐다.

요구불예금은 은행 입장에서 조달 비용이 적게 들고 잔액도 100조원 규모로 커 중요한 자금 조달 수단이다. 그러나 한미 금리 역전 현상으로 우리나라 기준금리가 지속해서 오를 것으로 예상되는 만큼 요구불예금 등 저원가성 예금의 이탈이 이어질 전망이다.

서영수 키움증권 연구원은 이날 보고서를 통해 "시중은행의 저원가성 예금 이탈이 비은행과 제2금융권 유동성 부족 사태의 직접적 원인이 될

수 있다"고 경고했다. 그는 "7월 여수신 동향을 종합해 볼 때 기준금리 인상 영향으로 은행발 유동성 위기 발생이 높아졌다"고 분석했다.

기준금리 인상 이후 5대 은행의 정기예금 금리는 7월 20일 기준 3.4%까지 올랐다. 시중은행의 정기예금 금리 인상으로 은행과 제2금융권 간 예금 금리 격차가 크게 줄면서 제2금융권은 자금 조달 위험이 커지고 있다.

이에 따라 7월 5대 은행의 은행채 발행액도 11조원으로 빠르게 늘었다. 저원가성 예금의 이탈은 은행채 발행 증가로 이어진다. 은행채 발행이 늘어나면 카드사 및 일반 기업의 자금 조달이 어려워지고 채권 시장의 거래는 위축된다.

■ 저원가성 예금 (LCF, Low Cost Funding)

저원가성 예금(LCF)은 금리가 연 0.1% 수준에 불과한 요구불예금. 시장금리부 수시입출식예금(MMDA) 등을 말한다. 급여 통장이나 각종 공과금과 카드. 통신 비용의 이체 통장을 예로 들 수 있다. 은행 입장에서 중요한 자금 조달 수단이어서 핵심 예금이라고도 불린다.

은행은 예금금리와 대출금리 차이로 예대마진이라는 수익을 얻는데 LCF는 은행이 적은 비용으로 대출에 필요한 자금을 조달할 수 있는 수단이므로 은행의 수익성을 결정하는 주요 원인으로 평가된다. LCF가 줄어들면 이자 비용 부담이 증가해 은행의 수익성이 악화되고 대출 심사를 강화할 수밖에 없다.

■ 요구불예금 (demand deposit)

요구불예금은 예금주가 인출을 원할 때 언제든지 지급해야 하는 예금으로서 보통예금. 당좌예금. 공공예금 등을 말한다. 보통예금은 가입대상. 예치금액, 예치기간 및 입출금 등에 제한이 없어 자유롭게 거래할 수 있는 대표적인 요구불예금이다. 현금과 유사한 유동성을 지니므로 통화성예금이라고도 한다. 요구불예금은 언제든지 예금주가 돈을 뺄 수 있기 때문에 예금 금리가 매우 낮은 것이 특징이다. 이와 달리 일정 금액을 묶어 두고 만기일에 약속된 금리에 맞춰 이자를 받는 상품은 저축성 예금이라고 한다.

유류세 탄력세율 30%→50% 확대

국회 **민생경제안정특별위원회**는 7월 29일 전체회의를 열고 유류세 인하 폭 추가 확대를 위해 유류세 탄력세율을 현행 30%에서 50%로 확대하는 내용의 교통·에너지·환경세법 일부개정안과 개별소비세법 일부개정안을 의결했다.

국회는 이날 오후 본회의에서 이 같은 내용의 개정안을 의결했다. 개정안은 탄력세율 확대가 유류세 인하로 이어진다는 오해가 생길 수 있다는 정부 측의 우려를 반영해 '법 개정 이후 탄력세율 조정 여부는 국제 유가와 물가 상황, 재정에 미치는 영향 등을 종합적으로 고려한다'는 부대 의견을 달았다.

개정안이 통과됨에 따라 **탄력세율을 고려한 실제 유류세 인하 가능 범위는 현재 최대 37%에서 최대 55%까지 확대된다.** 2024년까지 정부가 유류세를 또다시 최대 폭으로 인하한다면 휘발유 기준 세금이 리터당 최대 148원까지 추가로 내려갈 수 있다는 분석이 나온다.

다만 최근 유가가 다소 안정세를 보이는 가운데 정부가 곧장 유류세 추가 인하를 단행할 가능성은 크지 않다는 전망도 있다.

전날 추경호 경제부총리 겸 기획재정부 장관은 국회 기획재정위원회 업무보고에서 이와 관련 "필요한 경우 적절한 시점에 50% 탄력세율을 적용하겠다"며 "국회에서 관련 입법을 마무리해주면 실제 물가 상황과 재정·경제 상황을 종합적으로 판단하겠다"고 말한 바 있다.

■ 민생경제안정특별위원회 (民生經濟安定特別委員會)

민생경제안정특별위원회는 민생 경제 안정을 위해 일시적으로 설치된 국회의 위원회다. 지난 7월 20일 구성되었다. 이번 민생특위는 더불어민주당 6명, 국민의힘 6명, 비교섭단체 1명 등 총 13명으로 구성되고, 위원장은 국민의힘에서 맡기로 했다. 활동 기한은 올해 10월 31일까지다. 법률안 심사건을 부여하되, 안건은 여야 합의로 처리하기로 했다. 앞으로 민생특위에서는 유류세 인하폭 추가 확대, 납품단가 연동제 도입, 부동산 관련 제도개선, 직장인 식대 비과세 축소, 안전운임제 지속, 대중교통비 환급 등 경제 현안을 다룰 예정이다.

현대차, 10년 만에 영업이익 사상 최고치

현대자동차가 2022년 2분기에 반도체 수급 차질과 원자재 가격 상승, 물류 대란 등 각종 악재를

뚫고 역대 최대 실적을 거뒀다. 완성차 판매 대수는 줄었지만 스포츠유틸리티차량(SUV)과 고급 세단·전기차 등 **마진율이 높은 차량을 많이 팔았고, 고환율**(원화가치 하락) **효과까지 더해진 결과**다. 다만 회사 측은 코로나19 재확산과 우크라이나 사태 장기화 등으로 향후 어려운 경영 환경이 예상된다고 내다봤다.

현대차는 올 2분기 연결 기준 ■**영업이익**이 2조 9798억원으로 잠정 집계됐다고 7월 21일 공시했다. 이는 2010년 새로운 회계기준(IFRS)이 도입된 이후 역대 분기 최대 실적이다. 기존 최대치는 2012년 2분기 2조5372억원으로, 10년 만에 새로운 기록을 달성했다. 2021년 같은 기간(1조8860억원)보다는 58% 늘었다. 영업이익률은 8.3%로 나타났다. 2014년 2분기(9.2%) 이후 8년 만에 가장 높은 수치다.

서강현 현대차 기획재경본부장(부사장)은 "차량용 반도체와 다른 부품의 공급 차질에 따른 생산 부족 영향이 계속돼 판매량이 전년 동기보다 감소했으나 제네시스와 SUV 비율 확대, 우호적 환율 효과까지 더해져 수익성이 개선됐다"고 설명했다. 미국에서는 싼타크루즈·투싼·싼타페와 같은 SUV 판매 비중이 75%로 전년 대비 15%p 상승했다.

향후 경영 전망에 대해 현대차 측은 우선 반도체 등 부품 수급 상황이 개선돼 생산이 점진적으로 확대될 것으로 기대했다. 하지만 우크라이나 사태와 미·중 대결 구도 등 지정학적 영향으로 인한 원자재 가격 상승, 코로나19 재확산, 금리 인상 등 악재가 겹치면서 경영 환경이 악화할 것으로 전망했다.

이런 상황에서도 현대차는 지난 1월 제시한 전년 대비 매출 13~14% 성장과 영업이익률 5.5~6.5% 달성 목표를 그대로 유지한다고 밝혔다. 2021년에 이어 올해도 중간배당을 할 예정이다. 보통주 1주당 1000원으로 지난해와 같은 금액이다. 배당금 총액은 2578억1400만원이다. 시가 배당률은 보통주 0.6%, 종류주 1.2%다.

■ **영업이익 (營業利益)**

영업이익은 매출액에서 매출원가를 빼고 얻은 매출 총이익에서 다시 일반 관리비와 판매비를 뺀 것으로, 말 그대로 순수하게 영업을 통해 벌어들인 이익을 말한다[영업이익=매출액-매출원가-(관리비+판매비)]. 이때 일반관리비와 판매비는 상품의 판매활동과 기업의 유지관리 활동에 필요한 비용으로서 인건비, 세금 및 각종 공과금, 감가상각비, 광고선전비 등을 들 수 있다. 또 외상매출금, 받을어음, 미수금 등 회수가 불가능한 채권을 비용으로 처리하는 대손상각비와 인원감축, 부서통폐합 등 기업구조조정의 결과도 반영된다.

▌ **주식의 종류**

구분		의미
보통주		주식회사가 발행한 회사의 표준이 되는 일반적 주식으로서 소유 비율만큼 의결권 행사 가능
종류주 (배당, 의결권 행사, 잔여재산 분배 등의 내용이 보통주와 다른 주식)	우선주	더 많은 배당금을 지급받는 대신 주주총회에서 의결권이 없는 주식
	후배주	보통주보다 늦게 배당을 받는 주식, 대개 회사 경영자나 대주주들이 소유
	혼합주	보통주보다 먼저 배당받을 권리가 있으나 잔여 재산에 대해선 보통주보다 늦게 분배받는 주식
	상환주	회사 이익을 위해 일정 기간 후 소각할 수 있는 주식
	전환주	회사가 권리 내용이 다른 여러 종류의 주식 발행 시 다른 종류 주식으로 전환할 수 있는 주식
	의결권이 없거나 제한되는 주	이익 배당에 관한 우선적 내용이 있으며 의결권이 배제되거나 제한되는 주식, 주로 자사주나 모회사 및 자회사가 소유한 주식

올해 韓 성장률 2%대 중반으로 예상

 한국은행 BANK OF KOREA 한국 경제가 상반기 3% 가까이 성장하면서 올해 2%대 중반의 성장률을 기록할 것으로 보인다. 7월 31일 정부와 한국은행 등에 따르면 올해 상반기 실질 국내총생산(GDP)은 작년 동기보다 2.9% 늘었다. 1~2분기 실질 GDP가 전기 대비 각각 0.6%, 0.7% 성장한 결과다.

이대로라면 올해 연간 성장률은 2%대 중반을 기록할 가능성이 높다. 3분기와 4분기에 각각 전기 대비 0%를 기록해도 올해 성장률은 2.5%가 된다. 역성장만 하지 않으면 정부 전망치(2.6%)에 근접한다.

정부 또한 올해 성장률이 2%대 중반을 기록할 가능성이 높다고 예상하고 있다. 국내 소비가 받쳐주는 가운데 미국과 중국이 급격한 경기 침체에 빠지지 않아 수출 증가세가 유지된다면 마이너스 성장률을 기록할 가능성은 낮다는 분석이다. 1분기에는 수출이 3.6%, 2분기에는 민간소비가 3.0% 증가하며 경제 성장을 주도했다.

내년 성장률은 더 낮아질 듯

하지만 하반기 경제 성장에 대한 위험 요인은 산적해 있다. 우선 높은 물가 상승세가 가계 소비를 제약할 수 있다. 구매력을 보여주는 2분기 실질 국내총소득(GDI)은 전기 대비 1.0% 감소했다. 물가 상승세를 꺾기 위해 각국 중앙은행이 긴축에 나서는 점도 문제다.

미국 연방준비제도(Fed·연준)는 최근 두 차례 자이언트 스텝(giant step : 기준금리 0.75%p 인상)을 단행했으며 유럽중앙은행(ECB)은 빅스텝(big step : 0.50%p 인상)을 밟았다.

이러한 영향으로 미국 경제는 1~2분기 연속 역성장을 기록해 경기 침체에 대한 우려가 커지고 있다. 한국은행은 '글로벌 경기둔화가 우리 수출에 미치는 영향' 보고서에서 주요국 금리 인상 가속화로 경기둔화가 초래되면서 수출에 부정적 영향이 커질 것이라 봤다. 한국의 주요 수출국인 중국도 계속 '**■제로 코로나**' 정책을 고수해 수출 전망이 밝지 않은 상황이다.

올해 성장률 2%대 중반을 기록하더라도 내년에는 성장률 하향이 불가피해 보인다. 국제통화기금(IMF)은 7월 세계경제전망에서 한국의 내년 성장률 전망치를 2.9%에서 2.1%로 하향 조정했다. 인플레이션과 긴축이 내년에 본격적인 영향을 미칠 것이라는 인식이 반영된 결과다.

■ 제로 코로나 (zero corona)

제로 코로나는 코로나19 확진자 발생 시 봉쇄 조치를 하는 등 강도 높은 규제로 바이러스의 전파를 막는 정책으로 주로 중국 등에서 시행하고 있다. 대표적으로 지난 3월 중국 정부는 제로 코로나 정책에 따라 6월 1일까지 상하이 전체를 봉쇄했다. 이에 중국 경제가 급랭했고 현재는 회복 추세에 접어들었지만 안팎의 불확실성 요인으로 인해 올해 하반기 경제 상황을 낙관하기는 힘들 것으로 보인다.

■ 주요국 중앙은행 기준금리 (2022년 8월 기준)

국가 중앙은행	기준금리 (직전 대비)
미국연방준비은행	2.50% (0.75% 상승)
유럽중앙은행	0.50% (0.50% 상승)
영국은행	1.75% (0.05% 상승)
한국은행	2.25% (0.50% 상승)

尹 정부, 불법 공매도 적발 시 엄벌 조치

정부가 불법 공매도에 대해 적발과 처벌을 강화하고 범죄수익·은닉재산을 박탈하는 동시에 과열 종목 지정제를 개선하는 등 **공매도 제도를 대폭 손질**하기로 했다. 주식을 빌려 판 다음 시장에서 다시 사서 되갚는 공매도가 주가하락을 조장한다는 소액 투자자들의 불만이 임계점에 도달하자 정부가 대책을 마련한 것이다.

김주현 금융위원장, 이복현 금융감독위원장, 신봉수 대검찰청 반부패·강력부장, 김근익 한국거래소 시장감시위원은 7월 28일 오전 관계기관 합동회의를 열고 '불법공매도 적발·처벌 강화 및 공매도 관련 제도 보완 방안'을 발표했다.

정부는 공매도를 악용한 주식매매를 선별해 즉시 기획조사에 착수하고, **주식을 빌리지 않은 채 매도부터 하는 불법 무차입 공매도에 대해서는 공매도 기획감리를 정례화**하기로 했다. 불법 공매도에 대해선 서울 남부지검 합동수사단 중심의 ■**패스트트랙** 절차를 밟아 엄정 처벌하고 범죄수익과 은닉재산을 박탈할 방침이다. 거래소와 금감원의 전담조직도 확대한다.

앞서 금융 당국은 코로나19로 주가가 급락한 2020년 3월부터 지난해 4월까지 약 1년 2개월간 공매도를 금지한 바 있다. 이후 같은 해 5월부터 공매도가 부분적으로 재개되면서 현재 코스피200과 코스닥150 주가지수 구성 종목 대상의 공매도가 가능하다. 그러나 올해 들어 긴축과 경기 침체 우려 등에 주가가 급락하자 공매도 금지를 요구하는 목소리가 커졌다.

공교롭게도 이날 일부 증권사들이 올해 1분기 공매도 규정을 어겨 과태료 처분을 받은 사실이 알려지면서 성난 여론에 기름을 부었다. 한국투자증권은 차입 공매도 주문 시 공매도 호가 표시를 위반한 이유로 과태료 8억원을, 신한금융투자는 7200만원을 부과받았다. 한투증권과 신한금투는 모두 "단순 실수"라고 해명했지만 '개미'들의 분노는 식지 않았다.

신봉수 대검 반부패·강력부장은 "공매도와 연계된 시세조종, 내부자거래 및 무차입 공매도 등 불공정거래는 자본시장 질서를 교란하고, 투자자 피해를 야기하는 중대범죄"라며 "남부지검 합동수사단을 중심으로 패스트트랙을 적극 활용해 적시에 수사절차로 전환해 엄벌하고 범죄수익도 박탈하겠다"고 강조했다.

■ **패스트트랙 (fast track)**

패스트트랙은 금융감독원 등 시장기구가 사건 초기 단계부터 검찰과 관련 범죄 첩보를 공유하고 수사와 기소를 신속하게 처리하는 제도다. 신속수사전환이라고도 한다.

패스트트랙은 각 분야에서 다른 의미로 사용된다. 정치 분야에서는 국회에서 발의된 안건의 신속한 처리를 위한 제도를 뜻하며 '안건신속처리제도'로 불리기도 한다. 상임위원회 재적위원 5분의 3 이상 찬성으로 신속 처리안건을 지정하면 상임위 심의(180일), 법사위 심의(90일), 본회의 자동회부(60일)

를 거쳐 본회의에 자동 상정된다. 경제 분야에서는 2008년 10월 1일 정부가 키코(KIKO) 등으로 피해를 입어 일시적으로 자금난을 겪었던 중소기업을 신속히 지원하기 위해 마련한 유동성지원 제도로 2009년 6월까지 한시적으로 실시됐다.

美 연준 기준금리 또 자이언트 스텝, 한미 금리 역전

미국 중앙은행인 연방준비제도(Fed·연준)가 7월 27일(현지시간) **두 번째 자이언트 스텝**(기준금리 0.75%p 인상)**을 단행**했다. 두 달 동안 금리를 1.5%p 끌어올리는 초강력 조처다. 연준은 물가를 잡기 위해 다음 회의에서도 '비정상적인 높은 수준'의 금리 인상이 적절할 수 있다며 추가적인 자이언트 스텝 가능성까지 시사했다.

블룸버그는 연준이 올해처럼 강력한 통화정책을 시행한 건 1980년대 초 '인플레 파이터'로 불리는 폴 볼커 전 의장 때 이후 처음이라고 설명했다. 당시 미국은 오일 파동을 겪으며 인플레이션이 치솟았고, 볼커 전 의장은 1979년 10월부터 이듬해 3월까지 기준금리를 8.5%p 인상하는 초강력 통화정책을 시행했다. 물가는 빠르게 안정됐지만, 경기침체가 찾아왔다.

연준은 지속적인 금리인상 가능성도 언급했다. 제롬 파월 연준 의장은 "향후 (물가) 데이터와 경제 전망의 변화에 따라 다르겠지만, 다음 회의에서 비정상적으로 큰 또 다른 인상이 적절할 수 있다"고 말했다. 연준이 또 한 번의 자이언트 스텝을 밟을 수 있음을 시사한 것이다. 다만 "통화정책의 스탠스가 빡빡해지면 인상 속도를 낮추는 게 적절할 것"이라고 했다.

미국은 이번 조처로 주요 20개국(G20) 국가 중 11번째로 높은 금리 수준을 갖추게 됐다. G20 국가 중 미국보다 금리가 높은 곳은 살인적인 인플레이션을 겪고 있는 아르헨티나, 터키, 브라질, 러시아 등 9곳이다. 유럽 주요국과의 금리 차는 최대 2.0%p까지 벌어지게 됐다.

한국도 금리 역전으로 추가적인 금리 인상 압박을 받게 됐다. 통화 당국 관계자는 "한국과의 기준금리 역전은 이미 시장에 반영돼 곧바로 달러 유출로 이어지지는 않을 것"이라면서도 "미국이 금리인상을 지속해 금리역전이 확대되고 장기화하면 부담이 커진다"고 말했다.

➕ 한미 기준금리 역전

미국 기준금리 인상에 따라 2020년 2월 이후 처음으로 미국보다 이자율이 낮은 금리 역전 현상이 발생했다. 한미 기준금리가 역전되면 외국인 자금이 한국 주식·채권 시장에서 빠져나갈 수 있다. 외국인 투자자 입장에서 금리가 더 낮은 한국에서 돈을 굴릴 유인이 떨어지기 때문이다. 그러나 과거 한미 금리 역전 사례를 살펴보면 금리가 역전된다 해서 무조건 자본이 유출되진 않았다. 특히 신흥국은 글로벌 경제 불확실성 등 대외적 요인뿐 아니라 자국의 펀더멘털이라는 대내적 요인이 자본 이동에 영향을 미친다.

우리은행 횡령액 700억...
1년간 무단결근도

최근 금융권 및 기업 내 횡령 사건이 잇따르고 있는 가운데 우리은행 직원의 횡령 규모가 애초 알려진 것보다 큰 700억원에 육박한 것으로 확인됐다.

해당 직원은 팀장의 일회용 패스워드(OTP, One Time Password)를 훔쳐 ■출자전환주식을 인출하거나 파견을 간다고 속여 1년간 무단결근을 한 사실이 추가로 밝혀졌다. 이처럼 황당한 직원의 행동을 눈치 채지 못한 우리은행에 대해 금융 당국의 제재가 이뤄질 것으로 보인다.

7월 26일 금융감독원이 발표한 '우리은행 횡령사고에 대한 검사 결과'(잠정)에 따르면, 우리은행 본점 기업개선부 직원 A 씨는 **우리은행이 채권단을 대표해 관리하고 있던 대우일렉트로닉스 매각 계약금 총 673억8000만원을 7회에 걸쳐 횡령**했다. 그는 관리자 직인을 도용하거나 관련 공·사문서를 위조해 출금 결재를 받은 것으로 알려졌다.

여기에 금감원은 이날 **A 씨가 출자전환주식을 추가 횡령한 사실도 적발**했다. A 씨는 2012년 6월 우리은행이 보유하고 있던 모 회사의 출자전환주식을 인출했다. 한국예탁결제원 예탁관리시스템에서 주식 출고를 요청한 후 팀장이 공석일 때 OTP를 도용해 무단으로 결재했다. 약 43만 주를 인출해 총 23억5000만원을 횡령했다.

해당 직원은 횡령뿐만 아니라 무단결근도 했다. 금감원 검사 과정에서 A 씨는 1년간(2019년 10월~2020년 11월) 파견을 간다고 허위 보고한 뒤 무단결근을 한 사실이 드러났다.

우리은행은 금감원 검사가 있기 전까지 A 씨가 거짓 파견을 간 것도 몰랐던 것으로 알려졌다. A 씨의 허위 보고만 믿고, 파견을 갔다는 기관에 확인을 안 한 셈이다.

A 씨는 횡령액을 주식 투자 및 친인척 사업자금 등에 사용한 것으로 보인다. 이준수 금감원 부원장은 "최종적으로 수사와 재판 과정에서 밝혀질 사안"이라면서도 "(횡령액이) 동생 증권 계좌로 3분의 2가량 유입돼 주식과 선물·옵션 등 투자에 사용됐으며, 나머지는 친인척 사업자금으로 사용된 것으로 파악된다"고 말했다.

■ 출자전환 (出資轉換)

출자전환은 기업이 채권 금융기관의 대출금을 주식으로 전환함으로써 과다한 부채로 인한 문제를 덜어주어 금융기관의 부실화를 막는 것을 말한다.

출자전환은 금융기관이 보유하고 있는 채권을 당해 기업 주식으로 직접 전환하는 직접출자전환 방식과 투자자가 금융기관 매출 채권을 할인 매입 후 당해 기업 주식과 상계하는 간접출자전환 방식으로 나눌 수 있다.

출자전환은 기업의 재무구조를 개선시키고, 금융기관의 부실 축소, 국민부담 축소, 국부의 해외유출 방지 및 실업문제 축소 등 기업 구조조정에 따른 사회적 비용을 최소화할 수 있다는 장점이 있다.

그러나 기업 입장에서 무분별한 출자전환은 금융기관 보유지분 확대의 결과를 낳아 금융자본에 의한 산업자본 지배의 우려가 있을 수 있고, 지배주주의 경영권 약화와 금융기관 간섭 증가로 경영권 부재 현상이 나타날 수 있다.

6월 국내 소비 0.9% 감소,
24년 만에 4개월 연속 감소

6월 고물가·고금리에 따른 소비심리 위축 등의 영향으로 국내 소비가 24년여 만에 4개월 연속으로 감소했다. 7월 29일 통계청 산업활동동향에 따르면 6월 소비 동향을 보여주는 **■소매판매액지수**(계절조정)는 118.3(2015년=100)으로 전월보다 0.9% 줄었다. 소비 감소는 3월(-0.7%), 4월(-0.3%), 5월(-0.2%)에 이어 넉 달째 이어졌다. 소비가 4개월 연속 감소한 것은 1997년 10월~1998년 1월 이후 24년 5개월 만이다.

다만 통계청은 **숙박·음식점업 등 대표적인 소비자 서비스가 호조를 이어가고 있다는 점에서 전체적인 소비는 회복세를 지속**하고 있다고 봤다. 코로나19 이후 일상 회복으로 의약품과 가정 내 식료품 등 재화 소비가 줄어든 대신 외식 등 서비스 소비는 늘었다는 점을 고려하면 전체 소비 상황은 나쁘지 않다는 게 통계청의 설명이다.

그러나 향후 경기는 불확실성이 상당하다. 기획재정부는 "2분기 전체적으로 소매판매와 서비스업을 합친 소비 중심의 회복세를 이어가고 있으나 글로벌 인플레이션, 성장둔화 등 해외발(發)

요인으로 불확실성이 지속되고 있다"고 밝혔다. 현재 경기를 나타내는 **■동행지수 순환변동치**는 102.4로 전월보다 0.2p 올라 두 달 연속 상승세를 보였고 경기를 예측하는 선행지수 순환변동치는 99.4로 보합이었다.

고금리·고물가 등의 영향으로 재화 소비를 중심으로 한 소비심리 둔화는 4개월 연속 소매판매액지수 감소로 현실화하고 있다. 여기에 연준의 연속 '자이언트 스텝'으로 한미 금리가 역전되고 미국 2분기 국내총생산(GDP) 증가율이 -0.9%를 기록하며 침체 공포를 키우면서 한국 수출 타격도 우려되는 상황이다.

기재부는 "글로벌 성장 둔화에 따른 향후 수출증가세 제약 소지, 제조업 재고 증가 등이 생산 회복 흐름에 부담으로 작용할 가능성이 존재한다"고 언급했다. 소비·투자에 대해서는 "물가 상승, 금리 인상 지속, 가계·기업심리 위축 등이 불안 요인으로 잠재한다"고 진단했다.

■ 소매판매액지수 (小賣販賣額指數)
소매판매액지수란 소비동향을 파악하기 위해 작성되는 지표이다. 백화점, 대형마트, 면세점, 슈퍼마켓, 전문소매점, 편의점 등 소매판매점의 매월 판매금액을 조사하여 작성한다. 해당 지수는 최종수요자에게 판매된 실적에 근사하다는 점에서 소비동향을 잘 나타낸다. 통계청은 매월 실시하는 서비스업동향조사와 행정자료(관세청, 수입자동차협회, 한국석유공사, 건강보험관리공단 등)를 이용하여 약 2800개의 소매표본사업체를 조사하여 소매판매액지수를 작성·공표하고있다.

■ 동행지수 순환변동치 (同行指數循環變動値)
동행지수 순환변동치란 도소매 판매액·생산·출하 등으로 구성되는 동행지표에서 추세치를 제거해 경기의 순환만을 보는 것을 말한다. 동행지수에서 경제성장에 따른 자연추세분을 제하고 계산하므로 현재의 경기가 어느 국면에 있는가를 비교적 정확하게 반영한다. 동행지수 순환변동치는 100을 기준으로 그 이상이면 호황, 미만일 때는 불황으로 분류된다.

폭우 영향...밥상 물가 초비상

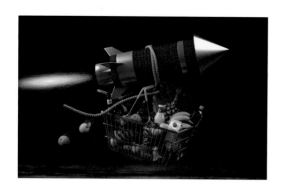

7월 소비자물가가 전년 동월 대비 6.3% 오르는 고물가 상황이 지속되고 있는 가운데 최근 중부 지역을 중심으로 내린 폭우로 인해 밥상 물가에 초비상이 걸렸다. 8월 둘째 주 서울 등 수도권과 강원도 등을 강타한 115년 만의 폭우로 수확을 앞둔 농산물이 침수 피해를 맞으면서, 가격 상승 압력이 커졌다.

8월 12일 AT 농산물유통정보(KAMIS)에 따르면 전날 국내 도매시장에서 배추 10kg은 평균가격 2만360원에 거래됐다. 한 달 전 가격(1만2708원)과 비교하면 60% 이상 올랐다. 1년 전(1만62원)과 비교하면 2배 이상 뛰었다. 무 20kg의 전날 평균 도매가는 2만9000원으로 한 달 전 가격(1만9930원) 대비 45.5% 올랐다. 1년 전 평균 도매가격(1만4472원)의 2배 이상 급등했다.

농산물 가격은 유가와 비료비 등 생산비용이 상승한 데다, 최근 폭우 영향으로 수확에 차질을 빚으면서 상승세를 나타냈다. 여기에 폭우 이후 폭염으로 작황이 악화할 수 있다는 우려가 커지면서 성수기인 추석을 앞두고 물량을 확보하려는 경쟁이 더해지면서 가격 상승을 부추겼다.

기획재정부에 따르면 최근 폭우로 침수·낙과 피해를 받은 지역은 879헥타르(ha)에 이른다. 가축도 9만 마리 정도가 폐사했다. 특히 **과일·채소류는 폭우 뒤 폭염이 이어지면 세균이나 곰팡이에 의해 식물 조직이 부패되는 무름병이 발생**할 가능성이 커진다. 농산물 작황에는 부정적인 요인이다.

물가 영향도 불가피하다. 7월 소비자물가동향에서 전년 동월 대비 25.9% 상승하며 물가 상승 기여도가 높았던 채소류가 8월에도 소비자물가 상승세를 견인할 것이란 관측이 나온다. 7월 소비자물가동향에서 채소류의 물가 기여도는 0.39%p였다. 채소류 가격 상승률이 전달 수준을 웃돈다는 점에서 8월 소비자물가동향에서 채소류의 물가 상승 기여도는 더 높아질 전망이다.

정부, 농·축·수산물 할인쿠폰 발행

정부는 현재의 고물가 상황으로 인한 가계 부담을 최소화하려는 방편으로 비축 물량 방출 확대와 할인쿠폰 대규모 발행 계획을 밝힌 상태다. 특히 추석을 앞두고 수요가 많아지는 **농·축·수산물의 가격 부담을 덜어주기 위해 650억원 규모의 할인쿠폰을 발행**할 방침이다.

하지만 할인쿠폰이 일시적으로 가계 부담을 떨어뜨릴 수는 있지만 시장의 수요·공급 조정 측면에서 봤을 때는 수요를 자극해 물가 상승을 더 자극할 수 있다는 지적도 나온다. 할인쿠폰은 수요를 자극하는 정책인데, 공급이 감소한 상황에서 수요를 자극하면 오히려 상품을 구하려고 해도 구할 수 없는 상황이 벌어져 시장 가격이 더 오를 수 있다는 것이다.

30년 만에 대중 무역수지 4개월 연속 적자

올해 들어 무역적자가 계속되면서 우리나라 최대 교역국인 중국과의 무역수지 또한 30년 만에 4개월 연속 적자를 앞두고 있다. 고환율과 에너지 가격 상승 등을 고려해야 하지만 중국 경제 성장률이 둔화하고 미국과 중국 간 갈등이 첨예해지는 상황을 감안할 때 중국과의 무역적자가 구조화할 가능성이 크다는 분석이 나온다.

8월 11일 관세청에 따르면 **올해 8월 10일까지 누적 무역적자는 229억3000만달러다. 지난해 같은 기간엔 144억달러 흑자였다.** 주요 품목별 수출 동향을 보면 석유제품(177.0%), 승용차(191.9%), 철강제품(26.3%), 자동차 부품(29.4%), 정밀기기(9.5%) 등에서 수출액이 지난해보다 늘었다. 반면 반도체(-5.1%), 무선통신기기(-17.7%), 컴퓨터 주변기기(-19.0%) 등은 줄었다.

수출 국가별로는 미국(17.5%), 유럽연합(EU, 66.2%), 베트남(10.2%), 싱가포르(169.1%) 등에서 수출이 증가했고 중국(-2.8%), 홍콩(-44.4%) 등은 감소했다. 올해 1~7월 누적 무역수지 적자액은 150억2500만달러에 달하며 관련 통계를 작성하기 시작한 1956년 이후 66년 만에 최대치를 기록한 상황이다.

대중 무역수지는 1992년 이후 30년 만에 지난 5~7월 3개월 연속 적자를 이어간 데 이어 8월 1~10일에도 8억9000만달러 적자를 기록했다. 7월 초 적자 폭이 줄면서 8월에는 흑자로 전환할 수 있다는 기대도 있었지만 8월 초에도 결국 대규모 적자를 기록하고 말았다.

으로 공급망 다변화, 물가 안정이 이뤄지지 않는다면 교역구조는 더욱 악화될 가능성이 있다. 이 같은 상황을 타개하기 위해선 수입 다각화와 기술력 확보 등의 노력이 필요하다는 지적이 나온다.

기준 중위소득 5.47%↑...4인 가구 월소득 162만원 이하 생계급여

 보건복지부 복지사업 수급자 선정기준인 내년도 '기준 ▪**중위소득**'이 4인 가구 기준 올해보다 5.47% 인상됐다. 수급 가구 중 70% 이상인 1인 가구 기준으로는 6.48% 오른다. 보건복지부는 7월 29일 제67차 중앙생활보장위원회를 열고 2023년도 기준 중위소득과 급여별 선정기준·최저보장 수준을 이같이 결정했다고 밝혔다.

내년 기준 중위소득은 4인 가구 기준 올해 512만 1080원보다 5.47% 인상된 540만964원으로 결정됐다. 1인 가구 기준으로는 올해 194만4812원보다 6.48% 인상된 207만7892원이다.

국민기초생활보장제도 수급자는 지난해 말 기준 236만 명인데, 내년도 기준 중위소득 조정에 따라 약 9만1000여 명이 추가로 혜택을 받게 된다. 추가 소요 재정은 연간 6000억원 이상으로 정부는 추계했다.

중앙생활보장위원회는 기준 중위소득과 함께 각 급여별 선정 기준 및 최저보장 수준도 확정했다.

4인 가구 최대 급여액은 올해 153만6324원에서 내년 162만289원으로, 1인 가구 최대 급여액은 58만3444원에서 62만3368원으로 올랐다.

복지 부담 급증할 듯

이번에 결정된 증가율은 기준 중위소득을 복지 수급자 선정 기준으로 삼기 시작한 2015년 이후 최대 폭이다. 이에 따라 추가로 소요되는 재정은 생계급여 하나만 해도 연간 6000억원 이상이다. 복지부는 "최종 증가율 5.47%는 그간 코로나19 등 경기침체 상황을 고려해 기본증가율을 하향 조정해온 과거 2년과 달리 2020년 기준 중위소득 산정방식 개편 이후 최초로 원칙대로 결정한 결과"라고 밝혔다.

이번 인상률 결정에 앞서 일부 시민단체는 최근 빠르게 오르는 물가를 감안해 기준 중위소득을 대폭 인상해야 한다고 주장했다. 반면 기획재정부는 재정건전성 악화가 우려된다며 기준 중위소득 4.19% 인상을 제시했다. 애초 윤석열 정부의 재정건전성 기조에 따라 인상률이 4%대로 결정될 것이란 관측이 나왔지만 실제 결과는 작년 수준을 뛰어넘었다.

▪ **중위소득 (中位所得)**
중위소득은 총가구를 소득순으로 순위를 매겨, 정확히 중간을 차지하는 가구의 소득을 말한다. 통계청이 발표하는 가계동향 조사를 바탕으로 하여 전년도 중위소득 수치에 과거 평균 증가율을 적용해 결정한다. 정부는 이 중위소득에 여러 가지 경제지표를 반영해 기준 중위소득을 산출하고, 이를 국민기초생활보장의 급여 기준을 정하는 지표로 활용한다.
중산층 가구 비중을 고려할 때는 경제협력개발기구(OECD)의 기준을 따르는 경우가 많은데, 이에 따르면 중위소득의 150%를 초과할 경우를 상류층으로 보고, 50~150%를 중산층, 50% 미만을 빈곤층으로 본다.

'판 커진 치킨전쟁'....
소비자 '환호'-프랜차이즈 '당혹'

대형마트가 고물가 시대를 맞아 초저가 치킨을 속속 선보이고 있는 가운데 이를 바라보는 시선이 180도 달라졌다. 불과 10년 전만 해도 대형마트의 초저가 치킨에 대한 불만의 목소리가 컸지만, 이제는 대형마트를 응원한다는 여론이 더 거세졌다.

8월 9일 관련 업계에 따르면 롯데마트는 8월 11일부터 1주일간 '뉴 한통 가아아득 치킨(한통치킨)' 1.5마리(기존가 1만5800원)를 행사 카드로 결제 시 44% 할인된 8800원에 한정 판매한다. **최근 홈플러스가 당당치킨**이라는 이름으로 1마리를 6990원에 판매하자 대응차원에서 치킨 가격을 내린 것으로 해석된다.

대형마트가 초저가 치킨 판매에 나선 것은 지난 2010년 이후 12년 만이다. 당시 통큰치킨을 판매했던 롯데마트는 골목상권 침해 논란에 휩싸였고 불매운동까지 거론되면서, 출시 일주일 만에 판매를 중단한 바 있다.

하지만 시간이 흐르자 여론이 급변했다. 치킨 프랜차이즈들이 코로나19와 인플레이션을 이유로 잇따라 제품 가격 인상에 나서자, 대형마트의 초저가 치킨이 국민적 지지를 받게 된 것이다. **인**기 프랜차이즈 치킨 가격이 2만원대까지 오르고 배달비를 합치면 3만원에 육박하는 상황이 되면서 소비자들의 가격 저항이 거세진 것으로 풀이된다.

과거 롯데마트의 판매 중단에 가장 큰 목소리를 냈던 프랜차이즈 업계는 목소리를 죽이며 상황을 예의주시하고 있다. 프랜차이즈 업계가 목소리를 내지 못하는 사이 소비자들 반응은 폭발적이다. 인터넷 커뮤니티에는 "골목상권, 소상공인 어쩌고 하면서 억지 떼쓰지 말라", "실력이 아닌 감성으로 이기는 시대는 지났다"는 등의 반응이 주를 이루고 있다.

➕ 치킨가격 7000원 비결은?

식재료 가격 급등에도 초저가 치킨이 저렴한 가격을 유지할 수 있는 비결로 ▲원재료 대량 구매를 통해 상품 원가를 낮추고 ▲매장에서 직접 조리하기 때문에 제반 비용을 최소화할 수 있다는 점이 꼽히고 있다. 특히 대형마트의 최대 강점인 '구매 경쟁력'이 주효했다. 이창현 홈플러스 델리사업팀장은 "박리다매 방식으로 상품회전율을 빠르게 해 매출은 늘리고 폐기율을 낮춰 비용을 절감하고 있다"며 "특히 대형마트가 갖춘 강력한 소싱 경쟁력으로 생산 원가도 절감해 운영 효율을 극대화하고 있다"고 설명했다.

존리·강방천 의혹에...이복현
"자산운용사, 윤리의식 높여야"

이복현 금융감독원장은 8월 9일 "최근 **▪사모펀드** 사태를 겪으면서 자산운용산업에 대한 시장 신뢰가 크게 떨어진 상황"이라며 "자산운용사 임직원은 이해 상충 소지가 있는 부적절한 행위를 단념하고 고객 자금 운용 관리자로서 본연의 업무에 충실해야 한다"고 말했다. 최근 **존 리 전 메리츠 자산운용 대표**와 **강방천 에셋플러스자산운용 회장**의 '차명 투자' 의혹이 잇따라 불거지자 운용업계에 사익을 추구하지 말라고 보낸 경고다.

이 원장은 이날 임원회의에서 "운용업은 고객의 투자금을 관리·운용하므로 시장과 투자자 신뢰가 근간이 돼야 한다"면서 이같이 말했다. 그는 '오얏나무 아래에서 갓끈을 고쳐 매지 말라'는 속담을 인용하며 운용사 임직원 스스로가 과거보다 높아진 도덕적 잣대를 가져야 한다고 강조했다.

앞서 존 리 전 대표는 지인이 설립한 부동산 관련 **온라인투자연계금융**(P2P)업체에 아내 명의로 투자하고 해당 업체를 메리츠자산운용이 운용하는 펀드에 편입시켰다는 사실이 금감원 검사 중 확인되며 차명 투자 의혹에 휩싸였다. 그는 불법성이 없었다고 주장했지만 논란이 확산하자 지난 6월 말 자리에서 물러났다.

강 회장은 자사 자금 수십억원을 자신과 딸이 대주주로 있는 공유 오피스 운영사에 대여한 뒤 법인 명의로 운용했다가 금감원 검사 과정에서 적발됐다. 그는 차명 투자 의혹을 부인했지만 결국 지난 7월 은퇴를 선언했다.

■ **사모펀드 (PEF, Private Equity Fund)**
사모펀드(PEF)는 채권 등에 운용하는 펀드로 고수익기업투자펀드라고도 한다. 사모는 공개적이나 대중적이 아닌 사적으로 기금을 모은다는 뜻으로서 금융기관이 관리하는 일반 펀드와는 달리 사인(私人) 간 계약의 형태를 띤다. 사모펀드는 비공개로 투자자들을 모집하여 자산가치가 저평가된 기업에 자본참여를 하여 경영권을 인수해 기업가치를 높인 다음 기

업주식을 되파는 운용 전략을 취한다. 헤지펀드는 경영 개입 없이 단기 매매 차익을 목적으로 한다는 점에서 사모펀드와 차이가 있다.

한국 조선, 7월 세계 선박 절반 쓸어담았다...3개월 연속 1위

국내 조선업계가 지난 7월 세계 선박 발주량의 절반가량을 수주했다. 국내 조선업계는 중국을 제치고 수주전에서 글로벌 1위를 3개월째 이어갔다. 영국의 조선·해운시황 분석기관 클락슨리서치는 7월 전 세계 선박 발주량(70척) 210만 **CGT**(Compensated Gross Tonnage : 표준화물선 환산 톤수) 가운데 한국이 116만 CGT(19척, 55%)를 수주하며 중국 62만 CGT(35척, 30%)를 제치고 3개월 연속 1위를 차지했다고 8월 9일 밝혔다.

올해 1~7월 누계 기준으로도 한국은 1113만 CGT(204척, 47%)를 수주해 1007만 CGT(383척, 42%)를 기록한 중국을 앞섰다. 이 기간 발주된 LNG 운반선(14만m³ 이상)은 103척으로 이는 클락슨리서치가 LNG 운반선 발주 데이터를 집계한 2000년 이래 최대치다. 선종별 발주량을 살펴보면 **전년 동기 대비 LNG선**(14만m³ 이상)**은 크게 증가한 반면 대형 컨테이너선 유조선 벌크선 모두 감소**했다. LNG 운반선은 ■**카타르 프로젝트**에 힘입어 1~7월에만 103척이 발주돼 역대 최다였다.

지난 7월 말 기준으로 전 세계의 수주 잔량은 6월 말 대비 51만 CGT 증가한 1억126만 CGT로 국가별로는 중국 4237만 CGT(42%), 한국 3586만 CGT(35%)를 기록했다. 전월 대비 한

국(93만 CGT, 3%↑)은 증가한 반면 중국(12만 CGT, 0.3%↓)은 소폭 감소했다. 전년 동기와 비교하면 한국(737만 CGT, 26%↑)이 중국(462만 CGT·12%↑)에 견줘 큰 폭으로 증가했다.

한편, 7월 **클락슨 신조선가지수**(Newbuilding Price Index)는 161.57p를 기록해 2020년 12월 이후 20개월째 상승세를 이어갔다.

■ 카타르 프로젝트 (Qatar project)

카타르 프로젝트는 세계 최대의 액화천연가스(LNG) 생산국인 카타르와 국내 조선업체 3사(한국조선해양·대우조선해양·삼성중공업)가 체결한 총액이 약 190억달러(24조원)에 달하는 초대형 선박 프로젝트를 말한다. 카타르는 전 세계적으로 증가하는 LNG 수요에 맞춰, LNG 가스 생산 능력을 현재의 7700만 톤에서 오는 2027년 1억2600만 톤으로 확대하는 사업 계획을 세웠다. 이러한 증산 계획에 맞춰 국내 조선 3사는 약 100척이 넘는 대규모 LNG 운반선의 수주 계약을 따냈다. 지난 2020년 6월경 카타르에너지공사(QE) 전신인 카타르페트롤리엄(QP)은 국내 조선 3사와 190억달러 규모의 슬롯계약을 맺었다.

협약에는 ▲도는 행정·재정적 지원 ▲JDC는 기획·재정지원·사업관리 ▲카이스트 친환경스마트자동차연구센터는 실증 데이터 분석 ▲카카오모빌리티는 대고객 서비스 개발·운영 ▲라이드플러스는 **자율주행차** 서비스 운영을 하게 된다는 내용을 담고 있다.

자율주행 서비스 실증사업은 라이드플러스가 자체 개발한 자율주행 차량·자율주행 소프트웨어와 카카오모빌리티의 플랫폼 기술력·자율주행 서비스 운영 역량을 더해 **지역 내에서 사람과 사물이 안전하게 이동하는 것을 목적으로 하는 모빌리티 서비스 사업**이다.

오는 10월부터 제주첨단과학기술단지를 대상으로 'JDC NEMO(Next Mobility) ride' 자율주행 여객운송서비스를 개시하고, 내년에는 제주대학교로 지역을 확대해 물류배송도 실증할 계획이다.

제주 자율주행 실증 플랫폼 추진 민-관 손 잡았다

제주에서 자율주행 실증 플랫폼 구축으로 신산업 기반과 일자리 창출 등을 위해 행정기관과 공기업, 민간기업 등이 손을 잡았다. 8월 9일 제주특별자치도에 따르면 전날 자율주행 서비스 실증 플랫폼 구축 업무 협약식이 열렸다. 협약은 제주도와 제주국제자유도시개발센터(JDC), 카이스트 친환경스마트자동연구센터, ㈜카카오모빌리티, ㈜라이드플러스 간에 이뤄졌다.

■ 자율주행차 (自律走行車)

자율주행차는 운전자가 브레이크, 핸들, 가속 페달 등을 제어하지 않아도 도로의 상황을 파악해 자동으로 주행하는 자동차이다. 무인자동차(운전자 없이 주행하는 차)와 다른 개념으로서 스마트카 구현을 위한 핵심 기술이다. 자율주행차가 실현되려면 고속도로 주행 지원 시스템을 비롯해 후측방 경보 시스템, 자동 긴급 제동 시스템, 차선 이탈 경보 시스템(LDWS), 차선 유지 지원 스템, 어드밴스드 스마트 크루즈 컨트롤, 혼잡 구간 주행 지원 시스템(TJA) 등이 구현돼야 한다.

분야별
최신상식

사회
환경

교육부, 국회 업무보고서
'만 5세 입학' 삭제

대통령 업무보고 열흘 만에 삭제
교육부가 8월 9일 예정된 국회 교육위원회 업무보고에서 '만 5세 초등학교
입학' 관련 내용을 삭제한 것으로 알려졌다. 지난 8월 8일 교육부가 국회 교
육위에 제출한 업무보고 자료에 따르면 교육부는 주요 추진과제 중 '국가교
육책임제로 교육의 출발선부터 격차 해소'를 위해 국가교육책임 확대, 방과
후·돌봄서비스 강화, 학력 회복 및 교육결손 해소를 위한 집중 지원 등을
실시한다고 밝혔다.

이날 제출된 업무보고 자료 중 '국가교육 책임 확대'에서 지난 7월 29일 대
통령 업무보고에 포함됐던 '만 5세 초등학교 입학' 관련 내용은 빠졌다. **교
육부는 앞선 대통령 업무보고에서 '모든 아이의 교육을 조기에 지원하는 학
제개편 추진'을 한다고 밝히며 '모든 아이들이 1년 일찍 초등학교로 진입하는
학제개편 방향을 본격 논의·추진'이라고 적시했다.**

그러나 8월 8일 국회 교육위에 제출한 업무보고 자료에는 위와 같은 내용
이 빠졌다. 업무보고 자료에는 '조기에 양질의 교육을 제공하여, 아이들의
안전한 성장을 도모하고 학부모의 부담을 경감할 수 있도록 국가가 책임지

고 지원한다'고만 적시됐다. 나아가 '학부모, 학교현장, 전문가 등의 다양한 의견수렴과 국가교육위원회 등을 통한 사회적 합의를 거쳐 구체적인 추진방안 마련'이라고 적시됐다. 이로써 만 5세 초등학교 입학을 대통령 업무보고에 포함한 이후 열흘 만에 관련 내용이 삭제됐다.

거센 반발에 교육부 한 걸음 물러나

앞서 초등학교 입학 연령을 낮추는 정책을 추진한다는 소식이 전해지자 교육계에서 큰 반발이 일었다. 박순애 사회부총리 겸 교육부 장관은 "출발선상에서의 교육격차를 조기에 해소하고자 한다"고 설명했지만, 학부모, 교사 등은 사전 논의, 정책 정보가 충분히 제공되지 않았다며 반발했다.

교육부는 사회적 협의를 도출해나가겠다며 진화에 나섰지만 논란은 수그러들지 않았다. 여기에 외국어고등학교 폐지 논란까지 겹치며 박 부총리의 입지는 더욱 좁아졌다. 결국 **박 교육부 장관은 논란의 책임을 지고 8월 8일 자진 사퇴**했다. 박

장관의 사퇴는 지난 7월 5일 윤석열 대통령으로부터 임명장을 받은 지 34일 만이다.

➕ **교육부의 '만 5세 입학' 졸속 추진부터 반발까지**

7월 29일 교육부는 대통령에게 하는 업무보고에서 2025년부터 초등학교 입학 나이를 만 6세에서 만 5세로 낮출 방침을 밝혔다. 정부의 계획에 따르면 2025년에는 6세인 2018년생과 5세인 2019년생 중 1~3월 출생자가 함께 초등학교에 들어가고, 이후 2026년엔 5세(2020년생) 중 1~6월, 2027년엔 5세(2021년생) 중 1~9월 출생자가 6세와 함께 초등학생이 된다. 2028년에는 모든 5세(2022년생)가 초등학교에 진학하게 된다. 그러나 학부모·교사를 중심으로 반발이 심했다. 유아기에는 같은 연도에 태어났더라도 1월생과 12월생의 발달 정도가 크게 다르기 때문에 교육 내용을 받아들이는 속도에 차이가 클 것이라는 우려에서다. 또한, 만 5세 어린이가 학교에 가면 맞벌이 부부의 돌봄 부담이 커진다며 반발했다. 유치원·어린이집은 어린이들을 온종일 돌봐주지만, 초등학교 1학년은 보통 점심이 지나면 수업이 모두 종료되기 때문이다. 나아가 입학 나이를 낮추는 2025년이 되면 입학생이 많이 늘어나게 되는데, 이를 대비해 교사와 교실을 늘리는 계획도 없이 입학 나이만 낮춰서는 안 된다며 반발이 거셌다.

POINT 세 줄 요약

❶ 교육부가 '만 5세 초등학교 입학' 계획을 철회했다.

❷ 앞서 초등학교 입학 연령을 낮추는 정책에 대해 교육계에서 큰 반발이 일었다.

❸ 박순애 교육부 장관은 학제 개편 등 논란의 책임을 지고 8월 8일 자진 사퇴했다.

지난해 한국 인구 5714만 명... 72년 만에 첫 감소

외국인을 포함한 우리나라의 총인구가 대한민국 정부 수립 이후 처음으로 감소했다. 통계청이 지난 7월 28일 발표한 '2021년 인구주택총조사 인구 부문 집계 결과'에 따르면 지난해 우리나라 총인구(11월 1일 기준)는 5713만8000명으로 1년 전보다 9만1000명 감소했다. 총인구가 감소한 것은 대한민국 정부 수립 이듬해인 1949년 **센서스**(census : 사회 집단 전체를 대상으로 하는 대규모의 통계 조사) 집계가 시작된 이래 72년 만에 처음이다.

인구성장률은 1960년 3.0%로 정점을 찍은 후 줄곧 하락하면서 1995년부터는 1% 미만으로 떨어졌고, 지난해 사상 처음으로 마이너스 성장을 기록했다. 통계청 이지연 인구총조사과장은 "인구 자연 감소가 이어지는 가운데 코로나19의 영향으로 일시 귀국했던 내국인 인구가 다시 유출되고, 외국인 인구도 줄어들면서 지난해 총인구가 감소했다"고 설명했다.

한편, 우리나라의 남성 인구는 2585만 명, 여성 인구는 2588만8000명인 것으로 조사됐다. **여성 100명당 남자의 수를 나타내는 성비**는 지난해 99.9로 집계됐다.

노인 부양 부담 점점 커져

연령별로는 15~64세 생산연령인구(3694만4000명)가 34만4000명(−0.9%) 줄었다. 생산연령인구는 2016년 정점을 찍은 후 지난해까지 5년 동안 67만7000명 감소했다. 1년 새 0~14세 유소년 인구(608만7000명)도 16만7000명(−2.7%) 감소했다.

65세 이상 고령자 인구는 870만7000명으로 1년 만에 41만9000명(5.1%) 증가했다. 이로써 총인구 가운데 고령 인구가 차지하는 비율은 2016년 13.3%에서 지난해 16.8%로 5년 만에 3.5%p 상승했다. **인구 6명 중 1명이 노인**이라는 의미다.

특히 고령층 가운데서도 85세 이상 초고령층 비중이 점점 높아지고 있다. 내국인 고령층(862만 명) 가운데 85세 이상 초고령층(10.1%)은 지난해 처음으로 10% 선을 넘어섰다. 인구를 나이순으로 줄 세웠을 때 중간에 위치하는 중위연령은 44.5세로 작년(43.9세) 대비 0.6세 올라갔다.

＋ 고령화사회·고령사회·초고령사회

▲고령화사회(aging society)는 총인구 중 65세 이상의 인구 비율이 7% 이상인 사회 ▲고령사회(aged society)는 14% 이상인 사회 ▲초고령사회(post-aged society)는 20% 이상인 사회를 말한다. 우리나라의 경우 2021년에 65세 이상 고령자 인구가 870만7000명으로, 총인구 가운데 고령 인구가 차지하는 비율이 16.8%였다. 통계청에 따르면 우리나라의 노인 인구가 2025년에는 전체 인구의 20%에 이를 것으로 추정하고 있다.

기출TIP 각종 상식시험에서 고령화사회·고령사회·초고령사회의 기준이 되는 고령 인구의 비율을 묻는 문제가 종종 출제된다.

스타벅스 '서머 캐리백' 발암물질 확인..."진심 사과"

지난 7월 28일 스타벅스 코리아는 고객 증정품인 '서머 캐리백'에서 발암물질인 폼알데하이드가 검출됐다고 공식적으로 확인했다. 자극적인 냄새와 독성을 가진 물질인 **폼알데하이드는 세계보건기구(WHO) 산하 국제암연구소에서 1군 발암물질로 분류하고 있는 물질**이다.

이날 스타벅스는 입장문을 내고 "지난 (7월) 22일 국가전문 공인시험 기관에 의뢰해 시험한 결과 '개봉 전' 서머 캐리백 외피에서 평균 459mg/kg, 내피에서는 평균 244mg/kg의 폼알데하이드가 검출됐다"며 "개봉 후 2개월이 지난 제품은 외피에서 평균 271mg/kg, 내피에서 평균 22mg/kg 정도의 수치가 각각 나왔다"고 시인했다.

스타벅스는 이어 "서머 캐리백은 전기용품 및 생활용품안전관리법상 '기타 제품류'로 분류되는 만큼 유해물질 안전요건 대상 제품에는 포함되지 않는다"며 "(폼알데하이드와) 관련한 기준이 없었다"고 해명했다. 그러면서도 "하지만 이로 인해 시험 결과 수치의 의미를 해석하는데 시일이 지체된 점에 대해 이유 여하를 막론하고 진심으로

송구하게 생각한다"며 사과했다.

행사 시작 전 '검수 소홀'도 시인

증정 행사를 시작하기 전 제품의 안전성 검사를 소홀히 했다는 일각의 의혹에 대해서도 스타벅스는 사실상 시인했다. 특히 행사 과정에서 폼알데하이드 검출 사실을 인지했음에도 제품 증정을 이어간 것으로 알려졌다.

스타벅스는 이와 관련하여 "제조사로부터 전달받은 시험 성적서 첨부 자료에 폼알데하이드가 포함되어 있었으나, 이취 원인에 집중하느라 이를 인지하지 못했다"고 밝혔다. 그러면서 "이러한 이유로 7월 초 스타벅스 캐리백에서 폼알데하이드가 검출된다는 주장이 제기됐을 때 공급사에 사실 확인을 요청했다. 이에 3곳의 시험 기관에 검사를 의뢰해 시험을 진행했다"고 설명했다.

스타벅스는 "시험 결과 수치의 의미를 파악하고 교차 검증하는 과정에서 당사의 모습이 사전에 인지했음에도 행사를 강행하는 것으로 비춰지며 더 큰 실망과 심려를 끼쳐드린 게 아닌지 다시 한번 자성의 계기로 삼겠다"며 거듭 사과했다. 스타벅스는 서머 캐리백을 받은 고객에게 해당 제품을 새로운 굿즈로 교환해주거나 3만원 상당의 기프트 카드를 제공하기로 했다.

⊞ 신세계가 안은 '스타벅스' 잇단 악재

스타벅스는 전 세계에 매장을 보유하고 있는 미국의 커피 전문점이다. 스타벅스가 한국에 들어온 것은 1999년이다. 애초 신세계그룹의 주식회사 이마트와 미국 스타벅스 본사는 지분 절반씩을 투자해 주식회사 스타벅스커피코리아를 설립해 국내 사업을 시작했으나, 22년 만에 미국 스타벅스가 지분을 전부 매각하면서

지난해부터 이마트가 단독 운영하고 있다.

그러나 이마트가 스타벅스를 단독 운영한 이후 과도한 이벤트로 직원들의 시위 및 이탈이 발생하고, 종이빨대 악취 논란, 증정품 발암물질 검출 논란 등 악재가 이어지며, 신세계의 운영 방식이 잘못됐다는 지적이 나온다. 스타벅스가 업계 부동의 1위인 만큼 스타벅스의 문화를 사랑하는 팬들도 많은데, 팬들도 이마트가 스타벅스를 단독 운영한 이후 스타벅스 특유의 감성이 사라졌다고 불평하고 있다.

유통 전문가들은 신세계가 스타벅스커피코리아를 인수한 뒤 규모 불리기에 치중한 나머지 관리가 소홀해졌다고 지적했다.

강릉 '흠뻑쇼' 무대 철거 중 노동자 추락사

'싸이 흠뻑쇼'가 열렸던 콘서트장에서 조명탑 철거 작업을 하던 20대 외국인 남성이 추락해 숨지는 사고가 발생했다. **경찰은 이 사건에 ■중대재해기업처벌법이 적용될 수 있는지 검토**에 들어갔다. 경찰과 소방 등에 따르면 7월 31일 오후 3시 52분쯤 강원 강릉종합운동장에서 조명탑 철거 작업을 하던 몽골인 남성 A 씨가 약 20m 아래로 떨어지는 사고가 발생했다.

A 씨는 출동한 소방 당국에 의해 심정지 상태로 인근 병원에 옮겨졌으나 끝내 숨졌다. 싸이 소속사인 피네이션은 이날 오후 입장을 내고 "고인은 몽골 국적의 20대 남성으로, 무대 구조물을 제작하는 A 외주업체에 고용된 분이었다"면서 "불의의 사고로 유명을 달리한 고인에게 진심으로 애도를 표한다. 또한 유족분들에게도 깊은 위로의 말씀을 전한다"고 밝혔다.

이어 "피네이션은 보이지 않는 곳에서 땀 흘리시는 스태프의 노력을 너무도 잘 알고 있기에 이번 사고가 더욱 비통할 따름"이라며 "고인의 마지막 길을 최선을 다해 돌보겠다. 또한 더 이상 이런 일이 일어나지 않도록 대책 마련 및 재발 방지에 책임감 있는 자세로 임하겠다. 다시 한번 삼가 고인의 명복을 빈다"고 덧붙였다.

경찰은 A 씨가 작업 도중 미끄러진 것으로 보고 정확한 사고 원인을 조사 중이다. 경찰은 A 씨 사망 사고를 일단 변사 처리했다. 다만 이 사건에 중대재해기업처벌법을 규율할 수 있는지 들여다볼 계획이다. 경찰 관계자는 "해당 법을 적용할 수 있는지를 놓고 추가 조사를 진행할지 검토 중"이라고 했다.

■ 중대재해기업처벌법 (重大災害企業處罰法)

중대재해기업처벌법(중대재해법)은 노동자 사망사고와 같은 중대재해가 발생할 경우 대표이사 등 경영 책임자도 처벌할 수 있도록 한 것으로, 경영 책임자가 최소 1년 이상 징역, 10억원 이하 벌금을 물도록 한 법이다. 2022년 1월부터 시행됐다. 기존 산업안전보건법이 법인을 법규 의무 준수 대상자로 하고 사업주의 경우 안전보건 규정을 위반할 경우에 한해서만 처벌을 한 데 비해 중대재해기업처벌법은 법인과 별도로 사업주에게도 법적 책임을 묻는다는 차이가 있다.

수족관에 마지막 남은
남방큰돌고래 '비봉이' 바다로

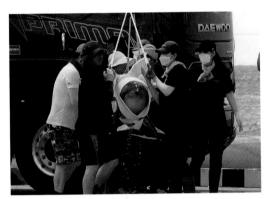

▲ 제주에서 포획돼 17년간 수족관에서 지내던 남방큰돌고래 비봉이가 8월 4일 오전 제주 서귀포시 대정읍 앞바다에 설치된 가두리 훈련장으로 옮겨지고 있다.

해양수산부는 국내 수족관에 마지막으로 남아 있던 남방큰돌고래 '비봉이'를 바다로 돌려보내기 위해 야생적응 훈련 등 본격적인 준비를 시작한다고 8월 3일 밝혔다. 비봉이는 2005년 제주 혼획(混獲 : 어획 대상종에 섞여서 다른 종류의 물고기가 함께 잡힘)돼 17년간 휴양 시설인 퍼시픽 리솜 수족관에서 지냈다.

남방큰돌고래는 해양보호생물로 지정돼 보호·관리되고 있는 종이다. 2012년 해양보호생물로 지정됐을 당시 국내 수족관에서 총 8마리가 사육되고 있었다. 하루에 100km가 넘는 거리를 자유롭게 헤엄치며 사는 돌고래를 10m 안팎의 수조에 가두는 것은 비인도적인 처사라는 지적에 따라 당국은 2013년 제돌이·춘삼이·삼팔이 등 총 7마리를 방류했다.

조승환 해수부 장관은 비봉이 방류가 늦어진 데 대해 "혼획 시 즉시 놔줘야 하는 게 원칙인데 (그당시) 사회적 분위기나 국민적 관심 등이 영향을 미쳐 시간이 걸리지 않았나 생각한다"고 말했다.

비봉이 해양 방류는 ▲방류 가능성 진단 및 방류 계획 수립 ▲사육수조 내 적응훈련 ▲가두리 설치 및 이송 ▲가두리 내 야생적응 훈련 ▲방류 및 사후 모니터링 등 5단계로 진행되며 비봉이는 조만간 3~4단계 과정에 들어간다. 방류 시 비봉이의 위치추적 및 행동 특성 파악을 위해 위치정보시스템(GPS) 장치를 부착해 1년 이상 모니터링하게 된다.

비봉이가 방류되면 현재 수족관에 갇혀 사는 고래류는 21마리가 남는다. 당국은 이번 비봉이 방류를 계기로 그간 추진해온 해양동물의 복지 개선을 위한 정책을 속도감 있게 추진하기로 했다. **수족관에서 전시를 목적으로 새롭게 고래류를 들여오는 행위와 현재 사육하고 있는 고래류에 대해 과도하게 스트레스를 가하는 행위는 금지**한다.

➕ 비인간 인격체 (non-human person)

비인간 인격체란 의식을 가지고, 자아를 인지하며 도덕적 판단이나 인지능력, 공감능력이 있는 동물을 일컫는 표현으로써 유인원, 코끼리, 고래류, 까마귀 등이 비인간 인격체로 언급된다.

세계 인권 선언에 따라 보호되는 종(種)은 오로지 인간뿐이다. 다른 동물과 가장 구분되는 인간의 특징은 자아를 인식할 수 있다는 것이다. 1970년 미국의 비교심리학자 고든 갤럽은 침팬지에 대한 거울 실험을 통해 이러한 편견을 깼다. 거울에 비친 모습이 자신이라는 사실을 안다면 자의식이 있다는 증거다. 현재까지 대형 유인원과 돌고래는 거울실험을 통해 자의식의 존재가 밝혀졌다. 피터 싱어, 제인 구달 등 학자들은 이러한 비인간 인격체에게 신체적 자유를 부여해야 한다고 주장했다.

대법 "포스코 협력업체 직원도 포스코 근로자"

포스코 광양제철소에서 사내 협력업체 직원들이 포스코 소속 근로자 지위를 인정해달라고 소송을 제기한 지 11년 만에 대법원에서 최종 승소했다. 대법원 3부는 7월 28일 협력업체 직원 59명이 포스코를 상대로 낸 근로자 지위 확인 소송에서 4명에 대한 소송은 다툴 이익이 없다며 각하했고 나머지 직원들에 대해서는 승소를 판결한 원심을 확정했다.

이들 중 57명은 포스코에 파견돼 근무한 기간이 2년을 넘는 시점부터 파견법에 따라 포스코에 직접 고용된 것으로 인정해달라며 소송을 청구했다. 2명은 근로자 파견 대상이 아닌 업무에 투입됐다며 직접 고용 의사를 표시하라는 취지로 소송을 냈다. **2년 초과해 파견 근로자를 사용하거나 파견 업무가 아닌 다른 일을 하게 되면 원청이 직고용해야 한다는 파견법을 포스코가 어겼다**는 취지다.

1심은 협력업체 직원들이 포스코의 지휘·명령을 받아 근무했다고 볼 수 없다며 원고 패소 판결하고 사측의 손을 들어줬다. 하지만 2심은 포스코와 협력업체 직원 간 업무 지시가 인정된다며 원고 승소 판결을 내렸다.

대법원은 원고들이 포스코 작업표준서를 기초로 업무를 수행한 점, 제품 생산·조업 체계가 ▪**생산관리시스템(MES)**으로 관리되는 점에 비춰볼 때 포스코가 협력업체 직원들에게 직접 지시를 내렸고 원고와 피고 간 근로자 파견 관계가 성립한다며 2심 판결이 정당하다고 판단했다.

재계 "직고용 2조 소요" 우려

대법원이 지난해 7월 현대위아에 이어 이번 포스코 협력업체 직원까지 불법 파견을 인정하고 직고용을 하라고 판결하면서 재계는 혼란에 빠졌다. 재계는 **불법 파견 소송 중인 현대자동차와 기아, 한국 GM에서도 비슷한 결과가 나올 것으로 예상**하면서 이 경우 수만 명의 하도급 근로자를 직고용해야 하는 상황에 처할 수 있다고 우려했다.

약 2만 명의 포스코 협력업체 직원들을 정규직으로 고용하면 약 2조원이 넘는 비용이 소요될 것이란 추정도 나온다. 한국경영자총협회는 "도급 계약의 성질과 특성 등을 충분히 고려하지 않은 판결"이라며 "비슷한 판결이 이어지면 국내 기업의 글로벌 경쟁력과 일자리에 부정적 영향을 미칠 것"이라고 주장했다.

- 생산관리시스템 (MES, Manufacturing Execution System)

생산관리시스템(MES)은 기업의 생산 현장에서 작업 일정과 작업 지시, 품질 관리, 실적 집계 등 제반 활동을 지원하기 위한 관리 시스템을 말한다. 제품 주문에 의한 착수에서 완성품의 품질검사까지 모든 생산 활동을 관리하는 시스템으로 생산 현장의 각종 정보를 실시간으로 수집해 모니터링하고 생산 공정을 제어함으로써 최대의 수익을 창출하도록 하는 통합 생산관리시스템이다. 생산 업무의 자동화와 현장 정보의 수집 및 분석을 통한 데이터 처리의 명확화로 작업자와 관리자의 빠른 의사 결정을 돕는 시스템이라고 할 수 있다.

파업 51일 만에 대우조선 하청노사 협상 타결

▲ 대우조선 옥포조선소

8000억원이 넘는 경제적 피해를 남긴 대우조선해양 하청노조(금속노조 거제·통영·고성 조선하청지회)의 불법 파업 사태가 51일째인 7월 22일 극적으로 타결됐다. 윤석열 정부 출범 이후 최대 규모의 불법 파업에 공권력 투입까지 검토되는 위기 국면을 맞았지만 가까스로 파국을 피했다.

하청 노조와 협력사협의회는 이날 오후 4시 30분경 경남 거제시 대우조선해양 옥포조선소에서 협상 타결을 발표했다. 양측은 원청인 대우조선해양과 원청노조(금속노조 대우조선지회)의 중재로 7월 16일부터 임금 인상률과 노조 활동 보장, 파업 손실에 대한 민·형사 책임 문제를 놓고 날 선 공방을 벌였다. 막판에 노사가 의견을 좁히면서 협상 7일 만에 전격 합의가 이뤄졌다.

잠정 합의문에는 임금 평균 4.5% 인상, 설·추석에 각 50만원, 여름휴가비로 40만원 등 총 140만원의 상여금을 내년부터 추가 지급하기로 하는 등의 임금 인상안이 담긴 것으로 알려졌다. 협상 막판까지 쟁점이 된 민·형사 문제는 사측이 노조 핵심 지도부 5명에 대해서만 소송을 제기하는 것에 의견 접근을 이룬 것으로 전해졌다.

이날 노사가 협상을 타결하면서 6월 22일 1독(dock : 배를 만드는 작업장)에서 가로·세로·높이 각 1m인 철제 구조물에 들어가 입구를 용접한 채 점거 농성을 해온 유최안 하청지회 부지회장도 점거를 풀었다. 유 부지회장은 거동이 힘든 상태여서 병원으로 이송됐다.

다단계 하청구조가 문제...직무급제 도입 필요

이번 대우조선해양 파업 사태를 통해 조선업계의 다단계 하청구조의 문제가 수면 위로 드러났다. 하청 직원들의 저임금 문제가 이번 파업 사태의 원인이었다. 대우조선해양 1독(dock)에서 점거농성을 해온 유최안 하청노조 부지회장이 언론에 공개한 급여 명세서를 보면 용접공인 그는 올해 1월 228시간을 일하고 세후 207만5910원을 수령했다. 유 부지회장은 경력이 22년인데도, 최저임금(9160원)보다 조금 더 많은 금액을 받고 있다.

이에 비해 올해 1분기 대우조선 정규직 8413명

은 인당 월 평균 600만원을 받았다. 이들의 평균 근속연수는 약 19년이다. 전문가들은 ■**직무급제** 도입을 통해 원청과 하청 간 급여 격차를 줄여야 한다고 제언했다. 대우조선해양은 앞서 2016년 직무급제 도입을 시도한 바 있으나, 내부 직원들의 반대로 무산됐다.

■ **직무급제 (職務給制)**

직무급제란 업무 성격과 난이도, 책임 정도 등에 따라 급여를 결정하는 임금체계다. 기본급 임금체계의 하나로 업무를 맡은 개인 특성과 관계없이 직무의 상대적 가치에 따라 임금액을 결정한다. 임금체계란 기본급을 결정하는 기준이나 임금 항목의 종류 등을 일컫는 개념이다. 직무급제는 직무의 가치를 판단하기 위해 직무분석이 필요하며, 지속적인 직무평가를 통해 개인의 직무수행 결과를 평가해 승급에 반영한다.

인하대, 성폭생 사망 사건 2차 가해 강경 대응

▲ 인하대 캠퍼스 내에서 또래 여학생을 성폭행한 뒤 건물에서 추락해 숨지게 한 혐의를 받는 1학년 남학생 A 씨가 7월 17일 구속 전 피의자 심문(영장실질심사)을 받기 위해 인천시 미추홀구 인천지방법원으로 들어서고 있다.

인하대가 교내에서 발생한 여학생 성폭행 추락사 사건의 가해 남학생을 상대로 징계 절차에 착수하는 한편, '2차 가해' 대응에도 나섰다. 인하대는

캠퍼스 내 성폭행 사망 사건에 대한 2차 가해가 잇따르자 전문 로펌을 7월 20일 선임했다.

인하대는 또 본교 감사팀 및 사이버대응팀(가칭)을 운영해 2차 가해자에 대해 법적 대응을 진행하고, 제보센터에서 위법행위에 대한 제보를 접수하고 있다. 추후 위법 행위가 발견되면 즉시 민·형사상 대응에 나설 예정이다.

인하대 관계자는 "확인되지 않은 내용으로 피해자 및 재학생 개개인에 대한 인격 모욕, 사생활 침해, 개인정보 유출 및 도용이 심각한 수준에 이르렀다"며 "피해자와 재학생들의 정신·물질적 피해를 예방하고, 학교 명예를 지키기 위해 강력히 대응하기로 했다"고 밝혔다.

한편, 인하대는 학칙 제50조 징계규정에 따라 가해 남학생 A 씨(20)를 상벌위원회에 회부했다. 인하대는 상벌위원회를 열고 가해자 A 씨를 징계할 예정이며, 7월 19일 A 씨에게 내용증명서를 보냈다.

징계는 근신, 유기정학·무기정학·퇴학이 있으며, 이 중 퇴학은 소속대학 상벌위원회의 심의를 거친 뒤 학장 제청에 따라 학생상벌위원회 의결로 총장이 결정하도록 돼 있다. 징계로 퇴학당한 학생은 재입학할 수 없다.

A 씨는 지난 7월 15일 새벽 인천시 미추홀구 인하대 캠퍼스 내 5층짜리 단과대학 건물에서 지인인 20대 여성 B 씨를 성폭행한 뒤 추락해 숨지게 한 혐의를 받고 있다.

그는 B 씨가 3층 복도 창문에서 1층으로 추락하

자 B 씨의 옷을 다른 장소에 버리고 자취방으로 달아났고, 당일 오후 경찰에 체포됐다. B 씨는 1시간 넘게 쓰러진 채 방치됐다가 행인 신고로 병원에 옮겨진 뒤 숨졌다.

➕ 살인 혐의 적용 핵심은 '고의성'

경찰이 인하대 성폭행 추락사 가해 남성 A 씨를 체포할 당시 적용한 준강간치사죄는 '심신상실 또는 항거불능 상태의 사람을 간음하고(형법 299조), 결과적으로 사망에 이르게 했을 때(형법 301조)' 적용하는 혐의다. 이는 살인의 고의를 입증치 못했을 경우 적용하는 혐의로서, 강간살인죄와 형법상 처벌 수위가 다르다. 해당 법 제301조의 2(강간 등 살인·치사)에서는 강간(제297조)이나 유사강간(제297조의 2), 강제추행(제298조), 준강간·준강제추행(제299조) 등의 죄를 범한 자가 사람을 살해(살인)한 때에는 사형 또는 무기징역에 처한다. 반면 사망에 이르게 한 때(치사)에는 무기 또는 10년 이상 징역에 처한다.

8월 9일에는 검찰이 A 씨에게 살인죄를 적용했다. A 씨에게 살인죄를 적용한 핵심은 '고의성'이다. 경찰은 A 씨에게 살인의 고의가 없었다고 봤지만 검찰은 미필적 고의에 의한 직접 살인을 했다는 판단을 내렸다. 미필적 고의에 의한 살인은 사망할 가능성을 예상했고 사망해도 어쩔 수 없다는 인식이 있었을 때 인정된다. 결정적인 단서로는 피해자 B 씨의 손에 벽면 페인트가 묻은 흔적이 발견되지 않는 등 법의학 감정 결과가 크게 작용했다.

코로나 19 재택치료자
건강 모니터링 폐지

코로나19 위중증 환자가 일주일 새 2배씩 증가하는 '더블링' 현상이 나타난 가운데 정부는 8월 1일부터 집중관리군 재택치료자에 대한 건강 모니터링을 중단하기로 했다. 관리군 구분 없이 증상 발현 시 대면진료를 받거나 약 처방을 받을 수 있게 함으로써 확진자 관리를 전화 상담이 아닌 대면진료로 일원화한다는 취지다.

중앙방역대책본부와 중앙사고수습본부에 따르면 8월 1일부터 재택치료자는 집중관리군·일반관리군으로 구분하지 않는다. 지금까지 60세 이상과 면역저하자 등은 집중관리군으로 분류해 격리해제일까지 하루 1회 전화로 건강 모니터링을 진행했다. 이번 중단 조치는 8월 1일 검체 채취자부터 적용하며 7월 31일까지 검체 채취한 사람에 대해서는 건강 모니터링을 한다. 이날 기준 재택치료자는 49만36명, 집중관리군은 2만1958명이다.

그러나 최근 코로나19 위중증 환자와 고령층 환자가 늘고 있어 건강 모니터링 중단에 우려가 나온다. 8월 1일 0시 기준 위중증 환자는 284명으로, 지난 5월 18일 313명 이후 74일 만에 가장 많았고 일주일 전인 7월 24일 146명의 1.83배, 2주 전인 17일의 4배에 달했다. 위중증 악화 가능성이 큰 60세 이상 환자가 증가하는 것도 위험 신호다. 이날 신규 확진자 7만3248명 중 60세 이상이 20.7%로, 20%를 넘었다. 60세 이상 비중이 20%를 넘은 것은 71일 만이다.

"고위험군 관리 느슨해져" 지적

정부가 8월 1일부터 코로나 19에 확진돼 재택치료 중인 고위험군에 대한 건강 모니터링을 폐지하는 것은 필요할 때 대면진료를 받는 것이 더 효과적이라는 판단에서다. 그러나 본인 증상을 제대로 파악하지 못할 수 있고, 대면진료를 하는 ■**원스톱진료기관**을 찾기 쉽지 않다는 우려가 제기된다. 최근 위중증 환자가 증가세를 보이며 300명에 육박하는 상황이어서 철저한 대비가 필요하다는 지적이다.

7월 31일 중앙사고수습본부에 따르면 집중관리군 모니터링은 지난 2월 60세 이상과 50세 이상 기저질환자 등 먹는 치료제 처방 대상자에 도입됐다. 의료기관이 하루 2번 환자와 통화했다가, 확진자가 폭증하면서 3월 50대 기저질환자는 일반관리군으로 변경했고, 오미크론 유행이 지난 뒤 6월에는 건강 모니터링 횟수를 하루 1회로 줄였다.

건강 모니터링이 폐지되면 집중관리군도 일반관리군처럼 스스로 건강관리를 해야 한다. **보건소에서 PCR**(유전자증폭) **검사를 받아 확진된 경우 대면진료와 먹는 치료제 처방까지 가능한 원스톱진료기관을 찾아 팍스로비드나 해열제 등 필요한 약을 처방**받아야 한다. 격리 중 증상이 악화할 경우 대처도 환자 몫이다.

이 때문에 고위험군의 중증화·사망 방지에 집중하겠다고 밝힌 정부가 고위험군 관리수준을 오히려 느슨하게 하는 것 아니냐는 지적이 나온다. 고위험군은 갑자기 상태가 악화할 수 있는데, 본인의 상태를 정확히 인지하지 못하면 피해가 발생할 수 있다. 동거인이 없는 경우 더 위험하다.

고령층이 위급한 상황에서 인터넷 포털에서 원스톱진료기관을 검색해 찾아가기 쉽지 않을 것이란 우려도 있다. 무엇보다 원스톱진료기관 확충 속도는 더디고, 처방 약국 수는 적은 상황이다.

■ **원스톱진료기관**
원스톱진료기관이란 호흡기환자 진료센터 중에서 코로나19

검사(RAT 또는 PCR), 먹는 치료제 처방, 확진자의 대면진료가 모두 가능한 의료기관을 말한다. 다만 입원치료가 필요한 중증환자는 코로나19 전담치료병상에 입원하는 체계를 유지한다. 경증 환자는 동네 병·의원 의사의 진단 이후 일반적인 입원의뢰체계를 통해 일반 격리병상으로 자율입원하도록 한다. 정부는 2022년 6월 '원스톱진료기관'을 최소 5000곳을 목표로 확보해 나갈 것이라고 발표한 바 있다. 원스톱진료기관은 2022년 7월 31일 기준 8773개로, 7월까지 1만 개 확충이라는 정부 목표에는 도달하지 못했다.

알프스 빙하, 역대급으로 녹아내리다

▲ 녹아내린 알프스 빙하

올여름 유럽을 덮친 폭염으로 빙하가 빠르게 녹으면서 알프스산맥의 유명 봉우리인 **몽블랑**(프랑스·이탈리아)·**마터호른**(스위스·이탈리아)·**융프라우**(스위스) 등을 향하는 등반 코스가 속속 폐쇄되고 있다. 녹아내리는 빙하 탓에 이탈리아와 스위스 사이에선 국경 분쟁도 발생했다.

피에르 마테이 스위스 산악가이드협회 회장은 "현재 알프스엔 마터호른과 몽블랑과 같은 상징적 봉우리를 포함해 약 12개의 봉우리에 대한 출입금지 경고가 내려졌다"며 "보통 기온이 가장 높은 8월에 폐쇄되곤 했지만, 올해는 고온현상이 일찍 발생해 6월 말부터 7월까지 폐쇄가 이어지고 있다"고 말했다.

프랑스·이탈리아·스위스에 걸쳐 있는 알프스산맥의 대표 봉우리들은 여름이 한창일 때 관광객들이 몰려든다. 이들을 위해 해당국들은 잘 닦인 몇 개 코스에 등반을 허용해왔다.

하지만 기후변화로 인해 빙하와 영구 동토층이 녹는 속도가 빨라지면서 평소 이맘때라면 안전했던 코스에서 녹은 얼음으로부터 떨어져 나온 바위가 떨어질 위험이 커졌다. 실제 7월 3일 이탈리아 마르몰라다산맥 빙하가 갑자기 무너지며 11명이 목숨을 잃었다.

알프스 빙하 녹으며 국경까지 바뀌어

최근 들어 알프스 빙하가 빠르게 녹으면서 국경 분쟁도 발생했다. **알프스의 빙하가 녹으면서 스위스 체어마트와 이탈리아 체르비니아 사이 국경이 바뀌고 있기 때문**이다. 두 나라 사이에 위치한 테오둘 빙하의 크기가 최근 40년 사이에 약 4분의 1이 줄어들면서 빙하의 물줄기를 기준으로 설정된 국경이 100m가량 이동했다. 그로 인해 마터호른 근처에 위치한 관광객 산장인 체르비노 대피소 주변 국경이 바뀌었다.

1984년 이탈리아 영토 위에 세워진 관광객을 위한 이 산장은 현재 3분의 2가량이 스위스 영토로 옮겨간 상태다. 이곳은 소속국에 큰 경제적 이익을 가져다주는 관광산업의 핵심지여서, 이를 둘러싼 외교 분쟁이 발생했다. 이 문제를 풀기 위해 2018년 양국 간 외교협상이 시작돼 2021년 11월 합의안이 마련됐다. 하지만 스위스에서 승인이

끝나는 2023년까지 구체적인 내용은 공개되지 않을 예정이다.

➕ 유럽 강타한 살인적 폭염

영국 기상청은 7월 19일(현지시간) 런던 히스로 지역 기온이 오후 12시 50분 현재 40.2도를 찍으며 영국 역사상 최고를 기록했다고 밝혔다. 기온이 계속 올라 42도에 이를 수도 있다는 전망도 내놓았다. 기존 최고 기록은 2019년 케임브리지에서 측정된 38.7도였다. 이날 오전 런던 남부 서리 지역에서 39.1도까지 오르면서 이미 한 차례 기록을 갈아치운 바 있다.

프랑스에서도 산불이 꺼지지 않고 있는 서쪽 대서양 연안 지역을 중심으로 40도가 넘는 곳이 속출했다. 이날 프랑스 전역 64개 지역에서 최고 기온 기록을 새로 썼다. 파리에서는 이날 오후 3시 기준 40.1도를 기록, 150년 전 기상 관측을 시작한 이래 세 번째로 더운 날이 됐다. 파리 낮 기온은 2019년 7월 25일 42.6도로 가장 높았다.

포르투갈에서는 7월 7일부터 18일까지 폭염에 의한 사망자가 1063명으로 집계됐다. 카를로스 3세 보건 연구소에 따르면 스페인에서도 7월 10~17일 열 관련 사망자가 678명으로 나타났다. 노약자와 기저질환자들의 피해가 컸다. 스페인은 45.7도, 포르투갈은 47도까지 기온이 올라갔다.

전장연 "윤 대통령 답 없으면 출근길 지하철 시위 재개"

전국장애인차별철폐연대(전장연)가 8월 8일 휴가에서 복귀한 윤석열 대통령에게 '장애인권리예산 반영'을 촉구하는 서한문을 전달했다. 이들은 윤 대통령의 입장 표명을 요구하며 대통령 취임 100일을 맞는 8월 17일 출근길 지하철 시위를 재개했다.

▲ 전장연 출근길 지하철 시위

전장연이 이날 윤 대통령에게 보낸 공문 형식의 서한문에는 장애인단체들이 보건복지부, 국토교통부, 교육부, 고용노동부 등 각 정부부처에 요구하는 장애인권리예산안이 담겼다.

이들은 "윤석열 대통령은 취임사에서 '우리는 세계 10위권 경제대국 그룹'이라고 했지만, 대한민국은 경제협력개발기구(OECD) 국가 중 장애인복지 지출이 가장 적다"며 "기획재정부의 2023년도 계획에 장애인권리예산을 반영해달라"고 촉구했다.

이어 "추경호 부총리 겸 기획재정부 장관은 **부자들에게 5년간 60조원을 감세하겠다고 소신 결단했지만, 장애인 권리를 보장할 예산은 '검토하겠다'며 외면**하고 있다"면서 "향후 5년 동안 정부와 국회가 해야 할 일은 60조원의 부자 감세가 아니라, OECD 평균 수준의 장애인권리예산 증액을 약속하고 실행하는 것"이라고 했다.

정부가 8월 17일까지 마땅한 반응이 없자 전장연은 출근길 지하철 시위를 재개했다. 시위 경로는 '삼각지역→동대문역사문화공원역→여의도역→국회의사당역'이었다.

이형숙 서울시장애인자립생활센터협의회장은 "취임 100일 되는 때 장애인의 기본적인 권리 예산, 이동·교육·노동과 탈시설 권리예산을 윤 대통령이 어떻게 할 것인지 입장을 담아냈으면 하는 바람"이라고 말했다.

박경석 전장연 상임공동대표는 언론과의 인터뷰에서 "'검토하겠다'는 말은 답변이라고 생각하지 않는다"며 "8월까지 정부 예산안을 마감하기 때문에 장애인권리예산이 적어도 OECD 평균 이상 수준으로 보장되도록 국가 예산 기틀의 방향을 가져가야 한다"고 했다.

➕ 전장연 시위 찬반 논쟁

전장연 시위를 두고 갑론을박이 뜨겁다. 전장연은 '이동권이 곧 생존권'이라고 주장한다. 장애인은 대중교통으로 이동하는 데 제약을 받는다. 엘리베이터가 승강장까지 연결되지 않은 지하철역이나 환승 구간에서 장애인들은 휠체어 리프트를 타야 한다. 리프트는 혼자 타기도 힘들지만 오작동으로 인한 낙상 사고 위험이 있다. 2001년 오이도역 장애인 리프트 추락 참사를 비롯해 1999~2020년 서울 내 지하철역에서 발생한 리프트 사고는 모두 17건이며 그중 4건은 사망 사고였다.

둘째, 정부가 약속을 어겼기 때문에 최후의 수단으로 지하철 시위를 한다고 주장한다. 2004년 서울시는 지하철 전 역사에 엘리베이터를 설치하겠다고 약속했지만 2021년 12월 기준 서울 지하철 역사 284곳 중 22곳에는 여전히 엘리베이터가 없다. 국토교통부가 밝힌 저상버스 전국 평균 도입률은 2020년 기준 27.8%에 불과하다.

마지막으로 장애인들은 기본권까지 박탈당하고 있다고 주장한다. 윤석열 정부의 50조원이 넘는 추가경정 예산(추경)이 국회에 올라갔지만 장애인 관련 예산은 없었다. 특히 이동권은 다른 기본권의 필요조건이다. 장애인은 대중교통 이동이 불편해 병원에 가거나 교육을 받으러 가기 어렵고 선거 때 투표하기도 불편한 실정이다.

반면 전장연 시위를 반대하는 측은 지하철 시위로 출근길 시민들의 피해가 크다고 주장한다. 각종 커뮤니티와 SNS에는 지하철 지연으로 인한 지각 등 피해 사례가 속출하고 있다. 또한 지하철 운행 방해가 불법이라고 주장한다. 형법 제186조에는 기차, 전차, 자동차, 선박 또는 항공기의 교통을 방해한 자는 1년 이상의 유기징역에 처한다고 명시되어 있다. 서울경찰청에 따르면 전장연이 주도한 시위에 대해 전차 운행 방해, 업무 방해, 미신고 집회 개최 등 혐의로 여러 건이 고발됐고 절차대로 수사한다는 방침이다.

미성년자 빚 대물림 막는다... 민법 개정안 국무회의 통과

부모의 빚을 물려받아 신용불량자로 전락하는 미성년자들을 구제하기 위한 법안이 국무회의를 통과했다. 법무부는 미성년 자녀가 성인이 된 후 스스로 상속 방식을 선택할 수 있게 하는 내용의 민법 일부 개정안이 국무회의를 통과했다고 8월 9일 밝혔다. 법무부는 의결된 법안을 신속히 국회에 제출할 방침이다.

현행법상 부모가 사망하면 상속인은 **빚과 재산을 모두 승계하는 '단순 승인'**, 상속 재산 범위 내에서 만 부모 빚을 갚는 **'한정승인'**, 상속 재산과 빚 둘 다 포기하는 **'상속 포기'** 가운데 선택할 수 있다. 상속받는 재산보다 떠안아야 할 빚이 더 많다면 상속을 포기하거나 한정승인을 택하는 게 상속인에겐 유리하다.

문제는 미성년자의 법정대리인이 정해진 기간 안에 한정승인이나 상속 포기를 하지 않아 부모의 빚을 전부 떠안는 경우가 생긴다는 점이다. 사회생활을 시작하기도 전에 신용불량자가 되는 셈이다.

개정안에는 **미성년자가 성년이 된 후 물려받은 빚이 상속 재산보다 많다는 사실을 안 날부터 6개월 이내**(성년이 되기 전에 안 경우에는 성년이 된 날부터 6개월 이내)에 한정승인을 할 수 있도록 하는 조항이 신설됐다.

원칙적으로는 개정법 시행 이후 상속이 개시된 경우부터 적용하되, 법 시행 전 상속이 개시됐더라도 상속 개시를 안 지 3개월이 지나지 않았다면 개정법을 적용하도록 했다. 최대한 많은 미성년자를 보호하기 위해서다.

한동훈 법무부 장관은 "'빚 대물림 방지 법안'은 지난 정부부터 추진돼 온 것을 이어가는 것으로, 미성년자 보호를 위해 꼭 필요한 정책"이라며 "법무부는 정치나 진영논리가 아니라 오직 '국민의 이익'만을 기준으로 좋은 정책은 계속 이어가고 나쁜 정책은 과감히 바꿀 것"이라고 설명했다.

➕ **상속의 우선순위**
직계비속(자식, 손자 등)·배우자 → 직계존속(부모, 조부모 등)·배우자 → 형제자매 → 4촌 이내 방계 혈족

분야별
최신상식

국제
외교

우크라 자포리자 원전에 이틀 연속 포격...
우크라·러 서로 "네 탓"

■ **자포리자 원자력발전소**
(Zaporizhya nuclear
power plant)

자포리자 원자력발전소는 우크
라이나 동남부 자포리자주 에
네르호다르에 위치한 원자력발
전소다. 자포리자 원전은 세계
에서 9번째로 발전량이 큰 원
전이자, 유럽에서 제일 큰 원
전이다. 자포리자 원전은 우
라늄-235를 연료로 사용하는
950메가와트(MW)급 VVER-
1000가압수형 원자로 6기를
갖추고 있으며, 원전 주변을 흐
르는 드니프로강을 끌어와 냉
각수로 사용한다. 한편, 지난 2
월 우크라이나를 침공한 러시
아군은 개전 직후인 3월 초 자
포리자 원전 단지를 장악한 바
있다.

젤렌스키 우크라 대통령 "러시아의 '핵 테러'"

로이터, 스푸트니크 통신 등의 지난 8월 7일(현지시간) 보도에 따르면 **러
시아가 점령한 우크라이나 ▪자포리자 원자력발전소에 지난 8월 5일에 이어
8월 6일에도 포격**이 가해졌다. 보도에 따르면 우크라이나 국영 원전회사
에네르고아톰은 전날 밤 자포리자 원전에 대한 러시아군의 포격으로 원전
작업자 1명이 다치고 방사능 감시 센서가 손상됐다고 밝혔다.

에네르고아톰은 러시아가 로켓포로 공격한 원전의 저장시설 부지에는 사용
후 핵연료를 담은 컨테이너 174개가 야외에 보관돼 있었다고 설명했다. 또
한 포격으로 방사능 감시 센서 3개가 부서진 탓에 방사능 유출 여부는 확인
할 수 없는 상황이라고 덧붙였다. 에네르고아톰은 러시아군이 자신들이 점
령한 원전에 공격을 가한 이유에 대해선 따로 언급하지 않았다. 해당 포격
전날인 5일에는 자포리자 원전을 향한 포격으로 화재가 발생한 바 있다.

**볼로디미르 젤렌스키 우크라이나 대통령은 자포리자 원전에 가해진 포격을
러시아의 '핵 테러'라고 지칭**했다. 젤렌스키 대통령은 샤를 미셸 유럽연합
(EU) 정상회의 상임의장과 통화한 사실을 자신의 트위터에 밝히며 "러시아

의 핵 테러와 관련해 원자력 산업 및 핵연료에 대한 제재 등 국제사회의 더 강한 대응을 촉구했다"고 말했다.

러시아는 우크라 탓으로 돌려

반면 러시아가 임명한 자포리자주 에네르호다르시 행정부는 우크라이나군이 우라간 다연장 로켓포로 자포리자 원전을 공격해 저장시설과 인접 사무동이 손상됐다고 밝히며 우크라이나를 탓했다.

에네르호다르 행정부는 "사용 후 핵연료 저장시설과 방사선 상황 자동 통제소가 목표였던 것으로 보인다"며 "탄두 파편과 로켓 엔진이 떨어진 지점으로부터 발전소까지 거리가 400m도 안 된다"고 주장했다.

한편, 우크라이나와 러시아가 상대방이 공격했다며 책임 공방을 벌이고 있는 가운데, **■국제원자력기구(IAEA)**는 전문가팀이 원전 안전 여부를 직접 확인해야 한다며 양측의 협조를 촉구했다.

UN 사무총장 "우크라 원전 공격은 자살행위"

안토니우 구테흐스 유엔(UN) 사무총장은 8월 8일 "원자력발전소에 대한 어떠한 공격도 자살행위"라고 경고했다. UN에 따르면 일본을 방문 중인 구테흐스 사무총장은 이날 도쿄 소재 일본기자클럽에서 회견을 열고 러시아군이 점령한 우크라이나 남부 자포리자 원전이 포격을 받았다는 보도와 관련해 이같이 밝혔다.

구테흐스 사무총장은 "수십 년 동안 잊고 있던 핵 대립 위험이 다시 돌아왔다"며 **"핵보유국들에 핵무기의 선제적 사용 금지 원칙을 지키고 핵 사용은 물론 위협도 하지 말 것을 요청한다"**고 촉구했다.

■ 국제원자력기구 (IAEA, International Atomic Energy Agency)

국제원자력기구(IAEA)는 원자력의 평화적 이용과 국제적 공동 관리를 위해 설립한 국제기구다. 1970년에 발효된 핵확산금지조약(NPT)에 따라 핵무기 비보유국은 IAEA와 평화적 핵 이용 활동을 위한 안전협정을 체결해야 하고, IAEA는 핵무기 비보유국이 핵연료를 군사적으로 전용하는 것을 방지하기 위해 핵무기 비보유국의 핵물질 관리 실태를 점검하고 현지에서 직접 사찰할 수 있다. 한편, NPT에 의한 핵보유국은 ▲미국 ▲러시아 ▲영국 ▲프랑스 ▲중국 등 5개국이다. 그 밖에 다른 국가는 NPT상 모두 핵무기 비보유국에 해당한다.

기출TIP 각종 상식시험에서 NPT에 의한 핵보유국이 아닌 나라를 고르라는 문제가 가끔 출제된다.

POINT **세 줄 요약**

❶ 러시아가 점령한 우크라이나 자포리자 원자력발전소에 이틀 연속 포격이 가해졌다.

❷ 젤렌스키 우크라이나 대통령은 자포리자 원전 포격을 러시아의 '핵 테러'라고 지칭했다.

❸ 러시아가 임명한 자포리자주 에네르호다르 행정부는 우크라이나군이 로켓포로 원전 시설을 공격한 것이라고 반박했다.

바이든 미 대통령, 코로나19 재확진

▲ 조 바이든 미국 대통령

조 바이든 미국 대통령이 완치 사흘 만에 코로나19 재확진 판정을 받았다. 지난 7월 30일(이하 현지시간) 바이든 대통령의 주치의 케빈 오코너 박사는 "바이든 대통령이 이날 오전 검사에서 코로나19 양성 반응을 보였다"며 "**팍스로비드 치료를 받은 일부 환자에게서 나타나는 리바운드** (rebound·재발) **사례**"라고 밝혔다.

바이든 대통령은 지난 7월 21일 코로나19 확진 판정을 받고 격리 상태에서 팍스로비드 치료를 받아왔다. 7월 27일 최종 음성 판정을 받은 후에는 대국민 연설에서 건재함을 과시하기도 했다. 그러나 음성 판정 후 사흘 만에 또다시 양성 판정을 받았다.

바이든 대통령은 재확진 이후 트위터를 통해 "오늘 다시 코로나19 양성 판정을 받았다"며 "이는 일부 소수에게 나타나며 나는 현재 아무 증상이 없지만 모두의 안전을 위해 격리에 들어갈 것"이라고 밝혔다. 이어 "여전히 업무를 보고 있으며, 곧 돌아오겠다"고 덧붙였다.

오코너 박사는 "바이든 대통령은 무증상 상태이며 상태는 굉장히 좋다"며 "이번 경우 추가 치료가 필요하지 않으며 계속 면밀히 관찰할 것"이라고 설명했다.

바이든 대통령의 재확진으로 7월 31일 예정되었던 윌밍턴 자택 방문과 8월 2일 미시간주 방문 일정은 취소됐다. 윌밍턴에는 대통령 부인 질 바이든 여사도 동행할 예정이었지만 이 또한 취소됐다. CNN에 따르면 질 여사는 바이든 대통령의 최초 확진 이후 델라웨어에 머무르고 있다.

■ 팍스로비드 (paxlovid)
팍스로비드는 미국의 제약회사 화이자(pfizer)가 개발한 코로나19 경구용 알약 치료제다. 코로나19 바이러스의 단백질 분해효소를 억제, 바이러스 복제에 필요한 단백질 생성을 막아 바이러스 증식을 억제하는 방식이다. 2021년 12월 22일 미국 식품의약국(FDA)의 긴급사용 승인을 받았으며 한국 식품의약품안전처는 2021년 12월 27일 긴급사용을 전격 승인했다. 우리나라에는 지난 1월 13일 2만100명 분이 처음으로 들어왔으며 이튿날부터 처방됐다. FDA에 따르면 가정에서 팍스로비드를 복용할 수 있는 대상은 코로나19 감염 시 입원 가능성이 큰 고위험군에 속하는 성인과 12세 이상 소아 환자, 기저질환을 가진 환자 등이다. 코로나19 증상이 나타난 직후부터 5일 동안 12시간마다 복용해야 한다.

美, 24년 추적 끝에
9·11 설계자 알자와히리 제거

조 바이든 미국 대통령은 8월 1일(이하 현지시간) "미군이 9·11 테러 주범인 국제 테러 조직 알카에다의 수괴 아이만 알자와히리를 제거했다"고 알리며 "이제 정의가 실현됐다. 이 테러리스트 지도자는 더는 존재하지 않는다"고 말했다.

▲ 9·11 테러 주범 오사마 빈 라덴(왼쪽)과 알자와히리. 두 사람 모두 은신 끝에 미국에 의해 제거됐다.

바이든 대통령은 "시간이 얼마나 걸리든, 어디에 숨어있든 우리 국민에게 위협이 된다면 미국은 당신을 찾아내서 제거할 것"이라며 미국인의 안전을 보장하는 것이 최고사령관으로서 자신의 임무라고 강조했다.

바이든 대통령의 발표에 따르면 미군은 7월 30일 아프가니스탄에서 드론 공습을 가해 알자와히리를 사살했다. 미 행정부는 그의 사망이 확인될 때까지 발표를 미뤘다. 알자와히리는 1998년부터 오사마 빈 라덴의 2인자로 지냈고 2011년 빈라덴이 미군에 사살된 후 후계자를 맡았다.

알카에다가 **2001년 항공기를 탈취해 미국 뉴욕 무역센터와 워싱턴 D.C. 인근 국방부 빌딩에 충돌시켜 3000여 명의 사망자를 낸 9·11 테러**는 빈라덴과 알자와히리가 주도한 것으로 알려져 있다.

AP통신은 빈라덴이 알카에다에 자금을 제공했다면, 알자와히리는 전 세계 조직원들을 네트워크로 구축하는 데 필요한 전술과 조직력을 구축한 인물이라고 평가했다. 9·11 테러 이후에도 알카에다는 2004년 스페인 마드리드 열차 폭탄 테러, 2005년 영국 런던 지하철 폭탄 테러 등에 관여한

것으로 알려져 있다.

➕ 테러지원국 (state sponsors of terrorism)

테러지원국은 미국 국무부가 지정한 '국제 테러리즘 행위를 반복적으로 지원하는 국가들'이다. 테러지원국으로 지정되면 미국을 포함한 국제사회로부터 금융·무역·투자·원조 등 다방면에서 일방적인 제재를 받게 된다. 현재 ▲이란 ▲북한 ▲시리아 ▲쿠바 등 4개국이 테러지원국으로 지정돼 있다. 쿠바는 2015년 해제되었다가 2021년 1월 테러지원국으로 재지정되었다.

우크라이나와 미국 일부 정치권에서는 우크라이나를 침공하고 민간인 고문과 학살을 자행한 러시아를 미국이 테러지원국으로 지정해야 한다는 주장이 있다. 그러나 바이든 행정부는 이에 대해 신중한 모습이다. 테러지원국으로 지정되면 테러지원국과 거래한 제3국에도 제재를 가할 수 있어 우크라이나 전쟁으로 타격을 입은 경제 주체들의 피해가 커질 수 있다. 근본적으로는 바이든 정부가 러시아와의 완전한 외교 관계 단절을 원하지 않기 때문이라는 해석도 나온다.

바이든 사우디 방문에도 OPEC+ 증산 속도 대폭 감소

국제유가 안정을 위해 조 바이든 미국 대통령이 사우디아라비아를 방문하기까지 했지만 OPEC+(오펙 플러스)는 되레 증산 속도를 크게 줄였다. **석유수출국기구(OPEC)와 OPEC 이외 산유국들의 협의체인 OPEC+**는 지난 8월 3일(현지시간) 정례회의 후 낸 성명에서 9월 원유 증산량을 하루 10만 배럴로 결정했다고 밝혔다.

이는 **7·8월 증산량 하루 64만8000배럴에 비해 무려 85%가량 줄어든 규모다.** OPEC+는 이

날 성명에서 "석유 부문에 대한 만성적인 투자 부족으로 인해 많은 회원국의 생산 능력이 심각하게 제한된 상태"라고 증산량 축소 배경을 설명했다. 이에 대해 국제에너지기구(IEA, International Energy Agency)는 "중동 산유국의 하루 유휴 원유량이 세계 수요의 2%에 불과한 수준"이라고 설명했다.

이날 회의는 바이든 대통령의 사우디 방문 후 처음 열리는 것이어서 더욱 주목받았다. 미국 외환 중개업체 오안다(OANDA)의 선임 애널리스트인 에드워드 모야는 AFP통신에 "경기 침체 우려에도 국제유가는 배럴당 100달러 수준을 유지할 것으로 보인다"며 "바이든 행정부는 이에 만족하지 못할 것"이라고 분석했다.

전문가들은 지난 7월 이뤄진 바이든 대통령의 중동 순방 결과가 '무성과'로 최종 확인됐다며 비판했다. 또 언론인 자말 카슈끄지가 암살된 사건의 책임을 물어 '국제 왕따'로 만들겠다고 공헌한 사우디를 바이든 대통령이 직접 방문해 사건 배후로 지목된 무함마드 빈 살만 왕세자를 만나 원유 증산을 직접 요청했다는 점에서, 미국 내에선 정치적 이익을 위해 바이든 대통령이 자존심까지 버렸다는 비판이 들끓기도 했다.

한편, 블룸버그통신에 따르면 미 백악관 측은 OPEC+의 증산량 감소에 비판의 목소리 없이 만족스러운 평가를 내놨다. 백악관 당국자들은 "OPEC+는 지난 7·8월 추가 증산으로 공급량을 이미 빠른 속도로 늘린 바 있다. 9월 증산량에 만족한다"고 말했다고 블룸버그통신은 전했다.

➕ **자말 카슈끄지 암살사건**

자말 카슈끄지는 사우디 반(反)정부 언론인으로 무함마드 빈 살만 사우디 왕세자와 그 정책을 비판했던 인물로 2018년 10월 주(駐) 이스탄불 사우디 총영사관에서 자신을 기다린 사우디 요원들에 의해 살해되고 시신이 훼손됐다. 사우디아라비아는 카슈끄지를 귀국시키는 임무로 파견된 요원들이 설득에 실패하자 현장 팀장의 결정에 따라 그를 살해했다고 발표했지만 튀르키예 당국은 카슈끄지 살해는 사전에 계획된 것이라고 주장했다. 이후 무함마드 빈 살만 사우디 왕세자가 암살사건의 배후로 지목돼 전 세계적으로 논란이 일었다.

윤 대통령, 조코 위도도 인도네시아 대통령과 정상회담

윤석열 대통령이 7월 28일 용산 대통령실에서 조코 위도도 인도네시아 대통령과 정상회담을 했다. **윤 대통령이 동남아시아국가연합(ASEAN·아세안) 국가 정상과 공식 회담한 것은 취임 후 처음**이다.

앞서 두 정상은 회담에서 방위산업, 경제안보 협력 방안을 논의하기로 한 것으로 알려졌다. 특히 한국형 전투기(KF-21 보라매) 공동개발국인 인도네시아의 분담금 미납 문제가 논의될 것으로 기

▲ 윤석열 대통령이 조코 위도도 인도네시아 대통령과 정상회담을 했다. (자료 : 대통령실)

대됐다. 인도네시아는 전체 사업비의 20%인 1조 7000억원을 내고 기술을 이전받아 전투기 48대를 인도네시아에서 현지 생산하기로 했지만, 8000억원대의 분담금을 미납한 것으로 알려졌다.

한편, 두 정상은 회담 이후 용산 대통령실에서 공식 만찬을 했다. 윤 대통령의 배우자 김건희 여사와 조코위 대통령의 배우자 이리아나 여사도 함께했다.

조코위 대통령은 정상회담에 앞서 기업인 간담회, 경기 화성시 현대자동차 기술연구소 방문, 국립서울현충원 현충탑 헌화 등 일정을 소화했다.

한편, 7월 25일부터 한국, 중국, 일본 순방길에 오른 조코위 대통령과 배우자 이리아나 위도도 여사는 전날 밤 방한했다. 2019년 11월 부산에서 열린 ■한·아세안 특별정상회의 및 한·메콩 정상회의 참석 이후 약 3년 만이다.

■ 한·아세안 특별정상회의 (ASEAN-Republic of KOREA Commemorative Summit)

한·아세안 특별정상회의는 대한민국과 동남아시아국가연합(ASEAN·아세안) 10개국 사이에 개최하는 정상회담을 말한다. 대한민국과 아세안은 1989년 처음으로 대화관계(Dialogue Relation)를 수립하였다. 2009년은 20주년, 2014년은 25주년이 되는 해였다. 당시 대한민국 정부는 대화관계 수립을 기념하고, 한·아세안 간 신뢰와 행복의 동반자 관계를 더욱 심화시키는 새로운 계기를 마련하기 위하여 부산에서 한·아세안 특별정상회의를 개최하였다.

EU, 러시아 '에너지 무기화'에 겨울철 가스 수요 15% 감축 합의

유럽연합(EU)이 러시아산 가스 공급 의존도를 낮추기 위해 이번 겨울 가스 수요를 15% 줄이는 방안에 원칙적으로 합의했다. EU는 가스 수요 감축을 회원국 자율에 맡기되 향후 강제성 있는 조치로 바꿀 수 있다고 예고했다.

EU 회원국 관계 장관들이 7월 26일(이하 현지시간) 벨기에 브뤼셀 본부에서 장관 회의를 연 뒤 이같이 밝혔다고 AFP통신 등이 전했다. 장관들은 성명을 통해 "구속력 있는 가스 수요 감축이 필요한 경우 EU 차원의 경보를 발동할 수 있을 것으로 보고 있다"고 말했다.

가스 수요 감축은 우크라이나 침공에 따른 서방의 각종 대러 제재에 러시아가 가스 공급 축소로 맞서자 꺼내든 대책이다. 러시아 국영 가스기업

가스프롬은 전날 ■**노르트스트림**-1 가스관을 통해 유럽으로 향하는 천연가스 공급량을 다시 줄이겠다고 통보했다. 러시아는 앞서 7월 21일 노르트스트림-1 유지보수를 이유로 중단했던 가스 공급을 재개했지만 이전 공급량의 40%로 줄였다.

EU 장관들은 이날 성명을 통해 "이번 합의의 목적은 에너지 공급을 무기로 삼는 러시아로 인한 가스 공급 차질에 대비하기 위한 것"이라고 재차 강조했다. 하지만 감축 목표치는 회원국별 사정에 따라 자체 조정할 수 있도록 했으며 각종 예외 조치를 둬 효과는 제한적일 것으로 보인다.

러시아산 에너지 의존도가 높은 나라들을 중심으로 반대 여론이 높은 것도 해결해야 할 과제다. 천연가스의 60% 이상을 러시아산에 의존하는 헝가리는 이날 결정에 반대한 것으로 알려졌다.

■ **노르트스트림 (Nord Stream)**
노르트스트림은 유럽 발트해 아래 위치한 천연가스 파이프라인으로, 러시아에서 독일로 직접적으로 이어진다. 이 파이프라인은 러시아 비보르크에서 독일 메클렌부르크포어메른주의 루브민(Lubmin)으로 이어지는 노르트스트림-1과, 러시아 우스트-루가(Ust-Luga)에서 독일 루브민(Lubmin)으로 이루어지는 노르트스트림-2가 포함된다. 노르트스트림 1은 체코 국경의 OPAL 파이프라인과 브레멘 근처의 NEL 파이프라인으로 연결된다.

➕ **러시아 천연가스 무기화**
러시아가 노르트스트림-1을 통해 독일에 공급하는 천연가스를 평소의 40% 수준에서 다시 절반인 20%로 감축했다. 에너지를 무기화하는 것이다. 러시아의 국영 가스기업 가스프롬은 7월 25일(현지시간) 노르트스트림-1의 포르토바야 가압 기지에 있는 2개 가스 터빈 엔진 중 하나가 가동을 멈춰 하루 송출량을 전체 공급 능력(1억6000만m3)의 20%인 3300만m3까지 줄인다고 밝혔다. 이 조처는 7월 27일 오전 4시부터 시행됐다.

러시아의 우크라이나 침공 이후 미국과 유럽이 러시아를 상대로 경제제재를 쏟아내자, 러시아는 천연가스를 무기화하려는 모습을 보여왔다. 러시아가 가스 공급을 줄임으로써 독일 등 유럽 국가들은 겨울에 대비한 가스 비축이 더욱 어렵게 됐다. 유럽연합(EU) 경제에 끼치는 충격도 더 커질 것으로 보인다.

특히 유럽의 최대 경제국인 독일은 물가 오름세 속에 가스 등 에너지 부족으로 7월 29일 발표된 2분기 국내총생산(GDP) 증가율 추정치가 전 분기 대비 0%에 그쳤다. 이런 상황에서 나온 러시아의 가스 공급 '추가 감축' 계획은 독일 경제에 더 큰 부담을 안길 것으로 우려된다. 러시아로부터 가스를 수입하는 독일 최대 가스 회사인 유니퍼는 최근 파산 위기에 몰려, 독일 정부는 7월 말 150억유로 규모의 구제금융을 발표했다.

미얀마 민주 인사 처형에 국제사회 충격

▲ 미얀마 국기

미얀마 군사정권이 민주화운동을 주도한 반군부 민주 인사를 처형했다는 소식이 전해지자 국제사회가 충격에 빠졌다. 국제사회는 일제히 미얀마 군사정권을 향해 "잔인하고 퇴행적인 조치"라고 비판하며, 나아질 기미가 보이지 않는 군사정권의 반인권 행태에 우려를 표했다. 우리나라 정부는 박진 외교부 장관 명의로 미국, 영국, 일본, 호주, 캐나다, 뉴질랜드, 노르웨이, 유럽연합(EU)과 공동 성명을 발표하며 규탄 행렬에 동참했다.

로이터통신 등은 지난 7월 25일(현지시간) 글로벌뉴라이트오브미얀마를 인용해 **미얀마 군사정권이 민주진영의 표 제야 또 전 의원과 시민활동가 초 민 유 등 4명에 대해 사형을 집행**했다고 보도했다.

표 제야 또는 독방에 구금 중인 아웅산 수치 국가고문이 이끄는 민주주의민족동맹(NLD) 정당 소속이다. 초 민 유는 1988년 반독재 민주화 시위를 이끈 '88세대'의 핵심 인사로 '지미'라는 별칭으로 잘 알려져 있다.

이번 사형 집행 시기와 방법 등에 대해서는 알려지지 않았으며, 유족도 사형 사실을 알지 못했던 것으로 전해졌다. 미얀마에서 사형이 집행된 것은 1980년대 이후 처음으로, 군사정권은 국제사회의 인권 탄압 중단 압박을 무시하고 사형을 강행했다.

인권단체인 정치범지원연합(AAPP)에 따르면 미얀마 군사정권은 지난해 2월 군부 쿠데타 이후 모두 117명에게 사형 선고를 내린 상태다. 이에 따라 추가 사형 집행 등 완전한 정권 장악을 위해 도 넘은 반인권 행태를 이어갈 우려가 크다.

민주 인사 처형 소식에 따른 미얀마 국민의 충격도 크다. 미얀마 군사정권의 민주 인사 처형 소식이 알려진 이후 **미얀마 최대 도시 양곤 등 일부 지역에서는 반군부 시위가 이어지고, 시민군의 공세**가 강화되는 등 긴장이 고조됐다. 양곤 시내에서 민주인사 처형에 반발하는 시민들의 **▪플래시몹** 시위가 잦아진 가운데 군부 측을 지지하는 맞불 시위도 벌어져 혼란이 가중됐다. 한편, 미얀마 정치범지원협회(AAPP)에 따르면 지난해 쿠데타 이후 군부 폭력으로 2007명 이상이 사망했다.

▪ 플래시몹 (flashmob)

플래시몹은 특정 웹사이트의 접속자가 한꺼번에 폭증하는 현상을 의미하는 '플래시 크라우드(flash crowd)'와, '뜻을 같이 하는 군중'이란 뜻의 '스마트몹(smart mob)'의 합성어로, 불특정 다수의 사람이 특정한 날짜·시간·장소를 정한 뒤에 모인 다음, 약속된 행동을 하고 아무 일도 없었다는 듯이 흩어지는 모임이나 행위를 말한다. 네티즌들이 오프라인에서 벌이는 일종의 해프닝으로 '인터넷을 이용해 현실 세계로 나오는 공동체의 경향'으로도 정의된다. 참가한 사람들은 지시사항에 따르되, 해산 시간을 엄중히 지켜야 하며 흩어지는 방향이 일정하지 않다.

플래시몹은 놀이와 매체의 결합에서 생겨난 문화이지만, 시위에 적용되기도 한다. 플래시몹 형태의 시위는 즉각적인 진압이 어렵기 때문에 안전을 보장할 수 없는 상황에서 활용하기 좋다.

➕ 22222 시위

22222 시위란 2021년 2월 22일 미얀마 전역에서 군부 쿠데타를 규탄한 총파업을 말한다. 2021년 2월 1일 미얀마 군부는 민주화운동을 주도해온 민주주의민족동맹(NLD)이 압승한 총선 결과에 불복해 전격 쿠데타를 감행했다. 한편 22222 시위는 미얀마 민주화 상징인 1988년 8월 8일 8888항쟁에 빗대 표현한 것이다. 1988년 8월 8일에 양곤의 대학생이 주축이 되어 일어난 반(反)군부 민중항쟁(양곤의 봄)은 평화적인 시위로 시작됐으나, 국가평화발전위원회를 통해 정권을 장악한 새로운 군부의 진압으로 시민, 대학생, 승려 등을 포함해 수천 명이 희생됐다.

기출TIP 2021년 스튜디오S 필기시험에서 8888항쟁에 관한 문제가, 2018년 한국폴리텍대학 필기시험에서 플래시몹을 묻는 문제가 출제됐다.

러시아, 미국의 자국 내 핵무기 사찰 일시 중단 통보

러시아가 미국과의 핵 군축 협정인 ▪**뉴스타트**(신전략무기감축 협정)에 따라 해오던 미국의 자국 내 핵무기 사찰 일시 중단을 8월 8일 발표했다.

러시아 외무부는 러시아의 우크라이나 침공 이후 강화된 서방의 제재로 러시아 전문가들이 미국 내 핵시설을 방문하는 것이 어려워졌다고 주장했다. 러시아 외무부는 성명에서 **"미국과 동맹국들에 의해 부과된 러시아 항공기에 대한 제재, 비자 제한** 등 기타 여러 장애로 러시아 군사 전문가들이 미국 핵시설 현장을 방문하는 것이 사실상 불가능해졌으며 이 상황에서 미국의 사찰이 지속되는 것은 미국에만 일방적 이득"이라고 말했다.

이번 성명은 미국과 러시아 간 긴장이 고조되고 있음을 반영하는 것으로, 러시아가 신전략무기감축 협정에 따른 미국의 사찰을 일방적으로 중단한 것은 이번이 처음이라고 외신은 전했다.

다만, 러시아 외무부는 "러시아가 뉴스타트 협정을 매우 중시하고 있으며, 문제가 해결된 후에 사찰이 재개될 수 있다"고 말했다. 이어 "관련 문제가 해결된 뒤 우리는 검사활동의 금지를 즉시 해제할 것"이라고 덧붙였다.

한편, 조 바이든 미국 대통령은 8월 1일 성명을 내고 "핵 확산 방지는 미국과 러시아 간 의미 있고 상호적인 군비 제한에 달려있다. 우리 정부는 2026년에 만료되는 신전략무기감축 협정을 대체할 새 무기 통제 체계를 신속하게 협상할 준비가 돼 있다. 그러나 협상은 선의의 파트너가 필요하다"며 러시아의 협조를 촉구했다.

▪ 뉴스타트 (New START)

뉴스타트(New START, New Strategic Arms Reduction Treaty·신전략무기감축 협정)는 2010년 4월 8일 체코 프라하에서 서명된 미국과 러시아 간 핵무기 감축 협정이다. 양국의 비준을 거쳐, 2011년 2월 5일 발효됐다. 뉴스타트는 미국과 러시아 양국이 실전 배치 핵탄두 수를 1550개 이하로, 이를 운반하는 대륙간탄도미사일(ICBM)·잠수함발사탄도미사일(SLBM)·전략폭격기 등의 운반체를 700기 이하로 각각 줄이는 것을 골자로 한다. 10년 기한의 뉴스타트 협정은 2021년 2월 5일 만료될 예정이었으나 2021년 2월 푸틴 대통령과 바이든 대통령이 5년 연장하기로 합의해 2026년 2월 5일까지 효력이 지속된다.

콜롬비아 최대 마약 조직, 새 정부에 휴전 선언

콜롬비아 최대 마약 조직 걸프 클랜이 ▪**구스타보 페트로** 신임 대통령의 취임에 맞춰 휴전을 선언했다. 걸프 클랜은 페트로 신임 대통령이 공식 취임한 지난 8월 7일(현지시간) 성명을 내고 새 정부의 출범을 맞아 적대행위를 중단한다고 발표했다. 걸프 클랜은 성명에서 "새로 출범하는 정부에 대한 선의의 표현"이라면서 "평화의 길을 모

색할 의사"가 있다고 밝혔다.

걸프 클랜은 세계 최대 코카인 생산국인 콜롬비아의 극우 무장단체이자 최대 마약 조직이다. 전 세계 28개국에 마약을 공급하고 있으며 조직원이 1000명이 넘는다. 2000년대 초반 이후 이들의 테러 행위로 콜롬비아 군경 200명 이상이 사망한 것으로 알려졌다.

지난 5월 걸프 클랜을 이끌던 다이로 안토니오 우수가(일명 오토니엘)가 미국에 인도되자 조직원들이 이에 대한 보복으로 군인과 경찰을 살해하고 차량 200여 대를 파괴하는 등 무장 시위를 벌이기도 했다.

좌익 게릴라 출신인 페트로 대통령은 당선 전부터 좌익 게릴라 민족해방군(ELN)과 걸프 클랜 등 무장단체들과 평화협상을 재개하겠다고 밝혀왔다. ELN과 걸프 클랜은 불법적인 마약 거래를 주수입원으로 삼으면서 콜롬비아 치안을 위협해왔다. 페트로 대통령이 평화협상에 성공한다면 **마누엘 산토스 전 대통령 시절인 2016년 콜롬비아무장혁명군(FARC)과의 평화협상**에 비견할 만한 역사적 성과로 남을 수 있다.

새 정부 출범에 따라 콜롬비아의 마약 정책에도 변화가 예상된다. 페트로 대통령은 후보 시절부터 중남미의 마약 생산과 유통을 차단하고 마약 조직을 소탕하는 대신 미국 등 선진국의 마약 수요를 줄이는 것이 더 효과적이라고 주장해왔다.

단속과 처벌 중심 강경책은 마약 유통을 근절하지 못하고 인명 피해와 범죄 증가의 부작용만 낳았다는 이유에서다. 페트로 대통령은 취임 연설에서 "마약과의 전쟁은 실패했다는 것을 인정하는 새로운 국제적 협약이 필요한 때"라고 말해 정책 변화를 예고했다.

■ **구스타보 페트로 (Gustavo Petro, 1960~)**

구스타보 페트로는 콜롬비아의 제34대 대통령이다. 경제학자 출신 정치인으로, 코르도바의 시에나가 데 오로에서 태어났다. 1980년대에는 게릴라로 활동했으며, 1990년대 중앙정치에 입문하였다. 꾼디나마르까와 보고타 두 곳에서 하원 의원을 지냈고, 2000년대 후반에는 상원 의원을 지냈다. 2011년 진보운동이라는 신당을 창당했고, 2012년부터 2015년까지는 보고타의 시장을 지냈다. 2018년 진보운동 소속의 대선후보로 도전했으나 민주중도의 이반 두께에 밀려 낙선했다. 2022년 대선에서는 5월 1차 투표 40.34%, 6월 결선 투표 50.42%의 득표율로 대통령에 당선되었으며, 8월 7일 대통령에 취임하였다.

트럼프 플로리다 자택 압수수색... "기밀자료 무단 반출 혐의"

미국 연방수사국(FBI)이 8월 8일(현지시간) 플로리다주 마러라고 리조트 내 도널드 트럼프 전 대통령 자택에 대한 압수수색에서 총 11건의 비밀문건을 확보한 것으로 확인됐다. FBI는 간첩혐의까지 거론하는 반면 트럼프 측은 정치수사라며

▲ 트럼프 전 대통령의 자택이 있는 플로리다주 마러라고 리조트

반발하고 있어 향후 법적 공방이 예상된다.

8월 12일 플로리다주 연방법원이 공개한 압수수색 영장에는 연방 기록의 은폐·제거, 연방 조사 기록의 파괴·변경, 국방정보 이전 등 세 가지의 형사범죄 위반 가능성이 적시됐다. **트럼프 전 대통령이 '방첩법'(Espionage Act)을 위반했을 수 있다는 의미다.** 세 가지 모두 위반했다면 이론상으로 연방공직을 보유할 수 없어 대선 출마가 좌절되고, 최대 20년형까지 받을 수 있다.

월스트리트저널(WSJ)은 FBI가 이번 압수수색으로 1급 비밀(Top Secret) 문건 4개, 2급 비밀(Secret)·3급 비밀(Confidential) 문건 각각 3개, 민감한 특수정보(SCI) 문건 1개 등 모두 11건을 확보했다고 전했다. 정부의 특정 시설에서만 열람이 가능한 문건들이어서 트럼프 전 대통령의 자택 내 소유는 위법일 수 있다.

미 대통령기록법에 따르면 대통령·부통령은 임기 후 모든 공문서를 연방정부 기록보존소(NARA)에 넘겨야 한다. 하지만 트럼프 전 대통령은 문건들을 자택으로 가져가면서 NARA는 이미 지난 1월에 15개 박스 분량을 마러라고에서 되찾아왔다. 또 지난 6월에는 트럼프 측 변호사가 모든 자료를 인계했다고 서명을 했지만 이번 압수수색 결과 사실과 달랐던 것으로 드러났다.

반면 트럼프 전 대통령은 자신이 만든 SNS인 트루스소셜에 "(FBI에 압수당한) 모든 문건은 비밀문서에서 해제된 것들이다. 그 문서들은 FBI가 (우리에게 요청만 하면 언제든지) 가져갈 수 있는 것들이다"라고 썼다. 미 대통령은 실제 기밀문건의 해제 권한이 있다. 따라서 FBI가 압수한 문건들이 실제 기밀문서에 해당하느냐가 관건이다.

민주당 소속 미 하원 애덤 시프 정보위원장, 캐럴린 멜로니 감독개혁위원장은 정보 수장인 애브릴 헤인스 **국가정보국장(DNI)**에게 보낸 서한에서 FBI가 마러라고에서 확보한 기밀문서와 관련해 "국가안보상 위험이 상당하다"며 정보 당국이 즉시 위험 평가에 착수할 것을 요청했다.

트럼프 전 대통령의 자택에 대한 압수수색을 놓고 미 사회의 분열도 심화하고 있다. 8월 10일 폴리티코·모닝컨설트 여론조사에 따르면 전체의 58%가 트럼프의 기밀문건 보유를 범법행위라고 답한 가운데 민주당 지지자 중 90%는 범법이라고 한 반면 공화당 지지자 60%는 범법행위가 아니라고 했다.

▪ 국가정보국장 (DNI, Director of National Intelligence)

국가정보국장은 미국의 모든 정보기관을 통솔하는 최고 정보기관이다. 2001년 9·11 테러 사건 이후 정보기관을 개편할 필요성이 제기되어 2004년 12월 7일 상원에서 통과된 정보개혁법에 의해 설립됐다. 국가정보국장은 모든 정보기관을 관리·감독하는 역할을 맡고 있으며, 군사와 관련된 정보활동의 예산을 제외하고 기존에 국방부 장관이 관할하던 모든 정보기관에 대한 예산 관리 및 분배권을 쥐고 있다. 국장은 장관급이지만 내각의 장관이 되지는 않는다. 국가정보국장은 백악관 직속 기관이 아니라 외부의 독립기관이므로 정보기관의 정보 기능을 감독하는 것은 물론 실질적인 정보 예산의 결정권과 통제권까지 갖는다. 예산의 결정과 통제권을 국가정보국장이 갖게 됨에 따라 국방부는 전쟁 관련 예산만 사용할 수 있게 됐다.

일주일 새 2배로 커진
칠레 초대형 싱크홀

▲ 칠레 북부에서 나타난 초대형 싱크홀

칠레 북부 지역에서 발견된 초대형 ▪**싱크홀**이 며칠 새 두 배로 커졌다. 8월 7일(이하 현지시각) 로이터통신은 "칠레의 싱크홀이 두 배로 커졌다. 이는 프랑스 개선문이 완전히 잠길 정도"라고 전했다. 매체는 또 미국 시애틀에 있는 184m 높이의 첨탑인 스페이스 니들과 **브라질 리우의 랜드마크인 예수상 6개가 들어갈 수 있을 정도의 크기**라고 설명했다.

이 싱크홀은 7월 30일 아타카마 지역 티에라아마리야에서 발견됐다. 당시 싱크홀의 크기는 직경 25m, 깊이 200m였다. 현재 싱크홀의 직경은 50m에 달한다.

싱크홀은 캐나다 룬딘 광업이 운영하는 알카파로

사 광산 근처에서 발생했다. 룬딘이 광산 지분의 80%, 일본의 스미토모가 나머지 20%를 보유하고 있다. 수도 산티아고에서는 665㎞ 정도 떨어진 곳이다. 룬딘 측은 당시 싱크홀로 인해 노동자나 지역사회 구성원들이 피해를 입지는 않았다고 밝혔었다.

국립지질광산국은 싱크홀이 발견되자마자 광산작업을 중단시키고 조사에 착수했다. 아직까지 싱크홀이 생긴 원인은 정확히 밝혀지지 않았다. 당국은 8월 6일 제재 절차를 밟고 있다고도 밝혔으나, 그와 관련한 자세한 사항은 공개하지 않았다.

국립지질광산국은 물을 빼내기 위해 펌프를 설치했으며, 빠른 시일 내에 광산 지하실을 조사해 과잉 추출 가능성 등을 조사할 계획이라고 전했다.

▪ **싱크홀 (sink hall)**

싱크홀은 멀쩡하던 거리에 순식간에 파이는 구멍을 말한다. 싱크홀은 길을 걷고 있다가 혹은 잠을 자고 있다가 갑자기 땅이 꺼지며 추락할지 모른다는 일상의 공포로 확대되고 있지만 정확한 원인은 밝혀지지 않았다. 전문가들은 싱크홀이 생기는 원인 중 하나로 도시 개발을 주된 이유로 추정하고 있다. 무분별한 지하 개발이 지각변동을 초래하며 지반침하의 원인이 되고 있다는 분석이다.

박진-왕이 '한중 외교장관 회담'...
사드 놓고 이견

■ **사드 (THAAD, Termianl
High Altitude Area Defense)**

사드(THAAD)는 고고도미사일
방어체계의 줄임말로, 기존 패
트리어트 방어체계가 저고도
에서 탄도 미사일을 요격한다
면 THAAD는 대기권 밖의 고
(高)고도에 있는 탄도 미사일을
격추한다. 1991년 걸프전 당시
이라크의 스커드미사일 공격
에 대한 방어망체제의 구축 요
청에 따라 개발됐다. 요격 고도
는 40.150km, 최대 사거리는
200km다. 우리나라는 2017년
경북 성주에 4기가 실전 배치
됐다.

중국, 사드 '3불 1한' 주장

한중이 8월 9일 중국 칭다오에서 열린 외교장관 회담에서 한반도와 그 주
변 안보와 관련한 엇갈린 강조점을 내보였다. 우리나라는 북핵 문제와 관
련한 중국의 건설적 역할을 강조한 반면, 중국은 **■사드**(고고도미사일방어체
계)에 대한 중국의 안보 우려 존중과 적절한 처리를 강조했다.

이번 회담의 최대 난제 중 하나였던 반도체 공급망 문제와 관련해서는 중국
측이 기존과 다른 분위기를 보이기도 하는 모습도 보였지만, 대표적 안보
현안인 사드 문제를 놓고는 양측이 한 치도 물러서지 않는 분위기가 연출되
며 한중이 갈등의 골을 메우기 위한 작업이 험난할 것으로 관측됐다.

중국은 회담을 종료한 후 사드와 관련해 더 강경한 입장을 표명하기도 했
다. 중국 외교부는 8월 10일 진행된 정례 브리핑에서 **사드 '3불**(사드 추가 않
고, 미국 미사일방어·한미일 군사동맹 불참)**에 1한**(주한미군에 배치된 사드의 운
용 제한)'까지 거론하며 한국을 더욱 압박하는 모습을 보였다.

하지만 우리나라는 문재인 정부 당시 발표된 사드 3불은 정부 간 공식 합의

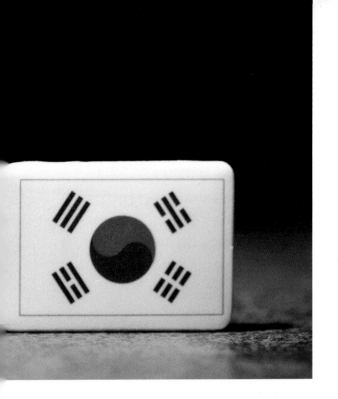

대통령실 고위 관계자는 중국의 '3불 1한' 주장에 대해서 "긴말이 필요 없다"며 "사드는 북핵 위협으로부터 우리 국민의 생명과 안전을 지키기 위한 자위적 방어 수단이며 안보 주권 사항으로서 결코 협의 대상이 될 수 없다"고 못 박았다.

관계자는 나아가 "중국 측 (주장의) 의도를 파악 중"이라며 "협의나 조약이 아니기 때문에 전 정부의 입장이라고 누누이 말씀드렸고 그런 의미에서 계승할 합의나 조약은 아니다. 윤석열 정부는 윤석열 정부의 입장이 있는 것"이라고 말했다.

나 약속이 아니라는 입장이다. 또한, 이는 우리의 안보 주권과 결부된 사안인 만큼 '어떠한 상황에서도 이를 준수해야 한다'는 중국 측의 요구를 전적으로 수용하기 어렵다고 맞서고 있다.

나아가 우리나라는 중국이 거론한 '1한'과 관련해서도 중국이 사드 관련 양국 합의 사항이라고 주장하는 2017년에 발표된 한중관계 개선 양국 간 협의 결과에도 이미 배치된 사드 운용을 제한한다는 언급은 없다고 판단하며 수용하기 어렵다는 입장이다.

대통령실 "사드, 결코 협의 대상 아냐"
중국이 사드와 관련해 '3불 1한'을 주장하고 있는 가운데 대통령실은 경북 성주에 배치된 주한미군 사드 기지가 8월 말 정상화될 것이라고 밝혔다. 대통령실 고위 관계자는 "(사드 기지) 운용 정상화는 진행 중이고 빠른 속도로 정상화되고 있다"며 "운용 측면에서 8월 말 정도면 거의 정상화될 것"이라고 설명했다.

➕ 중국의 사드 보복

지난 2016년 7월 박근혜 정부에서 한국의 사드 배치 결정이 내려진 이후 중국은 우리나라에 각종 보복 조치를 시행했다. 대표적으로 중국은 한국의 대중문화 금지 조치인 '한한령'을 시행했으며, 중국인의 한국 단체 관광 제한 조치를 내리기도 했다.
그러다 문재인 정부 출범 이후인 2017년 말부터 한중 양국의 관계 회복이 나타나면서 중국의 보복 조치는 조금씩 완화됐지만 여전히 원상복구되지 않았다.

POINT 세 줄 요약

❶ 한중이 중국 칭다오에서 열린 외교장관 회담에서 한반도 안보와 관련한 엇갈린 강조점을 내보였다.
❷ 우리나라는 북핵 문제와 관련한 중국의 건설적 역할을 강조한 반면, 중국은 사드(고고도미사일방어체계)에 대한 중국의 안보 우려 존중과 적절한 처리를 강조했다.
❸ 중국은 사드 '3불 1한'까지 거론하며 한국을 더욱 압박하는 모습을 보였다.

故 이예람 중사 근무 부대서
또 여군 숨져

충남 서산에 있는 공군 비행단에서 여군 간부가 숨진 채 발견됐다. 이 공군 비행단은 성폭력 피해를 입은 뒤 스스로 목숨을 끊은 고(故) 이예람 중사가 근무했던 부대다. 7월 19일 군과 경찰 등에 따르면, 이날 오전 8시 10분쯤 공군 20전투비행단 영내 독신자 숙소에서 항공정비전대 소속 A(21) 하사가 숨진 채 발견됐다.

A 하사는 동료 부대원에 의해 발견됐으며, 군과 경찰은 발견 당시 정황을 토대로 A 하사가 극단 선택을 한 것으로 추정하고 있다. 2021년 3월 임관한 A 하사는 한 달 후 현재 보직을 부여받았으며 현재까지 유서는 발견되지 않았다.

현재는 민간 경찰 입회하에 군 경찰이 사건 경위를 조사하고 있다. **올 7월 시행된 개정 ▪군사법원법에 따라 평시 군에서 발생한 성폭력 범죄와 입대전 범죄, 군인 사망사건은 수사와 재판권이 민간으로 이전**됐다.

이에 따라 공군은 사건 발생 사실을 충남경찰청에 알렸다. 군 경찰 조사 과정에서 범죄 혐의가 인지될 경우 이에 대한 수사는 민간 경찰이 맡게 된다. 군 관련 사건의 경우 일선 경찰서가 아닌 시·도경찰청에서 직접 수사를 하게 된다.

국가인권위원회의 군인권보호관도 공군으로부터 관련 내용을 통보받고 조사에 나섰다. 2022년 7월 출범한 군인권보호관은 군 인권침해와 차별행위를 조사해 시정조치와 정책권고 등 권리구제를 담당한다. 인권위관계자는 "조사관들이 현장조사를 준비 중"이라고 말했다.

공군 20전투비행단에서 근무했던 고 이예람 중사는 지난 2021년 5월 22일 극단 선택으로 사망했다. 이 중사는 2021년 3월 선임 부사관으로부터 성추행을 당한 뒤 신고했고, 군검찰 수사가 진행 중이던 같은 해 5월 21일 극단적 선택을 했다. 이 중사의 유족은 고인이 동료와 선임 등에게서 2차 피해에 시달렸다고 주장했다.

사건을 수사한 군은 총 25명을 형사입건해 15명을 기소했다. 하지만 부실 초동수사 담당자와 지휘부는 한 명도 기소되지 않아 논란을 낳았다. 이 사건은 군인권보호관 제도가 신설되고 군사법원법이 개정되는 계기가 됐다.

한편, 이 중사 사망 사건을 수사 중인 안미영 특별검사팀은 7월 19일 공군본부 등을 압수수색했다. 특검팀은 전날 국방부 군사법원 사무실도 압수수색했으며 사건 관련자에 대한 통신 및 금융거래내역 등을 들여다보고 있다.

▪ **군사법원법 (軍事法院法)**
군사법원법은 대한민국 헌법 제110조에 따라 군사재판을 관할할 군사법원의 조직, 권한, 재판관의 자격 및 심판절차와 군검찰의 조직, 권한 및 수사절차를 정한 법이다. '이예람 공군 성폭력 피해 부사관 사망 사건'을 계기로 군사법원법이 개정돼 군에서 발생한 성폭력 및 입대 전 범죄, 사망사건 등 3대 범죄에 대한 수사·재판권이 2022년 7월부터 경찰 등 민간 수사기관으로 이전됐다. 그러나 군대에서 발생한 사망사건의 사실확인과 조사는 군사경찰이 하되 그 과정에서 군사경찰이 범죄 혐의를 인지한 경우 경찰에 인계하도록 돼 있어 여전히 경찰 수사에 제약이 따른다는 비판이 있다.

尹 대통령 'NLL 사수' 발언에 北 매체 "우리 자극하다간 큰코다쳐"

북한 선전매체가 윤석열 대통령이 7월 28일 차세대 이지스 구축함 정조대왕함(8200톤급) 진수식 축사에서 '**북방한계선(NLL)** 사수'를 거론한 점을 문제 삼으며 "우리를 계속 자극하다가는 큰코다칠 수 있다"고 비난했다.

북한 대외선전매체 통일의 메아리는 8월 1일 조국통일연구원 최준영 참사가 쓴 '약자의 허세'란 글을 통해 "윤석열 역도가 함선진수식 축사라는 데서 전투력 강화니 해양안보 구축이니 하며 희떱게 놀아댔다"며 "이는 웬간한 희극배우도 울고 갈 광대극"이라고 밝혔다.

이어 "우리 공화국에 비한 군사적 열세, 미국의

전쟁하수인, 총알받이로서의 실체를 조금이라도 가리워 보려는 속된 마음에서 나온 것 같다"며 "그런다고 건뎅이(곤쟁이)가 상어되겠는가"라고 비꼬았다.

매체는 윤 대통령을 향해 "이명박·박근혜 역도 때에도 '대양해군 표방'·'서해충돌 대비'를 떠들었지만 현실은 그와 정반대의 결과를 초래했다"고 지적하기도 했다.

북한 매체가 해군의 첫 8200톤급 차세대 이지스 구축함 정조대왕함 진수에 민감하게 반응한 것은 이 함정이 **탄도미사일 탐지·추적·요격 시스템을 갖춰 자신들에게 상당한 위협이 될 것으로 우려했기 때문**이 아니겠느냐는 관측이 나오고 있다.

■ 북방한계선 (NLL, Northern Limit Line)

북방한계선(NLL)이란 1953년 정전 협정 이후 국제연합(UN) 사령관에 의해 일방적으로 설정된 남북 간의 해양 경계선이다. 동해는 군사분계선 끝점에서 정동으로 200마일, 서해는 서해 5도(▲백령도 ▲대청도 ▲소청도 ▲연평도 ▲우도)를 따라 그어져 있다. 북한은 NLL이 유엔군 측의 일방적 조치라며 그 효력을 부인하고 있어 1999년과 2002년 연평도 인근에서 전투가 발생하는 등 NLL 해상에서 긴장이 계속 이어졌다.

김정은 "선제무력화 시도시 尹 정권 전멸"

김정은 북한 국무위원장이 윤석열 정부가 대북 선제타격 등을 시도할 경우 정권과 군대를 전멸할 것이라고 강도 높게 위협했다. 윤석열 정부 출범 이후 김 위원장이 직함 없이 윤 대통령을 직접 비난하고 한국 정부에 대해 입장을 밝힌 것은 이번

이 처음이다.

7월 28일 조선중앙통신에 따르면 김 위원장은 전날 열린 전승절 69주년 기념행사 연설에서 "남조선 정권과 군부 깡패들이 군사적으로 우리와 맞서볼 궁리를 하고 그 어떤 특정한 군사적 수단과 방법에 의거해 선제적으로 우리 군사력의 일부분을 무력화시키거나 마슬수(부셔버릴 수) 있다고 생각한다면 천만에"라고 밝혔다. 이어 "그러한 위험한 시도는 강력한 힘에 의해 응징될 것이며 윤석열 정권과 그의 군대는 전멸될 것"이라고 강조했다.

김 위원장은 미국을 향해서도 강경 발언을 쏟아냈다. 김 위원장은 "미제는 '동맹' 강화라는 미명하에 남조선당국을 추동질하여 자살적인 반공화국 대결로 떠미는 한편 우리와의 군사적 대결을 추구하면서 근거 없는 그 무슨 '위협설'을 집요하게 내돌리고 있다"고 말했다. 그러면서 "미국이 우리 국가의 영상을 계속 훼손시키고 우리의 안전과 근본이익을 계속해 엄중히 침해하려 든다면 반드시 더 큰 불안과 위기를 감수해야만 할 것"이라고 경고했다.

특히 한미 연합군사훈련에 대해서도 강한 경계를 드러냈다. 김 위원장은 연설에서 "계속해서 우리

의 자위권 행사를 걸고들고 우리의 안전을 위협하면서 군사적 긴장을 고조시키는 지금 같은 작태를 이어간다면 상응한 대가를 치르게 될 것"이라며 향후 도발 가능성을 높였다.

이에 대해 이종섭 국방부 장관은 8월 1일 국회 국방위원회 전체회의에 출석, "전방위 안보위협에 능동적으로 대응할 수 있는 튼튼한 국방태세를 확립하겠다"며 북한이 직접적 도발을 자행할 경우 자위권 차원에서 단호하게 대응하겠다고 밝혔다.

이 장관은 또 "강한 훈련을 통해 군의 사기를 드높이겠다"며 "■**한국형 3축 체계**'를 획기적으로 강화함으로써 핵·미사일 위협에 대응해 나가도록 하겠다"고 강조했다.

또한 우리 군은 2020년대 중반 이후 초소형 군사인공위성 발사를 계획하고 있다. 각각 중·장거리 지대공 미사일인 M-SAMⅡ과 L-SAM의 전력화 및 성능개량, 탄도탄조기경보레이더-Ⅱ 전력화 등을 통해 ■**복합 다층 미사일방어체계**를 조기에 구축할 계획이다.

■ 한국형 3축 체계

한국형 3축 체계는 ▲북한의 미사일 공격 징후를 탐지·추격·타격하는 킬체인 ▲북한의 공격을 방어하는 데 필요한 한국형 미사일방어체계(KAMD) ▲북한을 응징하는 대량응징보복(KMPR)으로 구성된 전력증강 계획이다.

■ 복합 다층 미사일방어체계

복합 다층 미사일방어체계란 10~30km의 낮은 고도에서 적의 탄도 미사일이나 항공기(전투기. 폭격기)를 공중에서 요격하는 하층(下層) 방어체계를 말한다. 복합 다층 미사일방어체계는 한국형 3축 체계의 하나로서 북한에 대한 핵 억지 체계(deterrence)라는 것에 의의가 있다. 특히 북한이 핵 미사일을 발사하더라도 탄도탄을 모조리 요격하여 북한의 핵공격을 의미 없게 만드는 '거부적 억제력'에 해당한다.

한미일, 6년 만에 하와이에서 北 미사일 추적 훈련

한국·미국 해군과 일본 해상자위대가 북한 탄도미사일 발사 상황을 가정해 미사일을 탐지·추적하는 훈련을 시작했다. 군 당국은 8월 1일부터 14일까지 미국 하와이 인근 해상에서 미군 태평양함대사령부 주관으로 **탄도미사일 탐지·추적 훈련**인 '퍼시픽 드래건(Pacific Dragon)'을 실시한다고 7월 31일 밝혔다.

이번 훈련은 북한의 미사일 발사에 대비해 탄도탄 표적 탐지 능력을 키우고 표적 정보를 공유하는 게 목적이다. 미군이 북한 탄도미사일 격인 모의탄을 발사하면 훈련 참가국들이 이를 탐지·추적해 정보를 공유한 뒤 미국이 유도탄으로 요격하는 식으로 이뤄질 예정이며 호주와 캐나다까지 총 5개국이 참가한다.

한미일이 퍼시픽 드래건 훈련 내용을 공개한 것은 2016년 이후 6년 만이다. 퍼시픽 드래건은 2년에 한 번씩 **림팩**(RIMPAC, Rim of the Pacific Exercise·환태평양훈련) 때 한미일이 함께 실시하는데 문재인 정부 때인 2018년과 2020년에 정부는 남북 화해 분위기를 해칠 수 있다는 이유에서 훈련

내용을 공개하지 않았다.

한미일 국방장관은 지난 6월 11일 싱가포르 제19차 **아시아안보회의**(ASS, Asia Security Summit·샹그릴라 대화)를 계기로 한 3국 국방장관회담에서 북한 미사일 경보훈련과 탄도미사일 탐지·추적 훈련의 정례화와 훈련 공개에 합의했다. 군 당국은 북핵과 미사일 위협이 고도화하는 만큼 이에 대응하기 위해서 훈련 공개가 필요하다고 판단한 것이라고 밝혔다.

"한미연합 상륙작전 5년 만에 재개"

한편, 한미 연합전력이 참가하는 상륙작전인 이른바 '**쌍용훈련**'이 5년 만에 재개될 것으로 보인다. 내년 상반기 실시할 것으로 예상되는 이 훈련은 윤석열 정부 출범 이후 사실상 첫 대규모 한미연합 기동훈련이 될 전망이다.

8월 1일 국방부에 따르면 한미 양국 국방장관(이종섭·로이드 오스틴)은 지난 7월 29일(현지시간) 미 워싱턴 D.C.에서 열린 국방장관 회담에서 한미연합 훈련 확대 방안 등을 논의했다. 국방부 관계자는 "내년부터 연습 기간과 연계해 규모를 확대한 연합 실기동훈련(FTX)을 적극 시행하는 데 한미 양측의 의견이 일치했다"고 밝혔다.

■ **쌍용훈련**

쌍용훈련은 한미 해병대 등 연합전력이 참가하는 연합 상륙훈련이다. 이 훈련은 병력·장비 탑재, 이동, 예행연습, 결정적 행동(해안 침투·돌격·상륙) 등의 순서로 이뤄지며 공세적 성격으로 실시돼 북한이 민감하게 반응했다. 문재인 정부 때인 2018년을 마지막으로 쌍용훈련은 실시되지 않았고 2019년부터는 우리 군 단독으로 실시하는 등 그 규모가 대폭 축소됐다.

"북한, 며칠째 통보 없이 황강댐 방류 계속"

북한이 임진강 상류 **■황강댐**의 물을 사전 통보 없이 며칠째 방류 중인 것으로 확인됐다. 임진강 상류의 황강댐에서 방류를 시작하면 하류의 경기도 연천, 파주 등지에서 수해가 발생할 수 있다. 2009년에는 북한이 예고 없이 황강댐 수문을 개방해 연천군 주민 6명이 사망하는 일이 발생하기도 했다.

이에 통일부는 지난 6월 28일 "장마철 남북 접경지역 홍수 피해 등이 우려되는 상황"이라며 북측에 댐 방류 시 사전 통지를 공개적으로 요청했다. 그러나 북한은 6월 말 집중호우가 쏟아지자 통보 없이 황강댐 방류를 시작한 데 이어 이번에도 황강댐의 수문을 개방했다.

통일부 당국자는 8월 9일 "며칠 전부터 황강댐에서 일부 방류가 이어지고 있다"며 "다만, 방류 규모는 우리 측에 피해를 줄 정도는 아닌 것으로 보고 있다"고 말했다. 이어 "6월 말부터 북한 지역 강우 상황에 따라서 황강댐에 대한 방류와 중단이 반복되고 있는 것으로 보인다"고 덧붙였다.

통일부가 북측에 재차 사전 통지를 요청할 계획이 있는지 묻자 해당 관계자는 "지난 6월 28일 통일부가 북측 수역의 댐 방류 시 사전에 우리 측에 통지해 줄 것을 공개적으로 요구한 바 있다. 이러한 사항은 북측이 잘 알고 있을 걸로 보인다"며 추가 요구 계획은 없다고 답했다.

한편 조선중앙방송은 8월 9일 황해도 남부와 강원도 남부, 개성에 폭우와 많은 비 주의경보가 발령됐다고 보도했다. 방송은 이날 황해도 배천군과 장풍군 등에 폭우를 동반한 50~80mm의 많은 비가 더 내리겠다고 전망했다.

■ 황강댐

황강댐은 북한 임진강 상류에 위치한 다목적 댐이다. 임진강 비무장지대(DMZ)에서 북측 27km 지점에 위치한 저수량 3억5000만톤 가량의 소형 댐으로서 해발 고도 80m 지형에 34m 높이로 축조되었다. 2002년에 공사를 시작하여 2007년에 준공되었다. 북한 정부는 황강댐 관리소장과 군남댐 관리소장 간의 국제전화 통화를 차단하고 있다. 그래서 북한이 황강댐을 방류해도, 대한민국은 알 수가 없는 상태이다.

블랙이글스, 세계 최초 피라미드 상공 특수비행

▲ 블랙이글스 에어쇼 (자료 : 공군)

대한민국 공군 특수비행팀 '**블랙이글스**'가 피라미드 상공에 태극 문양을 수놓으며 이집트인들을 매료시켰다. **외국 공군 특수비행팀의 피라미드 상공 에어쇼는 세계 최초**다. 블랙이글스는 8월 3일 오전(현지시간) 카이로 기자 대피라미드 인근에서 열린 '피라미드 에어쇼 2022'에 참가해 이집트 공군 특수비행팀 '실버스타즈(Silver Stars)'와 합동비행을 선보였다.

블랙이글스는 이날 30여 분간 상공을 날면서 총 24개 기동을 연출했다. 블랙이글스의 공연 이후 15분간 70여 명이 한국과 이집트 국기 등을 휘날리며 낙하산을 타고 내려오는 쇼가 연출됐으나, 관객들은 여전히 "블랙이글스 원더풀"을 외치고 있었다.

홍진욱 대사는 "이집트 정부 관계자들도 '역사적인 장면에 참여하게 돼 영광스럽다'는 얘기를 했다"며 "이번 에어쇼가 양국 간의 깊은 신뢰 관계를 반증해 준 게 아니냐는 의견에 입을 모았다"고 전했다.

K-방산 수출 청신호

4500년이 넘는 역사를 자랑하는 피라미드 인근은 비행 허가가 까다로워 이집트 공군 외 외국군의 에어쇼가 열린 적이 없다. 이집트 측이 한국 공군을 첫 에어쇼 파트너로 선정한 건 조종사들의 실력과 항공기(T-50B)의 우수성을 인정하고, 한국과의 방산 협력을 원하고 있기 때문으로 풀이된다. 한국과 이집트는 올해 초 성사된 K-9 자주포 수출 협상 이래 물밑 교섭을 통해 FA-50 수출과 현지 공동생산 방안을 협의 중인 것으로 알려졌다.

아프리카와 중동의 최대 군사강국인 이집트는 2023년 기종 선정을 목표로 고등훈련기 도입 사업을 진행 중이다. 또한 수명이 도래한 항공기를 순차적으로 교체할 예정이다. 특히 차기 핵심 전력 확보에도 관심이 커 한국산 전투기 KF-21 '보라매'의 잠재 수출 대상국으로도 손꼽는다.

공군과 우리 방산업계는 이집트 수출 및 공동 생산으로 이집트군의 수요를 충족한 후 제3국 수출까지 도모한다는 계획이다. 양국은 생산시설뿐 아니라 정비 등 후속군수지원(MRO)을 위한 협력 방안도 모색 중이다.

■ 블랙이글스 (Black Eagles)
블랙이글스란 국산 초음속 항공기 T-50B 8대로 팀을 구성하여 고도의 팀워크를 바탕으로 다양한 종류의 특수 비행을 선보이는 대한민국 공군 특수비행팀을 말한다. 블랙이글스는 대한민국의 공군력과 국방력을 알림으로써 국민의 자긍심과 자부심을 고취시키고, 해외 에어쇼 참가 등 국방외교 활동을 통해 대한민국 국격 제고와 방산 수출, 국익 증진에 기여하는 것을 목적으로 한다.

분야별
최신상식

문화
미디어

쿠팡 플레이 '안나' 편집권 침해 논란

■ **코드커터족 (cord cutters)**

코드커터족은 지상파와 케이블 등 기존 TV 방송 서비스를 해지하고 인터넷 등으로 방송을 보는 소비자군을 말한다. 코드커터족은 주로 20~30대 젊은 층이 주류를 이룬다. 이들은 어릴 때부터 인터넷으로 동영상을 보는 데 익숙하고 방송 프로그램을 수동적으로 시청하는 것보다 능동적인 방송 선택을 선호한다.

"감독 배제하고 멋대로 편집"

TV 드라마 등을 정해진 방송 시간에 챙겨보는 이른바 '본방 사수'는 드문 일이 되었다. 온라인동영상서비스(OTT) 중심으로 ■**코드커터족**이 많아져서다. OTT 드라마는 상대적으로 넉넉한 제작 지원 덕택에 과도한 PPL로 시청 흐름을 끊지 않을 뿐만 아니라 감독에게 창작의 자율성을 넓게 보장한다는 것이 경쟁력 요인으로 꼽힌다.

하지만 최근 OTT 콘텐츠가 감독의 자율성을 대체로 보장한다는 상식을 뒤엎는 사건이 벌어져 콘텐츠 업계의 이목을 집중시켰다. **OTT 쿠팡 플레이에서 공개된 배우 수지 주연 드라마 '안나'의 각본과 감독을 맡은 이주영 감독과 OTT 쿠팡 플레이 간 편집권 갈등**이 깊어진 것이다.

이주영 감독은 최근 법률대리인을 통해 쿠팡 플레이의 편집권 문제를 제기했다. 이 감독 측은 "쿠팡 플레이가 감독인 나조차 배제하고 일방적으로 편집하면서 '안나'가 완전히 다른 작품이 됐다"고 주장했다.

이 작품은 기획·제작 단계에서 당시 8부작으로 알려졌지만 최종 6부작으

로 공개됐다. 이 감독 측은 "단순히 분량만 줄어든 게 아니라 촬영, 편집, 내러티브의 의도가 크게 훼손됐다"며 "보지도 못한 편집본에 내 이름을 달고 나가는 것에 동의할 수 없어 크레딧에서 이름을 빼달라고 요구했으나 쿠팡 플레이는 이조차도 거절했다"고 주장했다.

쿠팡 플레이 "계약서상 권리 행사한 것"

쿠팡 플레이 측은 "처음 합의했던 작품 분위기와 너무 달라 앞서 수개월간 이 감독에게 구체적인 수정 요청을 전달했지만 감독은 이를 거부했다"며 "**계약에 명시된 우리 권리에 의거해 제작 의도와 부합하도록 작품을 편집**했고 그 결과 시청자의 큰 호평을 받는 작품이 됐다"고 설명했다.

촬영·조명·편집·사운드 등을 담당한 '안나'의 제작진들도 공식 입장을 내고 이 감독을 지지하고 나섰다. 이들은 "저희가 피땀 흘려 완성해낸 결과는 쿠팡 플레이에 전혀 존중받지 못했다. 6부작 '안나'에 남아 있는 이름을 내려달라"고 밝혔다. 김정훈 편집감독은 자신의 SNS에 "쿠팡이

편집 프로젝트 파일을 제작사로부터 받아 간 것을 알고 설마 했다"며 "우려했던 일이 현실이 되면서 신뢰가 처참하게 무너졌다"고 썼다. 이들은 저작자의 동의 없이 몰래 편집을 강행하는 것은 상상하기 어려운 일이라며 쿠팡 플레이 측에 사과를 요구했지만 쿠팡 플레이 측은 이 사과 요구를 거부했다.

한편, 쿠팡 플레이 측은 편집권 침해 논란이 일기 전인 지난 7월 총 8부작의 '안나' 감독판을 공개할 예정이라고 발표했으며 계획대로 8월 12일 8부작 전편을 선보였다. 시청자들은 대체로 감독판 '안나'가 6부작과 대동소이하다는 반응을 나타냈다.

➕ 지식재산권 (IP, Intellectual Property)

지식재산권(IP)이란 발명·상표·디자인 등의 산업재산권과 문학·음악·미술 작품 등에 관한 저작권의 총칭이다. 인간의 지적 창작물을 보호하는 무체(無體)의 재산권으로서 크게 산업재산권과 저작권으로 분류된다. 산업재산권은 특허청의 심사를 거쳐 등록을 해야만 보호되고, 저작권은 창작과 동시에 보호되며 그 보호기간은 산업재산권이 10~20년 정도이고, 저작권은 저작자의 사후 50~70년까지이다. 우리나라는 미국, 유럽연합(EU)과 각각 자유무역(FTA) 협정을 맺으면서 2013년 7월 1일부터 저작권 보호 기간을 사후 70년으로 개정했다.

POINT 세 줄 요약

❶ OTT 쿠팡 플레이 드라마 '안나'가 창작자와 OTT 간 편집권 갈등을 일으켰다.

❷ 이주영 감독은 "쿠팡 플레이 측이 감독인 나조차 배제하고 편집하며 '안나'가 완전히 다른 작품이 됐다"고 주장했다.

❸ 쿠팡 플레이 측은 "계약에 명시된 우리 권익에 의거해 제작 의도와 부합하도록 편집한 것"이라고 반박했다.

세계 최대 고인돌 훼손 논란

▲ 김해 구산동 지석묘 (자료 : 문화재청)

경남 김해시가 세계 최대 고인돌 구산동 지석묘(고인돌·경남도기념물 제280호) 복원정비 사업을 문화재청 협의 없이 진행해 훼손 논란이 일고 있다. 구산동 지석묘는 2006년 김해 구산동 택지지구개발사업 당시 발굴된 유적으로 상석 무게 350톤, 고인돌을 중심으로 한 ▪**묘역시설**이 1615m²에 이르러 세계에서 가장 규모가 큰 고인돌이다.

김해시는 2020년 12월부터 16억7000만원의 사업비를 들여 지석묘 복원정비 사업을 진행하고 있었다. 그러나 정비사업 도중 시공사가 묘역을 표시하는 **박석**(薄石 : 바닥에 깔린 얇고 넓적한 돌)**을 걷어내고, 하부 문화층**(文化層 : 유물이 있어 과거의 문화를 아는 데 도움이 되는 지층)**을 건드려 일부가 손상**된 것을 문화재청이 확인했다.

매장문화재보호 및 조사에 관한 법률에 따라 매장문화재 유존 지역은 원형 그대로 보존하는 것이 원칙이며 현상 변경을 할 경우 발굴허가를 받아야 하는데 이 부분에 대한 사전 협의가 전혀 없었다는 것이 문화재청 입장이다.

문화재청은 박석 훼손 상태 등을 확인하기 위한 추가 조사를 진행한 뒤 원상복구 방안을 마련한다는 방침이다. 이에 대해 시는 "구산동 지석묘가 경남도 문화재여서 도 현상변경 허가만 받고 문화재청 협의를 빠트렸다"며 "세세하게 챙기지 못한 점을 인정하며 문화재청 조치 결과에 따라 복원 정비를 재추진하겠다"고 밝혔다.

이어 "오랜 세월 비바람에 소실된 박석 부분을 새롭게 채워 넣어 선사시대 원형을 복원하기 위해 수작업으로 기존 박석을 처리한 것"이라며 "다만 장비를 사용한 훼손은 없었다"고 해명했다.

▪ **묘역시설 (墓域施設)**

묘역시설은 매장 주체부인 석실을 무거운 덮개돌로부터 보호하기 위한 시설이면서 동시에 무덤의 묘역을 표시하는 구획의 기능을 한다. 덮개돌 아래의 일정한 범위에 납작한 돌을 깔거나 자연석이나 깬 돌을 쌓아 구획한 시설로 형태는 만들어진 시기와 지역에 따라 종류가 다양하다. 뚜렷한 묘역시설이 있는 반면 무게의 하중을 분산시키는 보강석 정도인 간단한 경우도 있다.

구산동 지석묘는 가락국 탄생의 비밀을 밝힐 단서로 여겨지는 중요한 유적이다. 그런데 이번 훼손으로 고인돌의 핵심인 묘역층이 원형을 잃어버렸으며 묘역 부석 아래층 지하에 있을 것으로 추정되는 청동기시대 유물 또한 훼손됐을 수 있다는 우려가 있다.

우리나라 최초 땅속 지도 '조선지질도' 등 복원

우리나라 최초 땅속 지도인 조선지질도(등록문화재 603호)와 대한지질도(등록문화재 604호)가 복원됐다. 행정안전부 국가기록원과 한국지질자원연구원은 두 지질도 복원에 성공했다고 8월 8일 밝

▲ 복원한 조선지질도 (자료 : 행안부 국가기록원)

혔다. 이번 복원은 국가기록원 '맞춤형 복원·복제 지원사업'으로 실시됐으며 약 1년에 걸쳐 작업이 진행됐다.

조선지질도는 일제 강점기인 1924년부터 1938년까지 제작된 축척 5만 대 1의 **국내 최초의 지질도로 한반도의 지질 관련 정보가 기록**되어 있다. 국내 지하자원 수탈 목적이라는 아픈 역사를 지니고 있지만 처음으로 우리 국토에 대한 면밀한 조사 연구가 진행됐다는 점에서 의미가 있다.

광복 후인 1956년 순수 국내 지질학자들이 발간한 대한지질도는 한반도 전체의 지질 분포를 알수 있게 축척 100만 대 1로 제작됐다. 주요 지질 성분이 색으로 표현돼있으며 국내 학자들의 연구로 제작돼 학술·역사적으로 큰 가치를 지닌다. 이에 국가기록원은 조선지질도(1938)와 대한지질도(1956), 대한지질도 개정판(1981) 등을 복원했다.

조선지질도는 찢어지거나 닳아서 약해진 상태로 내용 판독이 어렵고 기록물의 2차 피해가 진행되고 있어 복원이 시급했다. 왜곡·변색된 부분을 개선하고 보존성이 우수한 한지를 이용해 복원처

리를 해 기록물의 보존수명을 연장시켰다. 또한 동북아 지각의 진화사 연구와 전시 열람 등에 활용될 수 있도록 복제본도 함께 제작했다.

> **➕ 우리나라의 지질도**
>
> 지질도는 지각을 구성하는 각 지층을 그 종류·연대·암상 등에 따라 구분하여 그 분포상태와 습곡·단층 등의 지질구조 등을 표시한 지질현상도를 말한다. 지질도를 통해 단층의 지역적 변화, 암석분포, 상호관계 등을 알수 있으며 저수지, 도로 등 건설공사의 기초자료가 되며 토양분포연구에도 밀접하게 쓰인다.
>
> 우리나라의 지질학 역사는 다른 선진국에 비해 상당히 짧다. 첫 제작은 일제강점기 자원 수탈을 목적으로 한 일본인 손에 의해 시작되었다. 이후 1956년 최초로 국내 학자들에 의해 우리나라 국토 전반의 지질 암석의 분포, 지질시대를 총괄적으로 아우르는 대한지질도가 제작되었다. 이후 1981년과 1995년에 대한지질도 개정작업이 진행되었고, 2019년 새로운 개정판을 발간하게 되었다. 개정판에는 지층분류, 암석분류 등 새로운 자료들을 포함하고 있어 학문적·역사적 가치를 지니고 있다.

일본 최대 고교 만화 경진대회서 한국 전남여고 우승

우리나라 고등학생들이 일본에서 열린 만화 경연대회에서 우승했다. 8월 1일 전남여고에 따르면 김서영·송의연(이상 3년)·김혜령·이채은(이상 2년) 학생 등 4명이 지난 7월 31일 일본 고치현 고치시에서 열린 '**만화 고시엔**' 결승에서 최우수상을 받았다.

전남여고 학생들은 오윤숙 지도교사의 도움을 받

▲ 전남여고 학생 4명이 수상 결과가 나온 뒤 작품을 들어 보이며 기뻐하고 있다. (자료 : 전남여고)

아 팀을 구성했다. 출전에만 의의를 뒀던 대회에서 외국 고교 3곳·현지 고교 17곳에 주어지는 결승행 티켓을 확보하자 전남여고 학생들은 꿈을 '순위권 안에 드는 것'으로 바꿨다.

결승전 주제는 '상냥한 세상'이었고, 3~5명으로 구성된 각 출전팀은 5시간 30분 이내에 작품을 그려 냈다. 전남여고 팀의 작품은 길 잃은 여고생에게 상반신이 문신으로 뒤덮인 남성이 접근하는 장면으로 시작한다. 학생은 무서워하지만 사실 남성의 문신은 지도였으며 그가 길을 안내해 준다는 내용이다.

오 교사는 "결승 무대 마지막 작품 중 '길을 잃고 헤매는 고교생'은 대회에 출전한 자신들이며, '온몸 문신 남성'은 첫 출전 대회에 대한 두려움. '지도 문신'은 선입견을 갖지 않고 내면을 들여다보면 꿈을 이룰 수 있다는 것을 표현하고 있다"고 말했다.

■ 만화 고시엔(甲子園)
만화 고시엔은 여러 저명한 만화가를 배출한 일본 고치현과 지역의 단체들이 협력해 만든 일본에서 가장 큰 고교 만화 대회다. 1992년부터 시작된 이 대회는 일본 고교야구 대회 '고시엔'을 빗대 '만화 고시엔'으로 부르고 있다. 2020년 대회는 코로나19로 취소됐고, 2021년에는 온라인으로 진행됐다. 학생들이 직접 행사장에 나와 대회를 치른 것은 3년 만이다. 올해 대회에는 179개 학교가 출전했다.

'청와대 복합문화단지' 운영 놓고 문화계 갈등

▲ 청와대

청와대를 둘러싼 논란이 뜨겁다. 문화체육관광부가 청와대의 원형을 보전하며 전시 중심 문화예술공간으로 재탄생시키겠다는 구상을 내놓자마자 야권은 물론 청와대 관리비서관실, 문화재청 노조, 문화재위원회에서까지 불협화음이 터져 나오고 있다.

문화체육관광부는 7월 21일 대통령 업무보고에서 청와대 운영 청사진을 내놨다. **건물의 원형을 그대로 보전한 프랑스 '베르사유궁전', 이탈리아 피렌체 '피티궁전'을 참고해** 지난 5월 국민의 품으로 돌아온 청와대를 최대한 보전하되, **문화예술·자연·역사를 품은 고품격 복합문화단지로 탈바꿈시킬 계획**이다.

문체부 구상에 따르면 본관 1층 로비와 세종실, 충무실, 인왕실이 전시공간으로 활용된다. 관저의 거실과 별채 식당에도 미술품이 설치된다. 영빈관은 청와대가 소장하고 있던 600여 점의 미술작품들을 공개하는 고품격 미술품 특별 기획전시장으로 꾸며진다.

대통령들이 실제로 거주했던 본관·관저·구본관 터는 역대 대통령들의 리더십과 삶을 조망하고 권력의 심장부를 실감할 수 있는 공간으로 꾸며진다. 김영삼 전 대통령의 지시로 철거된 구 본관 모형도 복원키로 했다. 정부 수립부터 6·25, 산업화, 민주화의 고뇌를 함께한 대통령들의 흔적이 있는 곳이라는 판단이다.

하지만 **구 본관 모형을 놓고 야권에서는 "조선총독 관저 미니어처를 왜 만드느냐"는 비판**이 쏟아졌다. 청와대 사적 지정과 정밀조사 등을 추진해온 문화재·학계에서도 우려의 목소리가 불거졌다.

문화재청과 대통령실 관리비서관실은 지난 5월 10일 개방 이후 청와대 관리를 맡아온 기관이다. 문체부 산하기관인 문화재청은 공식적으로 말을 아끼고 있지만 문화재청 노조와 정책자문기구 문화재위원회가 반대의 깃발을 들었다. 문화재위원들은 청와대의 역사성을 고려한 조사·연구가 이뤄지지 않은 채 청와대 활용 방안이 먼저 발표된 데 따른 심각한 우려를 하고 있는 것으로 전해졌다.

반면 미술계는 7월 25일 환영 성명을 냈다. 한국미술협회·한국전업작가협회·서울미술협회 등 54개 문화예술단체는 "청와대를 시각문화 중심의 복합문화 공간으로 활용한다는 정부의 발표를 환영한다"고 환영했다. 관련 업계 역시 청와대 활용방안에 대해 환영하는 분위기다. 서촌-청와대-경복궁-북촌-창덕궁-종묘를 잇는 세계적인 명품 역사문화관광 벨트가 조성될 수 있을 것이라는 기대다.

➕ 청와대 명칭 변천사

청와대란 명칭은 본관 건물이 청기와로 덮여 있는 데서 유래했다. 청와대의 역사는 고려 숙종 때인 1104년에 완공된 후원으로 사용되던 '이궁(離宮)'에서 시작됐다. 정부 수립 이후 이승만 대통령은 '경무대'라고 명명하고 사용하기 시작했으며, 윤보선 대통령 이후 청와대로 개명했고 문재인 대통령까지 대한민국 대통령 관저로 사용됐다.

왕세자 행차할 때 들었던 깃발 '기린기' 공개

국립고궁박물관은 **조선시대 왕세자가 행차할 때 의장군이 들었던 깃발인 '기린기'**를 8월의 '큐레이터 추천 왕실 유물'로 선정하고 온·오프라인을 통해 공개한다고 밝혔다.

▲ 왕실 유물 '기린기' (자료 : 국립고궁박물관)

기린은 상상의 동물로, 성품이 온화하고 어질어서 살아있는 벌레를 밟지 않으며 돋아나는 풀을 꺾지 않는 등 성군을 상징하는 동물로 여겨졌다. 왕실에서는 왕위 계승자인 세자를 나타내는 상징으로 사용했다.

기린의 모양은 말, 사슴, 용 등 시대에 따라 다양하게 변화하는 양상을 보인다. 국립고궁박물관이 소장한 기린기 속 기린은 노루 몸통에 용의 얼굴과 비늘을 가졌고, 소와 비슷한 모양의 꼬리에 말발굽이 있으며, 뿔과 갈기가 있는 모습이다. 이러한 모습은 1892년 고종을 위한 잔치를 기록한 '진찬의궤'의 기린기 도설에서도 확인할 수 있다.

기린기는 약 3m 길이의 대나무에 끈으로 묶어 매달았다. 의장기를 잡고 이동할 때에는 1명이 자루를 잡고 다른 2명이 자루에 연결된 끈을 잡았다. 자루 끝에 기수의 허리나 어깨에 고정할 수 있는 보조 도구인 봉지통을 끼워 깃발의 무게를 지탱했다.

비가 올 때는 깃발에 씌우는 우비가 있었고, 사용하지 않을 때에는 깃발을 자루에 감아 청색 무명 보자기에 싸서 보관했다. 조선시대 왕세자 행렬에 사용된 22종 35개의 의장물 중에서 왕세자 의장에서 사용된 특징적인 깃발로, 성군이 다스리는 태평성대를 기대하는 마음이 담겼다.

'기린기'는 국립고궁박물관 지하층 '왕실의례' 전시실에서 관람할 수 있다. 박물관을 직접 방문하지 않아도 국민 누구나 볼 수 있도록 국립고궁박물관 누리집과 문화재청·국립고궁박물관 유튜브에서 국·영문 자막과 함께 해설영상으로 공개한다.

조선 후기 왕이 황제 조서를 들고 온 중국 칙사를 맞이하거나 종묘·사직에 제사를 지내러 갈 때 갖추는 대가 의장(大駕儀仗)에는 의장기 27종이 동원됐다. 이에 반해 조선 후기 세자 행차에 나오는 의장기는 6종에 불과했다. 기린기 외에 백택·검은 학·흰 학 깃발과 가귀선인기, 영(令)자 깃발이 의장을 구성했다.

'인천 펜타포트 락 페스티벌' 관객 13만 동원

▲ 인천 펜타포트 락 페스티벌 2022 포스터 (자료 : 인천관광공사)

'인천 펜타포트 락 페스티벌 2022'(이하 펜타포트)가 사흘간 관객 13만 명을 동원한 것으로 집계가 됐다. 인천광역시에 따르면 8월 5일부터 7일까지 3일 동안 송도국제도시에서 열린 펜타포트에는 첫날 3만5000명, 둘째 날 5만 명, 셋째 날 4만 5000명 등 **관객 13만 명이 몰려 역대 펜타포트 사상 최다 관객 수를 기록**했다.

폭염 속에 진행된 이번 인천 펜타포트는 헤드라이너로 뱀파이어 위켄드, 넬, 자우림이 메인 무대에 올랐다. 또한 3일 동안 재패니스 브렉퍼스트, 데프헤븐, 타히티80, 모과이를 비롯해 크라잉넛, 잔나비, 이디오테잎, 새소년, 아도이, 세이수미 등 탄탄한 라인업이 이어졌다.

2022년 펜타포트는 코로나19 확산에 대비해 안전한 행사 운영을 위해 철저하고 전문적인 방역을 진행했다. 세트 체인지가 일어나는 중간 전 무대와 객석 전체 방역이 이루어진 것은 물론 실외 마스크 의무 착용, 방역 게이트를 설치하고 모든 입장객을 대상으로 발열 체크와 소독을 진행했다.

전문경호와 자원봉사자 등 안전한 행사를 위해 440명의 현장 운영 인력과 의료, 소방인력 30명도 배치했다. 또 발열 등 의심 증세가 있을 경우 누구나 자가키트로 검사를 진행할 수 있는 이상증상자 자가진단부스와 확진자 발생시 다른 관람객의 접촉을 차단할 수 있는 격리부스를 설치했다.

올해는 전기발전기 사용을 비롯해 다양한 친환경 캠페인 및 체험프로그램, 푸드존 다회용기 사용 등 제로 웨이스트를 실천하는 친환경 축제를 내세웠다. 관람객들이 소중한 애장품을 판매·구매할 수 있는 '벼ROCK시장'은 현장에서 뜨거운 반응을 얻었으며, 수익금은 추후 아름다운 가게에 일괄 기증된다.

특히 눈여겨 볼 곳은 피크닉존과 캠핑장으로, 인천 펜타포트의 오랜 관객들이 이제 가족이 되어 함께 페스티벌을 즐기는 모습을 곳곳에서 찾아볼 수 있었고, 음악과 더불어 휴식 공간으로 자리매김했다는 평을 받았다.

■ 세계 최고 인기 뮤직 페스티벌 TOP10 (자료 : 스포티파이)

순위	페스티벌	개최국
1	글래스톤베리 페스티벌	영국
2	퓨처 뮤직 페스티벌	호주
3	웨이 아웃 웨스트	스웨덴
4	비에이유 사류	프랑스
5	코첼라	미국
6	호베 페스티벌	노르웨이
7	레인웨이 페스티벌	오세아니아
8	록 암 링	독일
9	로스킬레 페스티벌	덴마크
10	빌바오 BBK 락페스티벌	스페인

"일상과 예술 경계 허물어"... 현대카드, '아트 라이브러리' 개관

▲ 현대카드의 다섯 번째 라이브러리 '현대카드 아트 라이브러리(Art Library)' (자료 : 현대카드)

현대카드의 다섯 번째 라이브러리 '현대카드 아트 라이브러리(Art Library)'가 문을 연다. 현대카드는 8월 9일 서울 이태원에 **컨템포러리 아트를 주제로 한 다양한 서적과 자료를 한데 모은 '현대카드 아트 라이브러리'를 선보였다. 지난 2017년 '현대카드 쿠킹 라이브러리'를 만든 이후 5년 만이다.**

현대카드는 이번 아트 라이브러리를 조성하면서 건축적 화려함보다는 미술사적 가치를 인정받는 작가 및 작품 관련 서적들로 채우는 데 중점을 뒀다. 이를 위해 현대카드는 아티스트가 직접 만든 책으로 그 자체로 예술 작품으로 불리는 '아티스트 퍼블리싱(Artists' Publishing Books)'을 비롯해 전 세계 미술관 등에서 그 가치를 인정받은 희귀본 등 6000권이 넘는 컨템포러리 아트 관련 도서를 수집했다.

장서 선정에는 뉴욕현대미술관(MoMA) 큐레이터, 독일 슈테델슐레 예술대학 학장 등 전 세계 컨템포러리 아트 현장에서 전문성을 인정받은 북 큐레이터 4인이 참여했다.

이와 함께 현대카드 아트 라이브러리에서만 볼 수 있는 '전권 컬렉션(Complete Collection)'도 준비했다. 전권 컬렉션은 어떤 책이나 잡지의 처음부터 최근까지의 발행본 전체를 모은 것이다.

뉴욕현대미술관(MoMA)이 개관한 1929년부터 최근까지 발행한 전시 도록 710권 전체와 베니스 비엔날레(Venice Biennale)가 시작된 지난 1895년부터 지금까지 선보였던 카탈로그 98권 전체를 비롯해 아티스트와 기획부터 제작까지 협업해 '컨템포러리 아트의 실험실'이라 불렸던 '파켓 매거진(Parkett Magazines)'의 전권을 아트 라이브러리에서 만날 수 있다.

유명 미디어 및 퍼포먼스 작품을 경험할 수 있는 '무빙 이미지 룸(Moving Image Room)'도 마련했다. 이곳에서는 컨템포러리 아트의 확장에 큰 영향을 준 유명 작가의 1960~1970년대 미디어 및 퍼포먼스 작품과 기록물들을 시청할 수 있다.

현대카드 아트 라이브러리는 현대카드 회원 본인 및 동반 2인까지 무료로 입장할 수 있다. 현대카드 DIVE 앱 회원도 본인에 한해 무료로 이용할 수 있다.

▪ 컨템포러리 아트 (contemporary art)

컨템포러리 아트란 현대미술을 의미한다. 현대미술은 대략 19C 후반부터 현재까지의 미술을 의미한다. 근대미술 뒤의 미술을 의미하지만, 그 경계는 모호한 편이다. 현대미술의 시작을 인상주의의 등장부터 꼽는 연구자들이 많다.

현대미술 중에서도 1970년대 이후의 미술은 동시대 미술로 구분한다. 현대미술은 통상 모더니즘 실험 정신을 추구하며 과거의 전통을 버린 예술과 관련되어 있다.

현대미술가들은 새로운 시각과 예술의 재료와 역할의 본성에 대한 신선한 생각으로 실험하였다. 전통적 예술의 특징인 묘사에서 벗어나 추상을 지향하는 것이 더욱 현대적인 미술의 특징이다.

수십 년간 북 제작 장인, 국가무형문화재 악기장 보유자 된다

▲ 국가무형문화재 악기장(북 제작) 보유자로 인정 예고된 윤종국 씨(왼쪽)·임선빈 씨 (자료 : 문화재청)

평생 북 제작기술을 익히며 전통을 이어온 북 장인인 윤종국(61)·임선빈(72) 씨가 국가무형문화재 '악기장'(樂器匠) 북 제작 보유자가 된다. 문화재청은 "윤종국 씨와 임선빈 씨의 국가무형문화재로서의 역량을 인정해 '악기장' 중 북 제작 보유자로 인정 예고했다"고 8월 9일 밝혔다.

악기장은 전통 음악에 쓰이는 악기를 만드는 기능 또는 그런 기능을 가진 사람을 뜻한다. 핵심 기능 및 예능으로 북 제작, 현악기 제작, 편종 및 편경 제작 등으로 나뉜다.

이날 보유자로 인정 예고된 윤 씨는 증조부 때부터 4대째 북 제작의 전통을 이어온 장인이다. 국가무형문화재 북 제작 보유자였던 부친 고 윤덕진 씨로부터 기법을 전수받아 지난 40여 년 동안 북 메우기(북통에 가죽을 씌우는 일) 기술을 닦았고 1995년 북 제작 전승교육사로 인정받았다.

임 씨는 1999년 '경기무형문화재 악기장' 보유자로 인정받을 정도로 60여 년 평생을 북 제작 외길을 걸었다.

임 씨는 특히 2018년 평창 동계 패럴림픽 개회식에서 사용한 대고(大鼓 : 나무나 금속으로 된 테에 가죽을 메우고 방망이로 쳐서 소리를 내는 북)를 제작한 것으로 잘 알려졌다.

문화재청은 "제작 보유자를 지정하기 위해 2020년 공모를 받아 서면 심사, 현장 조사를 거쳐 북 메우기, 통 만들기, 가죽 다루기 등 핵심 기능의 기량을 확인했다"며 "완성된 악기는 국악인이 직접 연주해 소리의 우수성을 별도로 평가했다"고 밝혔다.

현재 악기장 보유자는 북 제작 1인, 현악기 제작 1인, 편종·편경 제작 1인 등 총 3명이다. 문화재청은 예고 기간 30일 동안 각계 의견을 수렴한 뒤 무형문화재위원회 심의를 거쳐 윤 씨와 임 씨의 보유자 인정 여부를 결정한다.

▌재료별 전통 악기

구분	의미	악기
금부(金部)	쇠붙이로 만든 악기	편종·특종·방향·징·꽹과리·나팔·바라 등
석부(石部)	돌을 깎아 만든 악기	편경·특경
사부(絲部)	통에 실을 맨 악기	거문고·가야금·해금·아쟁·비파·공후·금·슬·쟁
죽부(竹部)	대나무로 만든 악기	피리·대금(젓대)·단소·당적·통소·중금·소지·약
포부(匏部)	바가지로 만든 악기	생황
토부(土部)	흙을 구워 만든 악기	훈·부
혁부(革部)	통에 가죽을 맨 악기	장구·북·좌고·갈고·소고·용고·절고
목부(木部)	나무로 만든 악기	박·어·축 양금·태평소·소라

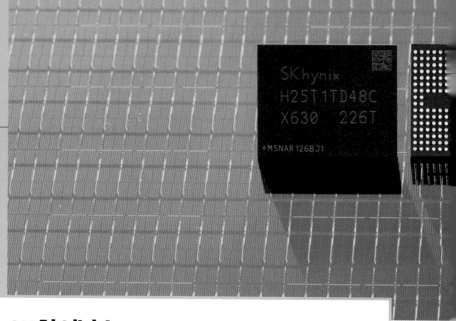

**분야별
최신상식**

과학
IT

SK하이닉스,
세계 첫 238단 낸드플래시 개발 성공

■ **플래시 메모리 (flash memory)**

플래시 메모리는 전원이 끊어져도 저장된 정보가 지워지지 않는 비휘발성 기억장치. 낸드(NAND)플래시 메모리는 저장 용량이 크며 노어(NOR)플래시 메모리는 처리 속도가 빠르다.

SRAM은 전원이 공급되면 기억이 유지되나 전원이 끊어지면 지워지고 DRAM은 전원이 공급되더라도 주기적으로 재충전돼야 기억을 유지하며 전원이 끊어지면 지워진다.

세계 최고층·최소 크기

국내 반도체 기업인 SK하이닉스가 세계 최고층인 238단 낸드 ■**플래시 메모리** 반도체 개발에 성공했다고 8월 3일 밝혔다. 낸드플래시는 스마트폰, PC 등 전자기기에 들어가는 데이터 저장용 반도체로 데이터 저장 공간을 고층 건물처럼 몇 층으로 쌓아 올릴 수 있느냐가 기술력의 척도로 평가받는다. 지금까지 최고층은 미국 마이크론이 지난 7월 양산에 들어간 232단이었다.

SK하이닉스는 이날 미국 캘리포니아주 산타클라라에서 개막한 '플래시 메모리 서밋 2022'에서 신제품을 공개했다. 세계 낸드플래시 메모리 3위 업체인 SK하이닉스는 2020년 12월 176단 낸드를 개발한 지 1년 8개월 만에 238단을 선보이며 한층 높아진 기술력을 선보였다. 회사 측은 "**이번 238단 낸드는 세계 최고층이면서 세계 최소 크기 제품으로 구현돼 이전 세대 제품(176단) 대비 생산성이 34% 높아졌다**"고 밝혔다. 이번에 공개된 238단 낸드는 내년 상반기 중 양산에 들어갈 계획이다.

신제품은 512Gb(기가비트) 용량의 'TLC 4D 낸드플래시' 반도체다. **TLC(Triple Level Cell·트리플 레벨 셀)는** 데이터 저장공간인 셀 하나에 3개의 정

삼성전자가 2013년 24단 1세대 3차원 V(Vertical·세로) 낸드를 발표해 주목을 받은 뒤 100단 이상 6세대까지 세계 최초 자리를 놓치지 않았음을 고려하면 초격차 전략이 여전히 유효한지 살펴볼 만한 대목이다. SK하이닉스와 마이크론이 200단 고지를 넘었고 중국 업체들도 기술력을 높여가면서 기술 격차가 많이 줄어든 상황이다.

다만 삼성전자는 200단 이상 반도체를 만들 수 있는 기술력을 보유하고 있지만 층 쌓기에 큰 의미가 없다는 입장이다. 소비자 수요와 시장 상황을 고려해야 한다는 것이다. 실제로 **삼성전자 플래시 메모리의 주력 상품은 176단 7세대 제품**이다.

보(비트)를 담았다는 뜻이다. 이는 1개의 정보를 담은 SLC(싱글 레벨 셀)나 2개를 담은 MLC(멀티 레벨 셀) 대비 동일 면적에 더 많은 데이터를 저장할 수 있다. 또한 4D는 4차원 구조로 칩을 구현했다는 뜻이다.

흔들리는 삼성 '초격차' 전략

시장조사업체 옴디아에 따르면 2022년 1분기 기준 세계 낸드플래시 시장 점유율 1위는 삼성전자(35.5%)다. 이어 일본 키옥시아(19%), SK하이닉스(18.1%), 미국의 웨스턴디지털(12.2%)과 마이크론(11.3%) 순이다. 삼성전자는 경쟁 업체가 따라올 수 없는 기술력으로 우위를 확보하는 ■**초격차** 전략을 유지해왔는데 최근에는 하위 업체들이 기술 경쟁을 주도하는 모양새다.

SK하이닉스가 업계 최고층인 238단 낸드플래시 개발에 성공했지만 삼성전자는 여전히 176단에 머물러 있는 상태다. 이전 128단도 SK하이닉스가 2019년 먼저 개발했고 176단은 마이크론이 달성했다.

■ **초격차 (超隔差)**
초격차는 삼성그룹의 경영 전략이자 기업 문화로서 '2위와의 격차를 크게 벌려 아예 추격이 불가능하도록 만든다'는 뜻이다. 삼성전자 혁신의 주역으로 꼽히는 권오현 전 회장이 33년간 삼성에 몸담으며 쌓은 경험을 바탕으로 2018년 『초격차』라는 경영전략서를 펴내 주목을 받았다. 이 책에 따르면 초격차는 비교할 수 없는 절대적 기술 우위와 끊임없는 혁신과 함께 구성원들의 격을 높이는 것을 의미한다. 기술은 물론 조직, 시스템, 인재 배치, 문화에 이르기까지 모든 부문에서 누구도 넘볼 수 없는 격을 높이는 것이 초격차의 의미다.

POINT 세 줄 요약
❶ SK하이닉스가 238단 낸드플래시 메모리 개발에 성공했다.
❷ 이는 세계 최고층이자 최소 크기로 구현돼 이전 세대보다 생산성이 34% 높아졌다.
❸ 낸드플래시 업계 1위인 삼성전자의 초격차 전략이 흔들리고 있다는 평가가 나온다.

모바일 운전면허증 발급 시작...
"휴대폰 신분증 시대 열려"

▲ 모바일 운전면허증 (자료 : 경찰청)

휴대폰 신분증 시대가 본격적으로 열렸다. 경찰청은 지난 7월 28일부터 전국 모든 운전면허시험장과 경찰서에서 모바일 운전면허증 발급을 시작했다. **도로교통법에 따라 개인 스마트폰에 발급하는 운전면허증인 모바일 운전면허증은 기존 플라스틱 면허증과 동일한 법적 효력**을 지닌다.

이로써 기존에 운전면허증이 사용된 공공기관, 금융기관 등 모든 곳에서 모바일 운전면허증을 사용할 수 있게 됐다. 모바일 운전면허증은 비대면 계좌개설, 온라인 민원 신청 등 비대면 환경에서도 쓸 수 있다.

새로 도입된 모바일 운전면허증은 안전성 확보를 위해 ■**블록체인**·암호화 등 다양한 보안 기술이 적용됐으며 본인 명의 1개 단말기에만 발급된다. 분실 신고 시에는 잠금 처리돼 화면상 표시되지 않는다.

모바일 운전면허증을 최초 발급받기 위해서는 가까운 운전면허시험장 혹은 경찰서 민원실을 방문해 신원 확인 절차를 거쳐야 한다. 이후 '모바일 신분증' 앱을 내려받은 뒤 IC(집적회로) 면허증으로 발급받는 방법과 운전면허시험장을 방문해 QR코드로 발급받는 방법 중 선택할 수 있다.

IC 면허증으로 발급받으려면 현행 운전면허증을 IC칩이 내장된 IC 운전면허증으로 교체해야 한다. 교체 비용은 1만3000원이다. 분실 시 기관 재방문 없이 IC 면허증으로 재발급이 가능하다. QR코드로 발급 시에는 1000원의 비용이 든다. 분실 등으로 다시 발급받을 때는 운전면허시험장을 재방문해야 한다.

윤희근 경찰청장은 "모바일 운전면허증으로 운전 자격과 신분을 쉽게 확인할 수 있어 신분증을 도용한 불법 대출이나 미성년자의 차량 대여 등 범죄 예방에 효과가 있을 것으로 기대한다"고 말했다.

한편, 면허가 정지 또는 취소됐을 땐 모바일 운전면허증은 휴대폰 화면에서 보이지 않게 된다. 면허 정지가 해제되면 모바일 운전면허증도 정상 상태로 자동 변경된다. 취소 시에는 모바일 운전면허증이 폐기돼 신규 면허를 취득한 후 재발급받아야 한다.

■ **블록체인 (block chain)**

블록체인은 '블록(block)'을 잇따라 '연결(chain)'한 모음을 말하는 것으로, 누구나 열람할 수 있는 장부에 거래 내역을 투명하게 기록하고, 여러 대의 컴퓨터에 이를 복제해 저장하는 분산형 데이터 저장 기술이다. 여러 대의 컴퓨터가 기록을 검증하여 해킹을 막을 수 있다. 블록체인 기술이 쓰인 가장 유명한 예는 가상화폐인 '비트코인'이다. 개발자 나카모토 사토시는 지난 2007년 글로벌 금융위기 사태를 통해 중앙집권화된 금융시스템의 위험성을 인지하고 개인 간 거래가 가능한 블록체인 기술을 고안했다. 이후 2009년 사토시는 블록체인 기술을 적용해 암호화페인 비트코인을 개발했다.

기출TIP 각종 상식시험에서 블록체인에 대해 묻는 문제가 자주 출제된다.

LGU+, 클라우드 기반 6G 장비 실증

▲ 클라우드 네이티브 기반 스위치 장비 점검을 위해 방문 (자료 : LG유플러스)

LG유플러스가 주니퍼네트웍스와 클라우드 네이티브 기반 6세대 이동통신(6G) 인터넷 프로토콜(IP, Internet Protocol) 유선장비를 실증했다고 8월 1일 밝혔다. 주니퍼네트웍스는 미국의 스위치·라우터·보안 분야 글로벌 통신장비 업체로 이번 실증은 주니퍼네트웍스의 기술과 솔루션으로 LG유플러스의 네트워크가 진화하는 방향성을 검증하기 위해 이뤄졌다.

클라우드 네이티브는 소프트웨어를 ▪**마이크로서비스 아키텍처**(MSA)로 모듈화하고 클라우드 환경에 최적화하는 기술이다. 애플리케이션 기능을 모듈 단위로 배포, 운용할 수 있어 6G 네트워크

핵심 기술로 주목받고 있다.

통신사가 이 기술을 네트워크에 적용하면 **다양한 서비스별 요구사항에 따라 자원을 자유롭게 변경·배치할 수 있는 ▪컴포저블 인프라로 진화**할 수 있다. 클라우드 네이티브 기반 IP 유선장비를 활용하면 트래픽 증가에 맞춰 장비의 성능과 용량을 확장해 최적의 품질을 유지할 수 있다. 또, 네트워크 운영 중에 장애복구, 애플리케이션 배포 등의 운영 업무를 자동화할 수 있다.

앞으로 LG유플러스는 전체 네트워크 인프라를 클라우드로 전환해 6G 핵심 기술을 선제적으로 확보하겠다는 계획이다. 이상헌 LG유플러스 NW선행개발담당은 "차세대 네트워크 클라우드 핵심기술을 지속해서 연구해 트래픽이 증가하거나 장애가 발생해도 서비스 중단 없이 최적의 품질을 제공할 수 있도록 하겠다"고 말했다.

▪ 마이크로서비스 아키텍처 (MSA, MicroService Architecture)

마이크로서비스 아키텍처는 대규모 소프트웨어 개발에 적용하기 위한 것으로, 단독으로 실행 가능하고 독립적으로 배치될 수 있는 작은 단위(모듈)로 기능을 분할하여 서비스하는 아키텍처이다. 분할된 독립적인 작은 모듈들을 마이크로서비스라고 하며 각 마이크로서비스는 공유나 프로세스 간 통신이 없어도 실행, 운영 관리된다. 마이크로서비스 간 연결은 응용 프로그래밍 인터페이스(API, Application Programming Service)를 이용한다. MSA로 클라우드 망을 통해 개발자들은 협업하여 소프트웨어를 개발할 수 있으며, 개발 및 유지보수에 드는 시간과 비용이 절감된다.

▪ 컴포저블 인프라 (composable infrastructure)

컴포저블 인프라는 다양한 컴퓨팅, 스토리지, 메모리 등 리소스를 분리하고, 이들 다시 풀링(pooling)해 어디서나 액세스할 수 있도록 한다. 기존 IT 인프라에서는 다양한 워크로드(work load : 주어진 시간 안에 컴퓨터 시스템이 처리해야 하는 작업의 양과 성격)를 처리하기 위해 별도의 서버 인프라를 구

축해야 했지만 컴포저블 인프라에서는 워크로드별 독립적인 환경이 필요하지 않아서 기존 IT 인프라보다 효율적인 방식으로 사용할 수 있다.

한국 첫 달 탐사선 '다누리' 발사

▲ 다누리호 상상도 (자료 : 한국항공우주연구원)

한국의 첫 달 탐사 궤도선 '■다누리'(KPLO)가 8월 5일 우주로 힘찬 첫발을 내디뎠다. 과학기술정보통신부에 따르면 다누리는 8월 5일 오전 8시 8분께 미국 플로리다주 케이프커내버럴 우주군 기지에서 스페이스X의 팰컨-9 발사체에 실려 성공적으로 발사됐다. 이로써 **우리나라는 ▲미국 ▲러시아 ▲일본 ▲인도 ▲유럽 ▲중국에 이어 7번째 달 탐사국** 지위에 올랐다.

다누리는 지난 7월 케이프커내버럴 우주군기지에 도착해 기지 내 스페이스X 탑재체 조립시설 PPF(Payload Processing Facility)에서 상태 점검, 통신 시험, 추진체 충전 등 준비 작업을 성공리에 모두 완료했다.

스페이스X에 따르면 다누리는 이날 발사 2분 40초 이후 1·2단 분리, 3분 13초 이후 페어링 분리가 이뤄졌다. 이어 발사 40분 25초 이후 팰컨-9 발사체 2단에서 다누리가 성공적으로 분리돼 지구 표면에서 약 1656km 떨어진 우주 표면에 놓였다. 이어 과기정통부는 오전 9시 40분에 첫 교신에 성공했다고 확인했다.

한국항공우주연구원은 앞으로 약 4개월 반 동안 미 항공우주국(NASA)과 협력해 설계한 궤적을 따라 다누리를 운행한다. 다누리는 탑재된 과학 장비를 활용해 달 표면 전체 편광지도 제작, 한국의 달 착륙 후보지 탐색, 자기장 측정, 달 자원 조사 등을 수행할 예정이다.

다누리는 12월 16일 달 궤도에 진입한 후 다섯 번의 감속 기동을 거쳐 올해 마지막 날인 12월 31일에 달 상공 100km 궤도로 진입한다. 다누리는 궤도 진입 이후 내년 1월 한 달 동안 탑재체 초기동작을 점검하고 본체 기능 시험을 진행한 뒤 2월부터 정산 운영에 돌입해 12월까지 임무를 수행한다.

■ 다누리 (KPLO, Korea Pathfinder Lunar Orbiter)

다누리는 대한민국 최초의 달 탐사선이다. 국내에서 개발한 탑재체 5종과 미 항공우주국(NASA)이 개발한 탑재체 1종을 실고 달 상공을 돌면서 달의 표면을 관측하는 것을 주 임무로 한다. '다누리'라는 이름은 공모전을 통해 선정된 이름으로 달을 모두 누리고 오길 바라는 마음과 한국 최초의 달 탐사가 성공하길 기원하는 의미를 담고 있다.

다누리는 탄도형 달 전이방식(BLT, Ballistic Lunar Transfer) 궤적에 진입하는데 다른 궤도 방식보다 비행시간이 최대 두 달 이상 걸리지만 연료 소모량을 25%가량 아낄 수 있다. 다누리에는 고해상도 카메라, 광시야편광카메라, 자기장 측정기, 감마선분광기, 우주인터넷 검증기와 셰도캠이 실린다. 우주인터넷 장비를 활용한 심우주 탐사용 우주 인터넷시험(DTN, Delay/Disruption Tolerant Network)은 세계 최초로 시도된다.

결국 항복한 '메타', 개인정보 처리방침 철회

■ **메타**가 개인정보 '약탈' 논란에 휩싸인 새로운 개인정보 처리방침에 대한 동의 절차를 철회했다. 지난 7월 29일 메타는 입장문을 통해 "기존 한국 사용자에게 요청되고 있는 이번 개정 개인정보 처리방침에 대한 동의절차를 철회하는 것이 한국 사용자 입장에 더 부합한다는 데 뜻을 모았다"고 밝혔다.

앞서 메타는 지난 6월 '갱신된 개인정보 보호 방침에 동의하지 않으면 서비스를 이용할 수 없다'고 공지하며 8월 8일까지 6개 항목에 있어 이용자들이 필수적으로 동의하도록 요구했다.

특히 메타는 업데이트 적용 시점까지 이들 항목에 동의하지 않은 사용자들의 계정 이용을 제한할 것임을 예고해 논란이 됐다.

메타는 수집한 개인정보가 알고리즘을 통한 광고나 콘텐츠, 뉴스 등 고객 맞춤형 정보를 제공하기 위함이라고 설명했으나, 메타의 요구대로 동의를 하지 않을 경우 페이스북이나 인스타그램을 사용할 수 없어 메타가 사실상 동의를 강요하며 개인

정보를 약탈해 간다고 느낀 이용자들은 메타를 향해 강력한 반발의 뜻을 보였다.

이용자들의 반발에 따른 메타의 개인정보 처리방침 철회로, 페이스북·인스타그램 등의 이용자들은 기존대로 서비스를 이용할 수 있게 됐다. 서비스 등에서 변경되거나 이용자가 추가로 취해야 하는 절차는 없다.

메타는 "제품과 서비스를 지속적으로 이용하기 위해 사용자가 별도로 취해야 할 조치는 없다"며 "이미 동의를 표시한 사용자라 하더라도, 저희가 수집하고 처리하는 사용자 개인정보의 종류나 양에는 기존과 비교해 변화가 없다는 점을 다시 한번 확인 드린다"고 설명했다.

한편, 이 같은 결정은 이날 최장혁 개인정보위원회 사무처장과 메타 고위 관계자와의 회동에서 이뤄졌다.

이날 최 사무처장은 메타 측에 이번 개인정보 동의방식 변경으로 불거진 이용자 불편 우려 등을 전했다. 개인정보위 관계자는 "이날 회동 후 메타가 개인정보 동의방식에 대한 기존 입장을 철회하겠다는 뜻을 전해왔다"고 말했다.

■ **메타 (Meta)**

메타는 2004년 2월 마크 저커버그가 '페이스북'이라는 이름으로 출범시킨 회사의 변경된 사명이다. 지난 2021년 10월 페이스북은 창업 17년 만에 사명을 메타로 변경한다고 밝혔다. 회사 로고도 무한대를 뜻하는 수학 기호(∞)로 바꿨다. 한편, 메타는 ▲페이스북 ▲인스타그램 ▲왓츠앱 등의 SNS 앱을 운영하고 있는 글로벌 기업이다.

기출TIP 2021년 부산일보 필기시험에 페이스북의 새로운 사명(메타)을 묻는 문제가 출제됐다.

국내 최초 방사선 DNA 손상 정밀 예측 모델 개발

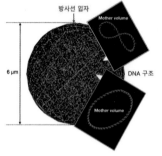

▲ 한국원자력연구원이 개발한 시뮬레이션 모델을 이용해 방사선 입자가 DNA 구조에 충돌하는 모습을 구현했다. (자료 : 한국원자력연구원)

한국원자력연구원(원장 박원석)은 첨단방사선연구소(소장 이남호)가 '방사선 DNA 손상 정밀 예측 모델'을 국내 최초로 개발했다고 8월 1일 밝혔다. 방사선이 사람 몸에 미치는 영향을 규명하려면 보통 40~50년 추적 연구를 진행한다. 그러나 소요 시간이 너무 길고 우주처럼 실제 맞닥뜨리기 어려운 환경인 경우도 있다. 이에 모델링 앤 시뮬레이션(M&S) 기술로 방사선 손상 예측 연구가 활발하다.

방사선 선량에 따라 생물체 DNA가 얼마나 손상되는지를 정밀 예측하면, 방사선 치료 시 인체 영향 등을 사전에 평가·대비할 수 있다. 해외에서는 미 항공우주국(NASA), 유럽 우주국(ESA), 프랑스 국립과학연구센터(CNRS)를 중심으로 관련 연구가 진행 중이다. 원자력연 역시 2021년부터 DNA, 단백질 등 몸속 물질의 방사선 손상을 예측할 수 있는 모델 개발에 착수했다.

연구진은 이번 모델 구축을 위해 복잡한 DNA 구조를 '굵은 알갱이 모형'으로 변환했다. 실제 DNA 구조는 개별 원자들로 표현되는 반면, 굵은 알갱이 모형은 보다 큰 단위로 묶여있다. 굵은 알갱이 모형을 이용하면 각 원자 사이 여백 공간에 미치는 방사선량까지 포함할 수 있다. DNA가 외부로부터 영향받은 방사선량을 정밀하게 계산할 수 있는 것이다.

이후 DNA를 구성하는 여러 종류 원자들이 각각 어느 시점에 손상되는지를 파악했다. 같은 DNA 내에서도 원자별로 손상되기 시작하는 방사선량이 다르다. 연구진은 원자 간 결합이 끊어지는 순간 등을 기준으로 삼았다. 해당 데이터를 토대로 방사선에 의한 DNA 손상 정도를 모사하는 '시뮬레이션 코드'를 완성했으며, 기존 기술과 유사한 정확도를 확인했다.

기존 기술은 추적 연구를 통한 데이터 기반으로 예측한다. 이에 반해, 연구원 개발한 모델은 사전 데이터가 없는 동물에도 적용할 수 있고, DNA뿐만 아니라 아미노산, 단백질 구조 손상도 예측할 수 있다. 원자별 손상 값을 독립적으로 계산하기 때문에 기존 대비 방사선 손상 위치와 종류까지 정밀하게 판별한다.

개발 모델은 DNA 수준 손상 정도를 예측할 수 있다. 이번 DNA 모델을 시작으로, 개체 전체에 대한 방사선 손상 시뮬레이션이 가능하도록 원천 기술을 확보해나갈 계획이다. 이번 연구 결과는 세계적 학술지인 네이처 자매지 '사이언티픽 리포트' 7월 5일 자 온라인에 게재됐다.

➕ 방사선 M&S 기술 분야

방사선 M&S(Modeling & Simulation)란 핵물리모델 기반 분자 간 거동 해석 시뮬레이션 기술이다. 방사선 연구에는 방사성 위험이 수반되는데, M&S 기술이 그 대안으로 일컬어진다. 피폭 물질에 미치는 방사선의 영향, 방사선 치료로 인하여 신체에 야기될 수 있는 부작용 등을 시뮬레이션으로 예측할 수 있다. 또한 방사선 M&S 프로그램들은 수많은 물리 모형들을 사용해 실제와 유사한 방사선 연구를 미리 수행할 수 있는 장점을 가지고 있다. 방사선 시뮬레이션 프로그램에서 사용되는 전자기 물리 모형들은 표준화가 잘 되어있고 그 정확도도 높이 평가되고 있다. 따라서 방사선 M&S는 산업적, 경제적 파급효과가 매우 클 것이라고 기대된다.

이동 3사, 5G 중간요금제 출시 추진

SK텔레콤이 통신3사 중 가장 먼저 5G(5세대이동통신) **중간요금제를 8월 5일 출시**한 데 이어, KT도 중간요금제를 선보일 예정인 것으로 알려졌다. LG유플러스는 복수의 안을 만들어 검토 중이다. SK텔레콤이 기본 데이터 24GB(기가바이트)짜리 중간요금제를 내놓은 것과 달리 KT와 LG유플러스는 제공 데이터가 그보다 많은 30GB대 상품을 준비 중인 것으로 알려졌다.

KT는 월 6만2000원에 기본 데이터 30GB를 제공하는 안을 마련했다. 기본 데이터 10GB(월 5만5000원)짜리 상품과 110GB(월 6만9000원)짜리 상품 사이에 요금제를 신설하겠다는 것이다. SK텔레콤은 월 4만2000원에 24GB를 제공하는 **"언택트 플랜 요금제**를 출시했다. 이와 비교하면 KT의 중간요금제는 가격이 조금 더 비싸지만 기본 제공 데이터를 30GB로 올려 차별화하겠다는 것이다.

LG유플러스는 월 6만원대 초반에 30GB 또는 그 이상의 기본 데이터를 제공하는 요금제를 검토 중인 것으로 알려졌다. 그동안 LG유플러스는 기본 데이터 12GB(월 5만5000원)를 제공하는 요금제와 150GB(월 7만5000원) 요금제 사이에 중간 구간이 없었다.

한편, 과학기술정보통신부에 따르면, 6월 기준 국내 5G 가입자의 한 달 사용 데이터양은 1인당 26.2GB다. 이 중 무제한 요금제 가입자(한 달 평균 41.1GB 사용)를 제외한 일반 요금제를 이용하는 5G 가입자는 평균 13.6GB를 사용하는 것으로 집계됐다. 일반 요금제는 매월 일정한 양의 기본 데이터가 정해진 요금제를 가리킨다. 일반 5G 요금제를 쓰는 이용자 중 상당수는 통신3사의 중간요금제를 쓸 경우 기존 데이터 사용량에 문제가 없을 전망이다.

■ **언택트 플랜 요금제**

언택트 플랜 요금제는 SK텔레콤이 고객 사용 패턴에 맞춰 세분화한 5G 요금제다. 온라인 전용 '5G 언택트 플랜'은 약정·결합 조건 등 부가혜택을 없앤 대신 기존 대비 약 30% 저렴한 가격으로 제공하는 요금제다. ▲월 3만4000원에 데이터 8GB(소진 시 최대 400kbps)를 제공하는 '5G 언택트 34' ▲월 4만2000원에 데이터 24GB(소진 시 최대 1Mbps)를 제공하는 '5G 언택트 42' 등 2종이 출시된다. 이번 중간요금제 출시는 평균 데이터 사용량과 현재 요금제 간 괴리가 크다는 시민단체의 반발에 따른 것이다.

서울대 연구진, 차세대 리튬금속 배터리 성능 향상 연구 성과

▲ 불소 없는 전해질로 리튬금속 배터리 성능 향상 (자료 : 서울대)

서울대 연구진이 차세대 **▪리튬전지** 전해질 성능을 높일 수 있는 유기·물리화학적 성질을 최초로 발견했다. 서울대는 임종우 자연과학대 화학부 교수 연구진이 불소를 제거한 유기분자로 리튬금속 음극 안정성을 대폭 향상해 1500회 이상 충·방전 사이클을 구동하는 데 성공했다고 8월 8일 밝혔다.

차세대 리튬금속 배터리는 기존 흑연전극 대비 용량이 10배 높지만, 내부 전해질이 리튬금속에 의해 쉽게 분해돼 소모되면서 수명이 저하되는 문제가 있었다. 기존 전해질에 사용하는 용매로는 흔히 불소화 유기분자를 사용하는데, 불소화 유기분자는 리튬금속에 쉽게 분해돼 수명 성능이 낮고 가격이 비싸며 환경오염을 일으키는 문제가 지적돼 왔다.

연구진은 기존 리튬금속 배터리를 위한 최적의 전해질 디자인 규칙이 명확하게 제시되지 않았다는 점에 주목해 **전해질과 리튬이온이 최적의 상호작용을 만들어 낼 수 있는 유기분자의 유기–물리화학적 디자인 규칙을 최초로 제시**했다.

이들이 제시한 규칙에 따르면 특정한 유기분자는 불소를 포함하지 않더라도 높은 효율과 안정성을 띤 전해질로 사용될 수 있었다. 이 같은 방식은 리튬금속 배터리의 수명과 가격경쟁력, 환경친화성을 대폭 높이는 것으로 평가된다.

▪ 리튬전지 (lithium battery)

리튬전지는 리튬이나 리튬 혼합물을 양극으로 사용하는 전지를 말한다. 전지에 사용되는 화학물질이나 그 설계에 따라서 1.5 V~3.7 V의 전압을 내는데, 이것은 망간전지나 알칼리전지의 출력전압의 2배가량에 달하는 수치이다. 리튬전지는 휴대용 전자 장비 등에 널리 사용되고 있다. 리튬전지는 재충전이나 재사용이 불가능한 일차 전지이며, 재충전하여 다시 사용할 수 있는 이차 전지인 리튬이온전지와는 다르다.

美, 中 배터리 전기차 세액공제에서 제외

미국 상원에서 8월 7일(현지시간) 처리된 '인플레이션 감축법안'은 중국산 배터리와 핵심 광물을 탑재한 **▪전기자동차**에 대해 세액공제 대상에서 제외하는 내용을 포함한 것으로 확인됐다.

미 상원은 기후변화 대응·보건 확충·부자 증세 등을 골자로 한 '인플레 감축법'에 전기차 확대를 위해 최대 7500달러에 이르는 세액공제와 관련한 조항을 담았다. 다만 **'우려 국가'에서 생산된 배터리와 핵심 광물을 사용한 전기차는 세액공제 대상에서 제외하도록 규정했는데, 이는 중국을 겨냥**한 것으로 풀이된다.

상원 법안에는 비(非)우려 국가에서 생산된 배터리와 핵심 광물을 사용한 전기차라 하더라도 ▲미국에서 전기차가 조립·생산될 것 ▲배터리와 핵심 광물의 일정 비율 이상을 미국에서 생산할 것이라는 두 조건을 충족할 경우 세액공제를 받을 수 있는 조항도 있다.

구체적으로 배터리의 경우 오는 2023년까지 구성요소의 50% 이상을, 2027년부터는 80% 이상을 미국에서 생산해야 한다. 핵심 광물은 미국산 비중을 2023년까지 40%를 시작으로 매년 10%p씩 올려 2027년부터 80%에 도달하도록 했다.

이 같은 조항은 중국을 겨냥하면서 동시에 미국 내 제품 및 소재 생산을 늘리겠다는 의지가 담긴 것으로, 한국 기업에는 위기이자 기회로 작용하리라 예상된다. 배터리의 경우 중국 기업들과 치열한 경쟁을 벌이고 있는 한국 기업이 반사이익을 볼 수 있지만, 세액공제를 받기 위해서는 미국 내 생산 비율을 늘려야 한다. 특히 전기차의 경우 미국에서 생산된 차량만 세액공제 대상이어서 한국이 미국 이외 지역에서 전기차를 만들어 미국에 수출할 경우 공제 대상에서 제외된다.

■ **전기자동차 (EV, Electronic Vehicles)**
전기자동차란 전기만을 동력으로 하여 움직이는 친환경자동차로, 고전압 배터리에서 전기에너지를 전기모터로 공급하여 구동력을 발생시키는 차량이다. 이는 화석연료를 사용하지 않기 때문에 배기가스 배출이나 소음이 거의 없다. 전기자동차는 1873년 가솔린 자동차보다 먼저 제작되었으나, 배터리의 무거운 중량 등의 문제 때문에 실용화되지 못하다가 공해 문제가 최근 심각해지면서 다시 개발되고 있다.

3개월 뒤 미세먼지 예측 기법 개발

우리나라 연구진이 한반도의 미세먼지 농도를 2~3개월 전에 예측할 수 있는 방법을 개발했다. 8월 16일 지스트(광주과학기술원)에 따르면 지구·환경공학부 윤진호 교수와 국립환경과학원 연구진 등이 참여한 연구팀은 기후 예측 모델에서 생산되는 기후전망 정보 통계를 활용해 장기 미세먼지 농도를 예측할 수 있게 됐다.

국내에서 미세먼지 농도 예측 정보는 보통 하루나 이틀 뒤 예보에 집중된다. 정부에서는 **계절관리제 도입 등을 통해 미세먼지 원인 배출 저감 정책**을 펼치고 있으나 수개월 전 정확한 예측이 어려워 기술적 한계로 어려움을 겪었다.

연구진은 기후 변수와 미세먼지 농도와의 상관성을 활용해 새로운 계절예측 기법을 제안했다. 기후예측에서는 일반적으로 다중 ■**선형회귀** 모델을 사용하지만 이번 연구는 기후예측모델에서 생산되는 기후전망정보를 통계 모델과 함께 분석해 예측성의 향상을 꾀하고 통계적인 기법만을 사용했을 때 확보하기 어려운 기법의 안정성을 높였다.

■ **선형회귀 (linear regression)**
선형회귀는 종속 변수 y와 한 개 이상의 독립 변수 (또는 설명 변수) X와의 선형 상관관계를 모델링하는 회귀분석 기법이다. 한 개의 설명 변수에 기반한 경우에는 단순선형회귀, 둘 이상의 설명 변수에 기반한 경우에는 다중선형회귀라고 한다.

분야별
최신상식

스포츠
엔터

한국인 9호 PGA 투어 챔피언 탄생

＋ PGA 4대 메이저대회
▲마스터스 ▲PGA 챔
피언십 ▲US 오픈 ▲디
오픈 챔피언십

기출TIP 각종 상식시험에서 PGA
4대 메이저대회가 아닌 것을 고르
라는 문제가 가끔 출제된다.

최연소 우승...한국 골프 새 역사
김주형(20·사진)이 미국프로골프(PGA) **투어 시즌 마지막 정규 대회인 윈덤**
챔피언십에서 우승을 차지했다. 이 대회에서 첫 우승을 거둔 김주형은 역대
한국인 9번째 PGA 투어 챔피언으로 기록됐다. 또 한국인 역대 최연소(20세
1개월 18일) 우승 기록도 갈아치웠다.

김주형은 지난 8월 8일(국내시간) 미국 노스캐롤라이나주 그린즈버러의 세
지필드 컨트리클럽(파70·7131야드)에서 열린 윈덤 챔피언십(총상금 730만달
러) 마지막 날 4라운드에서 이글 1개와 버디 8개, 보기 1개로 9언더파 61타
를 쳤다. 최종 합계 20언더파 260타를 기록한 김주형은 18번 홀(파4)에서
약 3m의 파 퍼트를 넣으며 PGA 정규 투어 첫 승을 자축했다. 우승 상금은
131만4000달러(약 17억622만원)다.

올해 5월 AT&T 바이런 넬슨에서 이경훈이 우승한 이후 약 3개월 만에 김
주형의 PGA 투어 승전보가 전해지자 국내 골프 팬들은 열광했다. **한국 국**
적 선수로서 PGA 투어 정상에 오른 선수는 ▲최경주 ▲양용은 ▲배상문
▲노승열 ▲김시우 ▲강성훈 ▲임성재 ▲이경훈 ▲김주형 **등 9명**이다.

주요 골프 용어

용어	내용
샷(shot)	공을 공중으로 멀리 한 번 치는 것
퍼트(put)	그린 위에서 공을 홀에 넣기 위해 치는 것
티업(tee up)	각 홀의 제1타를 치기 위해 티(tee)에 공을 올리는 것
티샷(tee shot)	각 홀에서 처음 치는 샷으로 경기를 시작할 때 티에 올린 공을 치는 것
파(par)	티를 출발하여 홀을 마칠 때까지 정해진 기준타수
버디(birdie)	한 홀에서 기준타수(par)보다 1타 적은 타수로 홀인(hole in : 그린 위의 공을 홀에 넣는 것)하는 것
이글(eagle)	한 홀에서 기준타수보다 2타 적은 타수로 홀인하는 것
알바트로스 (albatross)	한 홀에서 기준타수보다 3타 적은 타수로 홀인하는 것으로, 미국에서는 이를 더블이글(double eagle)이라고 함
보기(bogey)	한 홀에서 기준타수보다 1타 많은 타수로 홀인하는 것
더블보기 (double bogey)	한 홀에서 기준타수보다 2타 많은 타수로 홀인하는 것
트리플보기 (tripple bogey)	한 홀에서 기준타수보다 3타 많은 타수로 홀인하는 것
쿼드러플보기 (quadruple bogey)	한 홀에서 기준타수보다 4타 많은 타수로 홀인하는 것
홀인원 (hole in one)	티샷이 그대로 홀에 들어가는 것
오버파(over par)	기준타수보다 많은 타수
이븐파(even par)	기준타수와 동일한 수의 타수
언더파(under par)	기준타수보다 적은 타수

김주형 "아직 갈 길이 멀다"

시상식 후 국내 취재진과 화상 인터뷰를 가진 김주형은 "정말 오랫동안 기다렸고 바라만 보던 PGA 투어 첫 우승"이라며 "어려서부터 꿈꾸던 무대에서 우승해 너무 영광"이라며 소감을 밝혔다.

김주형은 이번 우승의 원동력으로 퍼팅을 꼽았다. 그는 "퍼팅이 포인트였다. 노력한 것이 잘 돼 우승한 것 같다. 정신적으로 차분하게 한 것도 큰 도움이 된 것 같다"고 말했다. 이어 목표를 묻는 취재진의 질문에는 "아직 갈 길이 멀다. 지금보다 더 좋아져야 할 부분이 있다"며 "지금처럼 매일 발전하다 보면 더 좋은 결과가 있을 수 있다고 생각한다. 최종 목표는 언젠가 이뤄지면 그때 말할 수 있을 것"이라고 답했다.

한편, 아직 PGA 투어 특별 임시 회원 신분인 **김주형은 이번 대회 우승으로 곧바로 PGA 투어 회원 자격을 얻은 것은 물론 이번 시즌 플레이오프 대회에 나갈 자격도 획득**했다.

POINT 세 줄 요약

❶ 김주형(20)이 미국프로골프(PGA) 투어 시즌 마지막 정규 대회인 윈덤 챔피언십에서 우승을 차지했다.

❷ 이 대회에서 첫 우승을 거둔 김주형은 역대 한국인 9번째 PGA 투어 챔피언으로 기록됐다.

❸ 또 한국인 역대 최연소(20세 1개월 18일) 우승 기록도 갈아치웠다.

우상혁, 한국 육상 최초 세계랭킹 1위 등극

▲ 높이뛰기 선수 우상혁.

한국 남자 높이뛰기의 간판 우상혁이 세계육상연맹 공인 세계랭킹에서 1위에 올랐다. 모든 **육상 세부 종목을 통틀어 우리나라 선수가 세계랭킹 1위에 오른 것은 처음**이다. 우상혁은 7월 26일 기준으로 지난 1년간 성적을 토대로 집계하는 랭킹에서 1388점으로 이탈리아의 장마르코 탬베리를 11점 차이로 제치고 1위에 올랐다.

2020년 도쿄 올림픽에서 현역 군인(국군체육부대) 신분으로 참가해 한국 육상 트랙 개인 종목 역대 최고 성적인 4위를 차지했던 우상혁은 2022년 들어 파죽지세(破竹之勢 : 대나무를 쪼개는 듯한 강한 기세)의 우승 행보를 보이고 있다.

우상혁은 지난 2월 체코에서 열린 월드 투어와 슬로바키아에서 열린 세계 대회, 3월 세르비아에서 열린 실내 세계선수권대회, 5월 카타르 도하에서 열린 시즌 다이아몬드 리그 1차 대회까지 4회 연속 국제대회 우승을 차지했다.

이어 지난 7월 16일에는 미국 오리건주 유진에서 열린 세계선수권대회에서 한국 육상 사상 최초 세계선수권대회 은메달을 획득했다. 우상혁은 8월 11일 모나코, 8월 27일 스위스 로잔에서 열리는 세계육상연맹 다이아몬드 리그 대회 출전을 위해 8월 7일 출국했다. 우상혁은 모나코 대회에서 '현역 최강자' 무타즈 에사 바심(카타르)과 **연장전 격인 '점프 오프'**까지 가는 접전 끝에 2위에 올랐다.

다아이아몬드 리그는 세계육상연맹이 주최하는 육상 리그 대회로 남녀 각 12종목 선수가 연간 종합 성적을 경쟁하고 우승자에게 상금과 다이아몬드 트로피가 수여된다. 우상혁은 9월 스위스 취리히에서 벌어지는 다이아몬드 리그 최종전까지 나서는 게 목표다.

▋ 육상 세부 종목의 구분

구분	종목
트랙	달리기(단거리·중거리·장거리), 허들, 계주
필드	멀리뛰기, 세단뛰기, 높이뛰기, 장대높이뛰기, 투포환, 원반던지기, 창던지기, 해머던지기
복합	10종, 7종
도로	경보, 마라톤

기출TIP 2022년 SBS 교양PD 시험에서 우상혁의 이름과 종목(높이뛰기), 출전한 대회(세계선수권대회)를 단답형으로 묻는 문제가 출제됐다.

김연아, 포터스텔라 고우림과 10월 결혼

'피겨 여왕' 김연아와 포터스텔라 고우림이 오는 10월 결혼한다. 김연아의 매니지먼트사 올댓스

▲ 김연아·고우림 (자료 : 김연아·고우림 인스타그램 캡처)

포츠는 7월 25일 "김연아가 10월 하순 서울 모처에서 성악가 고우림과 화촉을 밝힌다"고 밝혔다.

김연아와 고우림은 지난 2018년 올댓스케이트 아이스쇼 축하무대를 계기로 처음 만났으며, 이후 3년간의 교제 끝에 결혼이라는 결실을 맺게 됐다.

올댓스포츠는 "김연아와 고우림 양측은 가까운 친지와 지인들을 모시고 평범하게 결혼식을 올리기를 원한다"며 "구체적인 결혼 날짜와 예식장소를 알리지 않은 상태로 미디어 비공개로 진행할 예정"이라고 밝혔다.

김연아는 2003년 국가대표로 뽑혀 각종 세계선수권대회에서 높은 성적으로 우승을 차지했으며 2010년에는 밴쿠버동계올림픽에서 한국 피겨 사상 첫 금메달을 획득하며 '피겨 여왕'으로 등극했다. 2014년 소치동계올림픽에서 은메달을 끝으로 현역에서 은퇴한 뒤에는 링크에서 후배 선수들을 가르치며 시간을 보내고 있다.

고우림은 서울대 성악과를 졸업한 성악가로 남성 크로스오버 그룹 포터스텔라의 멤버다. 고우림은 2017년 남성 4중창 단원을 뽑는 오디션 프로

그램 '팬텀싱어 시즌2'에 팀 멤버로 출연해 우승했다.

> **➕ 김연아의 '올포디움' 달성 업적**
>
> 올포디움(all podium)이란 출전한 모든 대회에서 3위 내에 입상해 시상대(포디움)에 오르는 것을 말한다. 올포디움은 일반적으로 시니어 대회 결과로 달성 여부를 결정한다. 김연아는 피겨스케이팅 100년 역사상 여자 싱글부문 최초로 올포디움을 달성하는 기록을 세웠다. 특히 김연아의 경우 노비스·주니어·시니어 대회를 통틀어 모두 입상해 더욱더 의미가 크다.

뉴진스, 데뷔앨범 첫날 26만장 판매 '신기록'

▲ 걸그룹 뉴진스 (자료 : 어도어)

하이브의 뉴진스(NewJeans)가 신기록을 세웠다. 8월 9일 한터차트에 따르면, 뉴진스(김민지·하니·다니엘·해린·이혜인)의 데뷔 앨범 'New Jeans'는 발매 당일인 8월 8일 하루에만 26만 2815장 판매됐다. 이는 2019년 9월 이후 발표된 아이돌 그룹의 데뷔 앨범 중 발매 1일 차 최다 판매량이다.

뉴진스의 존재감은 음원 차트와 방송가에서도 두드러졌다. 'Attention'과 'Hype Boy'는 세계 최대 음악 스트리밍 플랫폼 스포티파이의 한국 '일간 톱 송' 차트에서 7일 연속 1, 2위를 지켰다. 'Attention'은 8월 5일 멜론 일간 차트에 9위로 입성하면서 **최근 3년간 발표된 걸그룹 데뷔곡 중 최단기간 '톱 10' 진입 신기록**을 세웠다.

Mnet '엠카운트다운', KBS2 '뮤직뱅크', SBS '인기가요' 네이버TV 채널에 업로드 된 뉴진스의 무대 영상 역시 당일 출연진 중 가장 많은 조회수를 자랑했다. 특히 '엠카운트다운'에서 선보인 'Hype Boy' 무대영상은 8월 9일 기준 약 11만 뷰에 달하고, 'Attention' 무대 영상의 조회 수는 8만 건에 육박한다.

한편, 뉴진스는 8월 1일 데뷔 앨범 'New Jeans'의 음원을 발표하고 8월 8일 실물 앨범을 발매했다. 'New Jeans'에는 트리플 타이틀곡 'Attention', 'Hype Boy', 'Cookie' 그리고 'Hurt' 등 총 4곡이 수록됐다.

■ 하이브 (HYBE)
하이브는 2005년 작곡가 겸 프로듀서인 방시혁이 설립한 음악에 기반한 엔터테인먼트 라이프스타일 플랫폼 기업이다. 하이브 소속 아티스트로는 BTS, 세븐틴, 투모로우바이투게더 등이 있다. 하이브는 지식재산권(IP, Intellectual Property)을 기반으로 웹툰, 웹소설 등 콘텐츠부터 팬덤 플랫폼 위버스 기반 대체불가능토큰(NFT) 거래에 이르기까지 사업을 넓히고 있다. 2021년 하이브가 대한민국 연예 기획사 중에서 역대 최초로 연간 매출 1조원을 돌파했다.

➕ 소녀시대·블랙핑크·트와이스·아이브...
K팝 대표 걸그룹들, 8월 줄줄이 출격
각 세대를 대표하는 걸그룹들이 8월 한 달간 줄줄이 컴백한다. 맏언니인 2세대 소녀시대, 3세대 트와이스와

블랙핑크, 막내 4세대 아이브까지. 이들의 컴백 대전은 올여름을 더욱 뜨겁게 달굴 전망이다.
먼저 소녀시대는 8월 5일 정규 7집 '포에버 원' (FOREVER 1)을 발표했다. 2022년 데뷔 15주년을 맞이한 소녀시대는 오랜만에 완전체로 뭉쳐 2세대를 대표하는 아이돌로서 그 진가를 입증해냈다.
3세대 걸그룹도 이달 출격했다. 2015년 데뷔해 걸그룹 3세대를 장식한 트와이스는 8월 26일 컴백한다. 특히 7월 멤버 전원 재계약을 이뤄낸 트와이스는 멤버 나연의 성공적인 첫 번째 솔로 활동 마무리 후 곧바로 완전체 컴백까지 진행하며 데뷔 8년차에도 왕성한 활동을 보여줄 예정이다.
블랙핑크 역시 8월 선공개곡을 공개하며 컴백 열기를 달궜다. 이들은 무려 1년10개월 만에 새 앨범을 발표한다. 8월 중 선공개곡을 발매하고, 9월에는 앨범을 발매하며, 10월부터 월드 투어에 돌입하는 일정이다.
4세대를 대표하는 그룹인 스타쉽엔터테인먼트의 아이브도 8월 22일 컴백한다. 아이브는 2021년 12월 데뷔, '일레븐'과 '러브 다이브'까지 총 2장의 싱글을 연속 대히트시키며 4세대 대표 걸그룹으로 단숨에 자리잡았다.

여름 텐트폴 영화 흥행 부진

지난 4월 거리두기 해제로 동력을 되찾을 것만 같던 극장가가 티켓값, 바이럴, 코로나19라는 '삼중고' 앞에 놓였다. 특히 **제작비 100억이 넘는**

■텐트폴 영화들의 관객 동원이 예상외로 미미하다.

2022년 텐트폴 영화의 시작을 알린 최동훈 감독의 신작 '외계+인 1부'는 극심한 부진을 겪었다. '외계+인'은 흥행 참패의 고배를 마시며 불명예 퇴장했다. '외계+인'의 8월 16일 누적 관객 수는 영화관입장권 통합전산망에 따르면 152만 명으로 손익 분기점인 730만 명에 한참 미치지 못했다.

예상외의 흥행 부진은 시청 방식의 변화가 한 몫 한다. 특히 극장의 잇따른 티켓 가격 인상이 관객들의 부담을 유발하고 있다. OTT 서비스가 거리두기 동안 최정점을 찍고 내려오는 추세라고 하지만 한 편에 인당 1만4000원~1만5000원인 티켓값은 OTT 한 달 구독료보다 비싸다.

가격 증가에 따라 관객들의 '바이럴 마케팅'에 대한 심리가 보수적으로 변한 것도 감소 요인 중 하나다. 예전처럼 관객들이 포스터와 예고편만으로 영화를 선택하지 않는 것이다. 특히 코로나 기간 동안 유튜브를 중심으로 한 영화 전문 채널이 급성장했고 이에 여러 채널의 평가를 꼼꼼히 분석한 뒤 신중한 관람을 선택하는 경향이 늘어났다는 분석이다.

코로나19 재유행도 한 몫 한다. 7월 26일에는 BA5 변이를 중심으로 4월 20일 이후 99일 만에 10만 명대를 기록했다. 거리두기 해제가 끝나고 보복 소비가 절정을 달했던 지난 5~6월 개봉작의 흥행작 '반짝 효과'라는 우려도 커진다.

'한산' 개봉 15일차 500만 돌파 성공

한편 전쟁 액션 영화 '한산 : 용의 출현'(김한민 감독)이 개봉 15일 차인 8월 10일 500만 터치다운에 성공했다. 이는 기존 1000만 영화 '광해, 왕이 된 남자'의 18일보다 빠른 속도다. '한산'은 '범죄도시2' 이후 첫 500만 관객을 돌파한 한국 영화로서 올 여름 개봉 영화 중 최고 스코어 기록의 자리를 공고히 했다.

'한산'은 개봉 후 영화 예매 전 사이트 8.5점 이상의 평점을 유지하며 탄탄한 흥행 기반을 유지했다. 또한 '한산'은 성공적인 박스오피스 수성뿐만 아니라 개봉 영화인 '헌트' 등과도 비등한 예매량으로 맞서며 얼어 붙어있던 한국 영화계에 새로운 활력을 심어주었다.

■ 텐트폴 영화 (tentpole movie)

텐트폴 영화란 텐트를 칠 때 지지대 역할을 하는 튼튼한 막대기인 '텐트폴'의 역할처럼 투자배급사의 라인업에서 흥행 성공 확률이 가장 높은 영화를 말한다. 영화 산업은 리스크가 크고 성공을 예측하기 쉽지 않지만 유명한 감독이 연출을 맡고 인기 배우가 등장하는 영화나 성공한 시리즈물의 후속작은 흥행할 가능성이 높다.

현대차 월드랠리팀, WRC 핀란드 랠리 우승

현대자동차는 8월 4일(현지시간)부터 사흘간 핀란드 위베스퀠레에서 열린 2022 월드랠리챔피언십(WRC, World Rally Championship) 8번째 라운드 '핀란드 ■랠리'에서 우승했다고 8월 8일 밝혔다.

현대 월드랠리팀에서는 오트 타낙, 티에리 누빌 등 선수 2명이 이번 대회에 출전했다. 현대 월드랠리팀 소속 선수들은 'i20 N Rally1 하이브리드'

▲ 현대차 월드랠리팀 (자료 : 현대자동차)

■ 랠리 (rally)

랠리는 일반 시판용 자동차를 개조해 폐쇄된 일반 도로나 비포장도로의 여러 지점을 달리는 경주다. 각 참가 자동차들은 출발 지점에서 일정한 간격으로 각각 출발한다. 또한 다른 자동차 경주와는 달리 보조선수를 탑승시키는데, 이들은 페이스 노트(pace note)를 사용하여 운전선수에게 최단 거리의 랠리 코스를 알려준다. 경주는 각 구간마다 소요된 시간을 종합해 최소 시간이 걸린 참가자가 우승하는 방식이다. 가장 유명한 랠리 경주 대회로는 월드랠리챔피언십(WRC), 몬테 카를로 랠리, 랠리 아르헨티나, 다카르 랠리 등이 있다.

경주차를 사용했다. 올해 WRC부터 내연기관 기반이 아닌 **하이브리드 파워트레인 기반의 신규 기술 규정이 적용**됨에 따라 i20 N의 1.6리터 4기통 엔진에 100kW급 전동모터를 탑재한 경주차로 대회에 참가하고 있다.

오트 타낙 선수는 2위보다 6.8초 앞선 2시간 24분 04초 6의 기록으로 대회 우승을 차지했다. 현대차로서는 시즌 두 번째 우승이다.

대회 시작 2일차부터 선두로 치고 나간 오트 타낙은 이후 단 한 차례도 역전을 허용하지 않았다. 티에리 누빌 선수는 2시간 26분 22초 6 기록으로 5위에 올랐다.

특히 이번 우승은 현대 월드랠리팀의 핀란드 랠리 첫 우승이라는 점에서 의미가 크다. 현대 월드랠리팀은 핀란드 랠리를 통해 총 40점을 획득해 **제조사 부문 순위 2위를 유지**했다.

현대차 관계자는 "이번 핀란드 랠리 우승을 통해 전세계 모터스포츠 팬들에게 현대차의 저력을 보여줄 수 있었다"며 "남은 경기도 좋은 성적을 거둘 수 있도록 최선을 다할 것"이라고 밝혔다.

신세계 '와이티', 세계 최초 가상인간 시구

▲ 신세계 가상인간 '와이티' (자료 : 신세계)

신세계그룹은 8월 10일 인천 SSG 랜더스필드에서 가상인간 '와이티'가 세계 최초로 가상인간 시구에 나섰다고 밝혔다.

와이티는 유니폼을 입고 마운드 대신 대형 전광판에 등판해 공을 던졌다. 실제 사람이 아닌 가상인간을 시구에 참여시킴으로써 야구장을 방문한 팬들에게 색다른 볼거리를 선사했다.

와이티는 신세계그룹과 그래픽 전문기업 펄스나인의 협업으로 만들어진 버추얼 인플루언서다. 영원한 스무살이라는 뜻의 이름을 가진 와이티는 자유로운 Z세대의 취향과 패션 감각 등을 반영한

콘텐츠로 활동 4개월 만에 약 2만 명의 사회관계망서비스(SNS) 팔로워를 모았다.

이번 시구를 시작으로 와이티는 활동 반경을 넓혀 다양한 모습으로 대중들과 소통할 계획이다. 하반기엔 W컨셉의 프로젝트 모델로 활동한다.

아울러 지역별 핫플레이스와 어울리는 패션 스타일링을 제안하는 가상현실(VR)·증강현실(AR) 콘텐츠에 등장할 예정이다. 와이티는 향후 라이브 방송 쇼호스트 등 다양한 모습을 선보이며 신세계그룹을 대표하는 얼굴로 자리매김할 계획이다.

와이티는 지난 4개월간 삼성전자, 매일유업, 파리바게뜨, 티빙, 뉴트리원 등과 광고 및 협업을 진행했다. 특히 지난 7월엔 가상인간 최초로 서울시를 대표하는 청년 홍보대사에 위촉됐으며, 지난 8월 6일 재개장한 광화문 광장의 실감체험존에 등장하기도 했다.

신세계그룹 측은 "와이티는 리테일테인먼트를 추구하는 새로운 콘텐츠 실험"이라며 "소비자들에게 새로운 경험들을 선사할 것"이라고 말했다.

➕ 불쾌한 골짜기 (uncanny valley)

불쾌한 골짜기는 인간이 인간과 거의 흡사한 로봇의 모습과 행동에 거부감을 느끼는 감정 영역을 말한다. 1970년 일본의 로봇 공학자 모리 마사히로에 따르면, 로봇이 사람과 흡사해질수록 인간이 로봇에 대해 느끼는 호감도가 증가하지만, 어느 정도에 도달하게 되면 섬뜩함과 혐오감을 느끼게 되고, 로봇의 외모나 행동이 인간과 완전히 구별할 수 없을 정도가 되면 다시 호감도가 증가해 인간이 인간에게 느끼는 감정과 비슷해진다.

LIV로 옮긴 미컬슨, 우즈보다 많이 벌었다

▲ 필 미컬슨

지난해 미국프로골프(PGA) 투어 메이저 대회 **PGA 챔피언십에서 메이저 최고령 우승**(만 50세 11개월) **기록을 세울 정도로 녹슬지 않은 기량을 과시한 필 미컬슨**이 통산 45승(메이저 6승) 기록을 세운 PGA 투어를 버리고, 지난 6월 사우디아라비아 국부펀드 자본으로 출범한 ▪**LIV 골프 인비테이셔널 시리즈**로 무대를 옮기고나서 최근 1년 동안 가장 많은 수입을 챙긴 골프 선수로 이름을 올렸다.

미국 경제 전문지 포브스가 7월 31일 발표한 최근 1년 사이 골프 선수 수입 순위에 따르면 미컬슨은 1억3800만달러(약 1803억원)로 1위다. 코스 내 수입 1억200만달러, 코스 외 수입 3600만달러. 이 통계는 지난해 7월 초부터 1년간 선수들 수입을 집계한 것으로 코스 내 수입은 대회 출전 상금과 계약금 등이 포함됐다.

코스 외 수입은 후원 계약, 초청료, 기념품과 라이선스 사업 수입 등이다. LIV 골프로 옮기면서 받은 초청료는 코스 내 수입으로 분류됐고, PGA

투어가 선수 영향력 지표에 따라 지급한 보너스는 코스 외 수입에 넣었다.

LIV 골프로 옮긴 선수들은 1~4위를 싹쓸이했다. 더스틴 존슨이 2위(9700만달러), 브라이슨 디샘보가 3위(8600만달러), 브룩스 켑카가 4위(6900만달러)다. PGA 투어를 지키는 '골프 황제' 타이거 우즈는 5위(6800만달러), 로리 매킬로이는 6위(4300만달러)에 올랐다.

■ **LIV 골프 인비테이셔널 시리즈**

LIV 골프 인비테이셔널 시리즈(2022 LIV Golf Invitational Series)란 사우디아라비아 국부펀드의 후원으로 2022년 6월 처음 시작된 골프투어를 말한다. 14개 대회에서 48명의 선수가 참여해 컷오프 없이 경기를 치른다. LIV는 대회당 총상금이 2000만달러, 우승 상금이 400만달러로 이례적인 상금액으로 주목을 받았다. PGA 측은 LIV에 참가하는 선수는 PGA 투어 회원 자격 상실 및 영구 제명을 한다고 밝혔지만, PGA 골프 명예의 전당에 헌액된 필 미컬슨 등 선수들이 LIV 대회에 참여한다는 의사를 밝혀 화제를 모았다.

▲ 크리스티아누 호날두

'거절도르' 호날두, 이번 여름 이적 시장서 5개 클럽 역제안 실패

이번 여름 이적 시장에서 크리스티아누 호날두를 받아주려고 하는 팀은 없었다. 영국 '텔레그래프'는 8월 1일 "현재 단계에서 호날두는 분명한 탈출구가 없는 상태다. 다음 시즌에 맨체스터 유나이티드에 남을 수밖에 없다는 징후가 점점 커지고 있다. 맨유는 호날두를 매각하지 않겠다는 주장을 철회하지 않고 있다"고 보도했다.

호날두는 불과 약 1년 전 12년 만에 친정팀인 맨유로 돌아오면서 팬들의 엄청난 환대를 받았다. 호날두는 맨유에서 여전히 뛰어난 선수라는 걸 증명해내면서 박수갈채를 받았지만, 그 정도 수준에 만족하지 못하는 것으로 보인다. 호날두는 프리시즌 투어 훈련 참여를 앞두고 갑작스럽게 구단에 이적을 요청했다.

맨유가 프리미어리그(EPL) 우승 경쟁력이 없으며 다음 시즌 ▪UEFA 챔피언스리그에 출전하지 못하는 점이 주된 이유였다. 프리시즌 훈련도 정확한 이유를 모를 가족 문제를 핑계로 참여하지 않았다.

팀을 떠나겠다는 호날두의 의사와는 별개로, 맨유는 완강했다. 에릭 텐 하흐 맨유 감독은 공식 석상에서 호날두 거취와 관련된 질문을 받을 때마다 "호날두는 우리의 계획에 있다. 절대로 팔지 않을 것"이라며 공공연하게 구단의 입장을 전달했다.

맨유가 이렇게 완강한 태도를 보여도 호날두는 떠나기 위해 모든 수단을 다 동원했다. 스트라이커 자원이 필요한 첼시, 바이에른 뮌헨, 바르셀로나, 파리 생제르맹(PSG) 등에 자신을 역제안한 것이지만 결과는 대실패였다.

결국 호날두는 7월 26일 맨유 훈련장에 복귀했다. 호날두는 개인 SNS를 통해 자신의 복귀를 알렸다. 점점 호날두의 잔류 가능성이 높아지는 것처럼 보였지만 호날두는 라요 바예카노와의 프리시즌 경기에서 교체된 뒤 곧바로 집으로 향해 논란을 일으켰다. 맨유는 호날두의 행동을 두고 문제없다고 답변했지만 경기 도중 교체된 선수가 곧바로 집으로 향하는 일은 일반적이지 않다.

■ UEFA 챔피언스리그 (UEFA Champions League)

UEFA 챔피언스리그(챔스)는 유럽 최상위 축구 리그의 가장 우수한 축구 클럽들을 대상으로 유럽 축구 연맹이 주관하는 클럽 축구 대회이다. 1955년에 시작돼 유러피언컵(European Cup)으로 불리다가 1992년 UEFA 챔피언스리그로 개칭됐다. UEFA 챔피언스리그는 유럽 프로축구 세계에서 최고의 권위를 가진 대회이다. 대회 결승전은 보통 유럽 프로 축구의 모든 시즌 일정 가운데 가장 마지막 경기로 치러진다.

우승팀에게 수여되는 트로피는 손잡이가 사람의 귓바퀴를 닮아 '빅 이어'라는 별칭으로 불린다. 공식 명칭은 '쿠프 데 클뤼브 샹피옹 에우로페앙'이다. 우승 팀은 트로피를 다음 시즌 토너먼트 추첨까지 소유할 수 있다. 스페인 프로축구팀 레알 마드리드가 2021~2022시즌까지 통산 14회 우승으로. UEFA 챔피언스리그 역사상 최다 우승 기록을 가지고 있다.

서울 도심 달린
전기차 경주대회 포뮬러E

8월 13~14일 국내 최초로 전기차 경주대회인 **■포뮬러E** 월드 챔피언십 '2022 하나은행 서울 E-프리(E-Prix)'가 개최됐다. 비가 오는 가운데도 이틀간 누적 관람객이 4만9500여 명에 달하며 성공적으로 폐막했다. **전기차·내연기관차를 통틀어 서울에서 국제 자동차 경주대회가 열린 것은 이번이 처음**이다.

▲ 도심을 질주하는 포뮬러E 머신 (홈페이지 캡처)

포뮬러E 월드 챔피언십은 사우디아라비아 다리야에서 시작해 미국 뉴욕, 영국 런던을 거쳐 8월 14일 서울E-프리 16라운드 결승을 끝으로 시즌 8의 대단원 막을 내렸다. 이번 대회에서는 벨기에 드라이버 스토펠 반도른(메르세데스-EQ)이 시즌 세계 챔피언에 등극했다.

포뮬러1(F1)이 내연 기관 자동차 경주대회로서 완성차 제조사에 기술력을 축적하는 기회가 되듯 포뮬러E도 마찬가지다. 이번 서울 대회에서는 완성차 브랜드인 메르세데스 벤츠, 포르쉐, 닛산, 니오, 마힌드라, 재규어, DS 등이 레이싱팀을 꾸렸다.

■ 포뮬러E (Formula E)

포뮬러E는 순수 전기차만을 사용하는 1인승 모터스포츠 챔피언십이다. 세계 최고 권위 레이싱 대회인 포뮬러1(F1)을 개최하는 국제자동차연맹(FIA)이 소음 공해와 온실가스 문제를 고려해 전기차 경주대회 포뮬러E를 만들었다. 포뮬러1이 전용 서킷에서 경기를 하는 것과 달리 포뮬러E 차량은 주행 시 소음이 적고 탄소를 배출하지 않으므로 주요 도심에서 열리는 게 특징이다.

분야별
최신상식

인물
용어

네버 코비드족
never covid19族

네버 코비드족이란 지난 2020년 1월 첫 국내 확진자가 발생한 이후부터 **지금까지 코로나19에 한 번도 걸리지 않은 사람**을 말한다. 국내 네버 코비드족은 3200만 명이다. 이들은 최근까지 슈퍼면역체계를 가졌다는 부러움을 샀지만 현재 코로나19가 재확산됨에 따라 언제 코로나에 감염될지 모른다는 불안감이 커졌다. 전문가들은 이들 대다수가 면역 체질 덕보다는 확진자 접촉이 적었고, 체력이 좋았고, 백신을 잘 맞아서 안 걸렸다고 본다. 오미크론의 경우 무증상이나 경증이 많아 감염되고도 모르고 지나갔을 가능성도 높다.

지난 3~4월 오미크론의 확산으로 국내 감염자 중 1400만 명이 걸린 이후 점점 잠잠해지는 것처럼 보였던 코로나19가 7월부터 재확산 조짐을 보이고 있다. 7월 초부터 더블링 현상을 보이더니 8월 9일에는 확진자 수 15만 명을 넘어섰다. 질병관리청은 20만 명 수준의 정점이 형성될 가능성이 크다고 봤다. 이에 일명 '슈퍼면역자'라고도 불렸던 네버 코비드족의 불안이 증가하고 있다.

또한, 기존 백신이나 자연감염으로 생긴 항체로는 현재 유행 중인 변이를 제대로 막을 수 없어 네버 코비드족 뿐만 아니라 이미 코로나19에 걸렸던 사람들 또한 주의해야 한다. 실제로 국내 재감염 사례는 5월 첫 주 0.59%에서 7월 첫 주 2.88%로 늘었다.

쿠바드 증후군
couvade syndrome

쿠바드 증후군은 남편이 임신 중인 아내와 함께 식욕 상실, 매스꺼움, 구토 등을 겪는 증상이다. '알을 품다, 부화하다'의 뜻을 가진 불어 'couver'에서 온 말로, **아내의 임신과 출산 중에 나타나는 남편의 여러 가지 심리적·신체적 증상들을** 말한다. 이 증후군은 임신 3개월경에 가장 심하고 점차 약해지다가 임신 말기가 되면 또다시 심해진다. '환상 임신', '동정 임신'이라고도 일컫는다. 통계상으로 예비 아빠의 30% 이상에서 나타날 정도로 흔한 증상이다.

최근 방송인 정형돈, 배우 봉태규, 개그우먼 홍현희의 남편 제이쓴 등이 방송에 출연해 쿠바드 증후군을 겪었던 일화를 전해 관심을 모았다. 정형돈은 "출산 일주일 전에 굉장히 신경이 많이 쓰였다. 꿈에서 (아내가) 넘어지는 꿈을 꿔 아내를 잡았는데 현실에서는 목을 조르고 있어 아내가 놀랐다"고 전했다. 봉태규는 "아내가 임신을 했을 때 긴장을 하고 속이 메스꺼우며 잘 먹지 못했다. 임신 중에는 남편도 신경이 굉장히 날카로워진다"고 설명했다. 제이쓴은 입덧으로 고생했다고 고백했다.

시루섬의 기적

▲ 시루섬 (자료 : 단양군)

시루섬의 기적은 1972년 8월 19일 태풍 '베티'로 남한강이 범람했을 때 **충북 단양에서 시루섬 주민 198명이 지름 5m, 높이 6m 크기의 물탱크에 올라가 서로 팔짱을 낀 채 14시간을 버텨 기적적으로 살아남은 일화**를 말한다. 이 과정에서 백일 된 아기가 압사했지만 아기 어머니가 이웃들이 동요해 대열이 흐트러질까봐 이를 주변에 알리지 않았다는 가슴 아픈 사연도 알려져 있다.

단양군은 지난 7월 19일 단양읍 문화체육센터에서 김문근 군수 등이 지켜보는 가운데 시루섬 모형 물탱크 생존 실험을 했다. 이야기대로 지름 5m 크기 물탱크에 과연 198명이 올라설 수 있었겠느냐는 의구심을 해소하기 위해서다. 이날 단양 중학교 1·3학년 학생 200명은 차례로 지름 5m, 높이 30cm 크기 모형의 물탱크에 올라섰다. 실험 결과는 성공이었다. 197명째 학생이 모형 위에 올라서도 대열은 무너지지 않았다. 단양군은 시루섬의 기적 당시 생존 주민 60여 명이 참석한 가운데 8월 19일 '1972. 8. 19. 시루섬 영웅들의 이야기'라는 이름으로 50주년 기념행사를 연다.

빌 러셀
Bill Russell, 1934~2020

▲ 고(故) 빌 러셀

빌 러셀은 미국 프로 농구(NBA)에서 보스턴 셀틱스 선수 시절 무려 11회 우승으로 개인 최다 우승 기록을 보유한 전설적 선수다. 정규리그 MVP(Most Valuable Player : 최우수선수) 5회를 차지했고 올스타에 12회 선정됐다. 농구의 신으로 불리는 마이클 조던도 러셀만큼 많은 우승반지와 트로피를 차지하지 못했다. 7월 31일 러셀이 88세의 나이로 사망했다. 그는 최근까지 투병 생활 중이었다.

러셀은 1956년 신인 드래프트에서 1라운드 전체 2순위로 세인트루이스에 입단한 뒤 곧바로 보스턴으로 이적했고 압도적인 수비력과 팀플레이 능력을 기반으로 보스턴 셀틱스의 11회 우승과 8연패라는 전무후무한 업적을 세우는 데 기여했다. 그는 NBA 역대 최고 수준의 센터로 통한다. **한 경기에 100점을 넣은 기록으로 유명한 윌트 체임벌린과는 라이벌 관계**였다. 신체 기량으로는 체임벌린이 압도적이었고 카림 압둘자바는 NBA 통산 최다 득점 기록을 가졌지만 러셀은 스탯으로 드러나지 않은 수비력을 통해 더 많은 팀 우승에 공헌했다.

무지출 챌린지

무지출 챌린지란 말 그대로 **하루 종일 한 푼도 쓰지 않으며 절약하는 소비 풍속도**를 말한다. 최근 밥값, 커피값, 유류비, 생필품 등 모든 물가가 폭등하는 가운데 MZ 세대를 중심으로 돈을 쓰지 않고 버티며 SNS에 자신의 무지출 행보를 기록하는 등의 방식으로 인증하는 무지출 챌린지가 유행하고 있다. 욜로(YOLO, You Only Live Once)로 대표됐던 MZ 세대의 소비지향적 라이프스타일이 급격히 변한 것이다.

특히 물가는 치솟지만 월급은 그대로인 직장인들은 최대한 절약하는 방법 이외에는 버티기 어렵다고 호소한다. 직장인들은 점심을 도시락이나 회사 식당에서 해결하고 저녁은 외식이나 친구들과의 술자리 대신 집에서 라면을 때우는 경우가 일쑤다. 출·퇴근 기름값을 감당하지 못해 일주일에 한두 번만 자가용을 이용하고 대중교통으로 출퇴근 하는 직장인들도 많다. 정부가 유류세 인하를 확대했지만 휘발유 가격은 여전히 리터당 2000원 안팎이다. 주거비도 문제다. 금리가 크게 오르면서 전세 대출 이자 부담도 커졌다.

식테크

▲ 알보 몬스테라

식(植)테크는 식물과 재테크를 합친 신조어로서 식물을 키워 더 비싼 가격으로 되파는 행위를 뜻한다. 코로나19 여파로 외부 활동이 줄어들고 집에서 할 수 있는 취미에 대한 관심이 커지면서 식물 가꾸기에 대한 관심이 증가했다. 여기에 중고 플랫폼 내 개인 간 식물 거래가 활성화되고 검역 강화로 식물 수입이 까다로워지면서 개인 간 식물 거래도 증가했다.

하나금융경제연구소가 발간한 '코로나19가 가져온 소비행태의 변화' 자료에 따르면 **팬데믹 이후 그린 하비**(green hobby)**로 불리는 셀프 텃밭, 주말 농장, 플랜테리어 등에 관한 소비가 대폭 증가했**고 이 관심은 종자·비료·화원·화초 등 업종의 매출로 이어지기도 했다. 식물을 반려 식물이라고 부르며 고양이 집사가 아닌 '식집사'를 자처하는 사람들도 늘어났다. 개인 간 거래가 가능한 중고 플랫폼에서는 희귀식물 가격이 수만원에서 수백만원까지 오르는 모습이 나타났다. '알보 몬스테라'라는 희귀식물은 중고 시장에서 400만원대 가격을 형성했고 희귀 변이종 다육 식물은 수억원대를 호가하는 경우도 있다.

인페션
infession

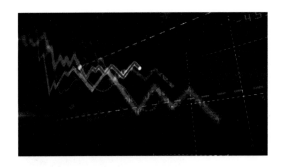

인페션은 인플레이션(inflation : 물가 상승)과 리세션(recession : 경기 침체)의 합성어로, 인플레이션 속에서 경기가 후퇴하는 현상을 나타낸다. 인플레이션이 경기 침체를 촉발해 경기 불황과 물가 상승이 함께 나타나는 상태이다. **트리핀의 딜레마**(기축통화 지위를 유지하려면 기축통화 발행국의 무역 적자가 늘어난다는 딜레마)로 유명한 미국의 경제학자 로버트 트리핀이 처음 사용한 개념이다.

통상 경기 침체와 인플레이션이 함께 나타나는 상황을 스태그플레이션(stagflation)이라고 하는데, 트리핀은 스태그네이션(stagnation : 경기 침체)으로 인플레이션이 발생하는 게 아니라 인플레이션으로 스태그네이션이 발생하는 것이라고 주장하며 스태그플레이션보다 인페션이 더 적합한 주장이라고 주장했다. 즉 **스태그플레이션은 물가 상승과 경기 침체가 동시에 나타난다면 인페션은 물가 상승에 이어서 경기 정체 단계를 넘은 경기 후퇴가 뒤따른다는 점이 다르다.** 글로벌 금융 서비스 기업 바클레이즈는 최근 우크라이나 전쟁발 유럽 에너지 위기와 두 자릿수 물가 상승률로 인페션이 유럽의 실질적 위험이 되고 있다고 지적했다.

킨들버거 함정
Kindleberger trap

킨들버거 함정은 **새롭게 떠오른 강국이 기존 패권 국가가 가졌던 리더십을 제대로 발휘하지 못할 때 재앙이 발생**한다는 가설이다. 세계적 경제 사학자이자 제2차 세계대전 이후 미국의 유럽 경제 부흥 원조 정책인 마셜플랜의 창시자인 미국 경제학자 찰스 킨들버거가 주장한 것이다. 킨들버거는 저서 『대공황의 세계』에서 기존 패권국인 영국의 자리를 차지한 미국이 신흥 리더 국가로서 역할을 제대로 하지 않아 세계 대공황이란 재앙이 생겼다고 분석했다.

오늘날 킨들버거 함정은 경제 규모와 군사력, 과학기술 등 여러 분야에서 국력이 빠른 속도로 발전하며 미국의 세계 유일 강대국 지위를 넘보고 있는 중국의 부상과 연관 지어 언급되고 있다. 국제 정치 석학인 조지프 나이 하버드대 석좌교수는 "미국은 중국이 너무 강한 것과 약한 것 모두를 걱정해야 한다"며 킨들버거 함정과 **투키디데스 함정**(신흥 강국의 부상에 기존 패권국가가 두려움을 느끼고 무력을 통해 이를 해소하려 하면서 전쟁이 발생한다는 것)을 모두 피해야 한다고 조언한 바 있다.

CF100
24/7 carbon-free energy

CF100은 탄소 배출 제로(carbon free) 100%의 줄임말로 **사용 전력의 100%를 태양력, 풍력, 수력, 지열, 원자력발전 등의 무탄소 에너지원으로 공급하는 캠페인**이다. 24/7은 24시간 7일 내내 무탄소 전력 사용을 목표로 한다는 뜻이다. 기업의 사용 전력량 100%를 재생에너지로 조달하는 RE100으로는 실질적인 탄소중립 달성이 어렵다는 지적에 따라 구글, 유엔 에너지 등이 발족했다.

CF100은 RE100보다 조금 더 포괄적인 개념이다. 탄소 배출을 줄인다는 점에서는 RE100과 흡사하지만 태양력, 풍력, 수력, 지열 등 재생에너지뿐만 아니라 무탄소 에너지원인 원자력발전, 연료전지 등을 포함한다는 점에서 RE100과 차이가 있다. 기업이 사용하고 있는 모든 에너지를 재생에너지로 바꾸는 것은 현실적으로 달성이 어렵다는 지적에 따라 CF100이 새롭게 주목받고 있다. CF100을 이행하는 대표적인 기업으로 구글이 있다. 구글은 2017년 RE100을 달성한 이후 2018년부터 CF100을 실천하고 있다.

킹 달러
king dollar

킹 달러란 **달러 강세 현상**을 말한다. 미국 연방준비제도(Fed·연준)의 급격한 기준금리 인상과 러시아의 우크라이나 침공 등 글로벌 경기침체 위협으로 인한 달러 가치의 급등을 가리키는 말이다. 전 세계적인 스태그플레이션(경기 불황 속 물가상승) 현상으로 세계의 자금이 대표적인 안전자산인 달러로 몰려 달러의 가치가 더욱 상승하고 있다. 실제로 현재 달러 가치는 20년 만에 최고 수준으로 올랐다.

달러 강세 현상은 원화뿐만 아니라 다른 주요 수출 경쟁국 통화에서도 나타나고 있다. 원·달러 환율은 1300원대로 치솟았으며 엔화는 20여 년 만에 처음으로 달러당 130엔을 돌파했다. 유로화 대비 달러 가치는 20년 만에 가장 높은 수준으로 치솟아 거의 같은 **패리티**(parity : 국내 통화와 다른 나라 통화의 비율 평가)에 근접했다. '1달러=1유로' 시대가 열린 것이다. 계속되는 경기침체와 킹 달러 현상을 완화하기 위해서는 최악의 시나리오에 대비해 컨틴전시 플랜(contingency plan : 비상계획)을 마련해 둘 필요가 있다.

칩4
chip4

칩4란 ▲미국 ▲한국 ▲일본 ▲대만 4개국 간의 **반도체 동맹**으로 미국식으로는 팹4(fab4)로 표기한다. 칩(chip)은 반도체를, 4는 동맹국의 수를 의미한다. 칩4는 조 바이든 미국 대통령의 제안으로 미국이 추진 중인 **프렌드쇼어링**(friendshoring : 정치·외교적 갈등으로부터 자유로운 동맹국들과 공급망을 구축하려는 움직임) 전략에 따른 것으로 반도체 분야에서 중국의 발전을 견제하고 안정적인 반도체 공급망을 형성하는 것이 목적이다.

미국은 인텔 등 **팹리스 업체**(반도체 설계기술이 전문화되어 있는 기업)가 많으며 한국과 대만은 각각 메모리와 **파운드리**(반도체 설계 디자인을 위탁받아 생산하는 기업) 분야에 강점을 가지고 있다. 일본은 반도체 장비 분야에 강점을 가지고 있다. 대만과 일본은 미국에 가입 의사를 전달했으며 한국 정부는 바이든 정부의 요청에 따라 이번 8월까지 참여 여부를 확정해야 한다. 하지만 한국은 반도체 생산의 68%를 중국에 수출하고 있어 칩4에 동참할 경우 중국의 보복이 우려되는 상황이다.

명령휴가제
命令休暇制

명령휴가제란 금융사고 발생 가능성이 높은 업무를 보는 임직원에게 **불시에 일정 기간 강제로 휴가를 가도록 명령하는 제도**이다. 그동안 회사는 해당 임직원의 금융거래 내역, 취급 서류, 업무용 전산기기 등을 조사해 **비리나 부실 등의 문제가 있는지 점검**한다. 적용 대상은 출납, 트레이딩, 파생상품 거래 등을 담당하는 직원들로 전체 직원의 15%가량 정도다.

그동안 명령휴가제는 법적 강제력이 없어 은행이 자율적으로 운영해왔으나 최근 우리은행 700억 횡령 사건 등 은행 관련 금융사고가 연속적으로 발생하자 금융 당국은 명령휴가제의 대상을 확대하고 강제성을 부여하는 등 개선 방안을 마련해 올해 10월 중 발표할 예정이다. 내부 통제 기준 실효성을 강화하고 준법감시부서 역량 제고, 감독·검사 강화 등을 통해 내부 통제 준수 문화 정착을 유도하는 데 주력할 방침이다. 아울러 은행 업무의 신축성을 위해 명령휴가제의 예외를 허용하는 대신, 예외자도 5년에 한 번씩은 의무적으로 대체휴가를 가도록 하는 방안도 논의하고 있다.

깡통전세

깡통전세는 남는 것이 없거나 손해를 본다는 뜻의 '깡통 차다'와 '전세'를 결합한 신조어로, **집주인의 주택 담보 대출 금액과 전세금 합계가 집값에 육박해 시장 침체 시기 집값이 떨어지면서 세입자가 전세금을 떼일 우려가 있는 주택**을 의미한다. 통상적으로 주택 담보 대출 금액과 전세금의 합이 집값의 70%가 넘으면 깡통전세로 본다. 해당 주택에 대출금이 없더라도 주택 가격이 전세보증금보다 낮아진다면 역시 깡통전세로 본다. 깡통전세의 경우 제때 전세금을 돌려받기 힘든 경우가 많다.

실제로 주택시장 침체로 인해 주택 가격이 하락해 주택 구매자가 집값 하락과 은행 대출에 대한 이중 부담을 지게 되고, 그 부담을 이기지 못해 은행 대출금 이자를 연체하다가 집이 경매로 넘어가는 경우가 발생하면서 세입자들의 피해 사례가 늘고 있다. 지난 7월 전세보증금반환보증보험 사고 금액(건수)은 872억원(421건)으로 금액과 건수 모두 월간 기준 역대 최대·최다로 집계됐다. 연간 기준으로도 2016년 34억원에서 지난해 5790억으로 폭등했다.

비친족 가구
非親族家口

비친족 가구는 시설 등에 집단으로 거주하는 가구를 제외한 일반 가구 가운데 친족이 아닌 5인 이하 구성원으로 이뤄진 가구다. 친구나 애인 또는 경제적 이유로 동거하는 5인 이하의 가구가 비친족 가구에 속한다. 비친족 가구원은 2016년 처음 50만 명을 넘어선 이후 지난해까지 5년 동안 매년 증가해 지난해 처음으로 100만 명을 돌파했다. 가구 수 또한 47만 가구를 넘어 역대 최대를 기록했다.

이에 따라 새로운 '가족'의 형태에 걸맞은 법·제도 개선이 필요하다는 지적이 나온다. 지난해 한국여성정책연구원이 실시한 설문조사 결과 응답자의 82%는 "혼인이나 혈연관계가 아니어도 생계와 주거를 같이 하는 사람이 앞으로 증가할 것"이라는 데 동의했다. 하지만 현행법상 우리나라에서 가족은 혼인·혈연·입양으로 이루어진 경우로 정의되어 있으며 가족 관계를 증명하지 못하면 각종 혜택을 받을 수 없다. 혈연에 얽매이지 않고 지금 나와 함께 살고 있는 사람을 가족으로 생각하는 경우가 점점 늘고 있는 만큼 어느 정도의 제도 변화가 필요하다는 지적이다.

KF-21

▲ KF-21 (자료 : 방위사업청)

KF-21은 국산 초음속 전투기로 노후 전투기인 F-4와 F-5를 대체하기 위해 2015년부터 개발이 시작된 초대형 국책사업의 결과물이다. 2028년까지 약 8조원을 투입해 기반 전력으로 활용할 4.5세대급 전투기를 개발한다. KF-21은 한국형 전투기의 고유 명칭으로 '21세기 한반도를 수호할 국산 전투기'라는 뜻을 담고 있다. KF-21은 세계에서 8번째로 개발한 초음속 전투기다.

KF-21은 최고 속도 2200km로 음속 1.8배에 달하며 7.7톤의 무장을 탑재할 수 있다. 여기에 최첨단 AESA 레이더로 목표물을 실시간 추적할 수 있으며 적 미사일 등을 신속히 포착하는 적외선 추적장치 등이 탑재되어 있다. 또 지상 목표물을 정밀 조준하는 전자광학 표적추적장비와 레이더 탐색을 교란하는 내장형 전자전 장비 등이 장착된다. 지난 7월 19일 성공적인 1차 시험비행에 이어 7월 29일 이뤄진 2차 시험비행 또한 성공했다. 방위사업청은 2026년까지 약 2200회의 시험 비행을 통해 KF-21의 성능을 검증해 개발이 완료되면 2032년까지 총 120대를 도입해 F-4와 F-5 등 노후 전투기를 우선 교체한다는 계획이다.

중립금리
neutral interest rate

중립금리란 **경제가 인플레이션**(물가상승률)**이나 디플레이션 압력이 없는 잠재성장률 수준을 회복할 수 있도록 하는 이론적 금리 수준**을 말한다. 중립금리는 정책적으로 경기부양 정책이나 경기과열에 따른 인플레이션에 대비한 긴축정책을 선택하는 것이 아니라, 물가상승률과 잠재성장률 그리고 정책금리와 실질금리 사이의 스프레드(금리차이) 등을 감안하여 중립적인 상태로 우리나라의 콜금리(금융기관 간 자금을 빌릴 때 적용되는 금리)를 유지하는 것이다. 중립금리는 경제적 상황에 따라 달라지므로 정확한 실제금리가 나오는 것이 아니라 이론상으로만 존재한다.

정책금리를 연 2.25~2.50%로 올린 미국 연방준비제도(연준)가 금리가 균형 수준에 도달했다고 밝히면서 요즘 한국은행 기준금리 인상 흐름의 1차 목표치가 될 '중립금리' 수준에도 관심이 쏠린다. 시장에서는 우리 경제를 과열 또는 위축시키지 않는 경기중립적인 이론상 중립금리 범위를 2% 중후반대로 추정 중이다. 그러나 이는 경기와 물가만 고려한 것으로, 과도한 민간부채까지 추가하면 사실상 적정 중립금리 수준을 최대 4%대까지 바라봐야 한다는 분석도 나온다.

사이닝 보너스
signing bonus

사이닝 보너스는 **회사에서 새로 합류하는 직원에게 주는 1회성 인센티브**다. 사이닝 보너스는 계약금이라고도 하며, 사이닝 보너스를 받은 직원은 대체로 몇 년간은 다른 회사로 이직할 수 없다. 회사는 능력 있는 인재들에게 사이닝 보너스를 지급한다. 유통업체의 개발자 영입 경쟁이 치열하다. 모든 기업이 IT기업으로 변신하는 상황에서 개발자가 턱없이 부족해서다. 업계는 수억원 규모의 사이닝 보너스를 제시하는가 하면 사옥을 강남으로 이전해 접근성을 높여주는 등 파격적인 대우를 내걸고 있다.

배달의민족을 운영하는 우아한형제들은 7월 28일부터 300명 규모의 개발자 채용을 진행 중이다. 우아한형제들은 올해 주 32시간 근무제를 도입했다. 성과 보상정책도 새로 적용했다. 모든 정규직 임직원에게 1년 만근 시마다 독일 증시에 상장한 모회사 딜리버리히어로(DH) 주식을 준다. 정규직 입사자에게 근속 2년을 조건으로 기본 연봉의 20%를 사이닝 보너스로 지급한다. 온라인 명품 플랫폼 머스트잇은 사이닝 보너스, 스톡옵션을 내세운다.

인플레이션 감축 법안
Inflation Reduction Act

인플레이션 감축 법안은 미국이 자국 내 친환경 에너지 공급망을 탄탄하게 하기 위해 약 480조원을 쏟아붓겠다는 내용 등을 담은 법안이다. 법안이 8월 7일 미국 상원을, 12일 하원을 통과했다. 이번 법안은 **조 바이든 미국 대통령의 역점 사업인 '더 나은 재건', 이른바 BBB 법안을 축소 수정한 법안**이다. 인플레이션 감축 법안에는 재생에너지 설비 및 기술 투자비에 대해 일정 비율을 세액 공제해주는 투자세액공제(ITC, investment tax credit) 혜택 기간을 10년 연장하고, 적용 세율을 30%로 상향하는 등의 내용이 담겼다. 또 미국 내 태양광 발전 설비 설치 가속화를 위해 제품 생산 세액공제(AMPC, Advanced Manufacturing Production Credit)를 적용하는 방안도 포함됐다.

바이든 대통령이 18개월 동안 이 법안의 통과를 위해서 정치권을 설득해왔던 만큼 이번 법안 통과가 오는 11월 중간 선거를 앞두고 민주당의 중대한 정치적 승리라는 평가를 받고 있다. 전체 규모 4330억 달러, 우리 돈으로 558조원의 대규모 예산이 집행되는 법안이기 때문에 시장에서도 이번 법안 통과에 따른 영향을 예의주시하고 있다.

의사조력자살
physician-assisted suicide

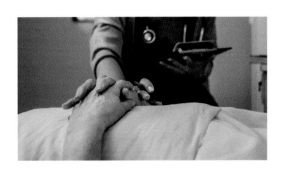

의사조력자살이란 의사에게 처방받은 독극물을 환자 본인이 원하는 때에 복용 또는 투약하는 것을 말한다. '조력존엄사'라고도 한다. 환자가 스스로 약물을 투약하는 형태라는 점에서 의사가 약물을 직접 환자에게 투약하는 전통적 의미의 안락사와는 차이가 있다. 국내에서는 2018년부터 소생 가능성 없는 임종 과정에 있는 환자에 대해 연명치료를 중단하는 존엄사만 허용하고 있다.

2022년 6월 16일 더불어민주당 안규백 의원이 조력존엄사법을 국회에서 발의했다. 법안은 조력존엄사대상자를 ▲말기환자에 해당할 것 ▲수용하기 어려운 고통이 발생하고 있을 것 ▲신청인이 자신의 의사에 따라 조력존엄사를 희망하고 있을 것 등 세 가지 요건을 모두 갖춘 경우로 규정했다. 조력존엄사법이 발의되자 여론 82%가 찬성하는 등 대체로 입법에 찬성하는 분위기지만, 종교계와 의료계, 일부 시민단체에서는 생명 경시 풍조가 확산된다며 반대 목소리를 내고 있다.

지분증명
PoS, Proof of Stake

지분증명(PoS)이란 이더리움 2.0의 핵심으로 **해당 암호화폐를 보유하고 있는 지분율에 비례해 의사결정 권한을 주는 합의 알고리즘**을 뜻한다. 지분증명 방식에서는 채굴이 일어나지 않기 때문에 채굴자가 존재하지 않고, 검증자(validator)가 존재한다. 검증자란 블록체인에서 새로 생성된 블록의 무결성을 검증하는 노드로, 자신이 가진 지분에 비례한 확률로 블록을 생성할 권한을 얻게 되고, 블록을 생성한 후에는 자신이 원하는 체인에 블록을 연결하여 그에 대한 보상을 얻는다.

지분증명 방식은 기존의 작업 증명(PoW) 방식처럼 블록 생성을 위해 컴퓨팅 파워를 소모할 필요가 없어, 에너지 비용이 절감되며, 중앙화 위험이 비교적 감소한다는 장점이 있다. 또 트랜잭션 처리 속도와 수수료 절감 등도 강점이다. 이더리움 재단이 오는 9월 19일 합의 알고리즘을 작업 증명에서 지분 증명 방식으로 전환하는 이더리움 2.0 업데이트 일정을 공지한 이후 이더리움 가격은 수 주만에 58% 급등하는 등 랠리가 나타나기도 했다.

앰비슈머
ambisumer

앰비슈머란 양면성(ambivalent)과 소비자(consumer)가 합쳐진 신조어로, **자신의 가치관에 따라 우선순위에 놓은 일에는 과감하게 돈을 쓰지만 중요하지 않다고 생각하는 부분에서는 아끼는 사람**을 말한다. 소비자 한 사람이 고가품과 저가품의 상반된 소비행태를 가지고 있다. 가치관의 우선순위에 있는 것에는 소비를 아끼지 않는 대신 우선순위에 없는 것에는 최대한 돈을 아낀다. 특히 불황기에 앰비슈머가 증가하는 현상을 보인다.

앰비슈머는 평소에는 가격과 성능을 꼼꼼히 따지며 가성비를 추구하면서도 자신이 특별히 생각하는 대상에는 고가여도 아낌없이 투자하는 특징을 갖고 있다. 예컨대 밥값은 아껴도 디저트값은 아끼지 않고, 생활용품은 철저히 가성비를 구매 기준을 삼으면서 자신이 좋아하는 패션이나 명품 브랜드를 선택할 때는 가격에 둔감해진다. 이들의 소비는 개인적인 선호뿐 아니라 신념과 철학을 나타내기도 한다. 가격보다는 생산 과정의 도덕성 등을 따져 더 비싼 제품에도 지갑을 열며 '가치 소비'를 표방한다.

메인넷
main net

메인넷이란 블록체인 네트워크 시스템 운영을 통해 디지털 화폐 생성뿐 아니라 **다른 디앱**(DApp·탈중앙화된 어플리케이션)**을 탄생하게 하는 기반을 제공해 독자적인 생태계를 구성**하는 것을 의미한다. 본래 메인넷은 테스트넷과 대비되는 용어로 실제 사용자들에게 배포하는 버전의 네트워크를 의미했다. 그러나 최근에는 블록체인 사업을 적극적으로 추진하는 국내 게임사·IT기업이 늘어나면서 보안과 서비스 고도화를 이유로 자체 개발한 메인넷을 출시하는 경우가 많아졌다.

위메이드는 국내 게임사 중 가장 먼저 메인넷 구축을 선언했는데, 자체 블록체인 플랫폼 '위믹스'는 초기 클레이튼을 기반으로 서비스를 시작한 바 있다. 메인넷이 정상적으로 출시된 후 위메이드는 '위믹스3.0'을 기반으로 다양한 탈중앙화금융(Defi), 대체불가능토큰(NFT)을 바탕으로 한 탈중앙화자율조직(DAO) 서비스를 선보일 계획이다. 컴투스도 자체 메인넷 구축에 적극적으로 나서고 있다. 앞서 컴투스는 테라 생태계를 기반으로 한 블록체인 생태계 'C2X'를 구축했으나, 테라·루나 사태 이후 해당 플랫폼을 떠난다고 밝힌 바 있다.

올리비아 뉴튼 존
Olivia Newton-John, 1948~2022

▲ 고(故) 올리비아 뉴튼 존 (페이스북 캡처)

올리비아 뉴튼 존은 호주 출신의 영국 가수로, 할리우드 뮤지컬 '그리스'의 샌디로 스타덤에 오르며 활약했던 가수 겸 배우다. 2022년 8월 8일 유방암으로 사망했다. 향년 73세. 올리비아 뉴튼 존은 지난 2017년 오랫동안 앓아온 유방암이 척추로 전이되어 투병 생활을 해왔다. 최종 사망 원인은 척추암으로 알려졌다.

올리비아 뉴튼 존은 그래미상을 4차례 수상하고 음반은 멀티 플래티넘 판매(1억장 이상)라는 기록을 갖고 있다. 그는 70년대 후반 80년대 초반 세계에서 가장 유명한 팝스타로 한 시대를 풍미했다. 특히 1978년 블록버스터 '그리스'로 세계인의 마음을 훔쳤고, 1981년 히트곡 '피지컬'은 10주 동안 빌보드 차트 1위를 기록했다. 그는 특히 유방암 연구의 주요 후원자로 자선단체 '올리비아 뉴튼 존 파운데이션'을 결성해 수백만 달러의 연구기금을 조성해 기부한 공로로 영국 여왕으로부터 표창을 받기도 했다.

볼트온
Bolt-on

볼트온은 **동종업계 기업을 인수해 시장지배력을 확대하거나 전후방 사업체를 인수해 회사의 가치를 끌어올리는 전략**을 말한다. 규모의 경제를 꾀하는 방식으로 사모펀드가 주로 활용하는 전략 중 하나다. 이를 통해 새로운 사업 기회를 모색할 수 있으며, 기본 목표인 매출성장 달성을 추구할 수 있도록 한다. 또한 사모펀드가 단기적 차익을 실현하는데 그치지 않고 장기적 관점에서 기업가치를 끌어올리는 방식으로 수익을 내며 사모투자펀드를 향한 부정적 이미지를 덜어내는 방식으로 인정받고 있다.

볼트온의 대표적인 사례로는 한앤컴퍼니가 있다. 한앤컴퍼니는 2013년 웅진식품을 인수한 후 이듬해 제과 생산 업체 대영식품을 추가로 인수해 유통 시장에서 다양한 상품 공급이 가능토록 전략을 짰다. 여기에 더해 2015년에는 주스 전문 업체 동부팜가야까지 인수, 상온 주스 시장점유율을 20%까지 높였다. 이후 웅진식품을 2018년 대만 퉁이그룹에 2600억원에 매각하여, 2013년 웅진식품을 인수했을 때에 비해 1400억에 가까운 차익을 남겼다.

에스코
ESCO

에스코란 에너지절약전문기업(energy saving company)으로, 정부로부터 정책자금 및 기술을 제공받아 공장이나 아파트, 공동주택 등 에너지 사용자에게 에너지 절약시설을 짓는 등 **정부가 추진하는 에너지절약형시설 설치사업에 참여하는 회사**를 말한다. 이는 1992년 정부가 국가적 차원에서 에너지 절약을 촉진시키기 위해 정책자금을 도입하면서 등장했다.

한국에너지공단이 정책융자 등 지원 건수 기준으로 집계한 에스코 사업 실적은 1993~2014년까지 연평균 190건이었으나 2015년부터는 연평균 45건에 불과하다. 시장 축소 이유로 거론되는 것은 '저렴한 전기요금'이다. 많이 써도 부담이 없고, 줄여도 큰 경제적 이익이 없다고 판단한 기업들이 에너지 절약 설비 설치의 필요성을 크게 느끼지 못하는 것이다. 정부는 6월 에너지 수요 효율화 대책을 발표하면서, 에너지 저감 시설을 설치한 사업체의 에너지 절감 예상액을 평가해 보증 규모를 정하고 에스코 기업 등을 우선 지원하는 효율 투자 녹색보증제도를 신설하기로 했다.

임신중단권
Abortion-rights

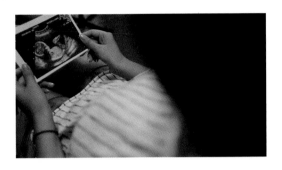

임신중단권은 임신한 사람이 자신의 임신을 중단할 권리를 말한다. 중절(abortion)은 임신 중단을 나타내는 대표적인 용어로 태아를 자연적인 분만 시기 이전에 인위적인 방법으로 모체 밖으로 배출하여 사망에 이르게 하거나, 태아를 모체 내에서 사망하게 하는 행위를 말한다. 임신 중단은 근대적 피임법이 보편화되기 이전 가장 일반적이며 오래 사용되어온 출산 조절 방법이지만, 과거 순혈주의나 가부장제의 사고, 종교적 이념 등으로 그 윤리성과 도덕성에 대한 비판을 받아오기도 했다. 특히 서구 기독교 사상의 영향으로 여성의 임신 중단과 피임까지도 신의 권위에 도전하는 행위로 보고 이를 금지하기도 했다.

7월 24일 미국 연방대법원이 "임신중단권리는 헌법 어디에도 명시되지 않았다"며 임신중단권을 기본권으로 인정한 '로 대 웨이드' 판결을 뒤집었다. 임신중단권이 폐기되며 반발이 거세다. 몸에 대한 권리를 부정당했다는 목소리부터 임신한 여성들에게 나타날 수 있는 문제에 응급 처치가 늦어질 수 있다는 우려까지 나오고 있다. 바이든 행정부는 공중 보건 비상사태 선포를 검토 중이라 밝혔다.

생활동반자법

생활동반자법이란 국가인권위원회가 지난 4월 6일 국회에 낸 법률 제정 권고안으로, 여전히 혈연으로 구성된 가족만을 전제로 하는 법과 제도를 보완하고 실재하는 다양한 형태의 생활공동체를 법적으로 보호하는 법률을 말한다. 생활동반자법은 **혼인과 혈연이 아닌 이유로 발생하는 동반자 관계의 성립과 효력, 등록 등에 관한 사항을 규정한다.**

여성가족부가 2021년 발표한 '가족다양성에 대한 국민의식 조사' 결과에서 응답자의 68.5%가 주거와 생계를 공유하는 관계를 '가족'으로 인식했다. 국내외 거주하는 성소수자 동반자 1056명은 "헌법 제36조에 명시된 혼인과 가족생활의 권리를 보장받지 못해 주거권, 노동권, 사회보장권, 건강권 등 생활 전반에 걸쳐 차별을 겪고 있다"며 인권위에 진정을 제기하기도 했다. 반발도 있다. KBS는 생활동반자법 도입을 촉구하는 한 변호사의 인터뷰를 보도했다. 이를 두고 한 시청자는 KBS에 "동성혼 미화 보도"라며 사과를 요구했다. KBS에는 해당 청원에 대해 "공영방송의 뉴스는 변화된 시대상과 함께 소외된 소수자의 입장과 현실을 전달할 책무도 있다"는 입장을 밝혔다.

재정 트릴레마

재정 트릴레마는 **'높은 복지 수준–낮은 조세부담률–낮은 국가채무 비율'을 동시에 만족시키기는 불가능**하며 이 셋 중 둘을 만족시키면 다른 하나는 희생될 수밖에 없는 모순적 상황을 나타낸다. 재정지출을 늘리기 위해서는 최소한 조세부담을 올리든지, 아니면 국가채무를 늘리는 수밖에 없다. 반대로 조세부담·국가채무 모두 늘리기 싫으면 복지 수준을 낮춰야 한다. 최근 한국의 상황이 이와 같은 상황에 부딪치면서 재정 트릴레마가 대두됐다.

전문가들은 윤석열 대통령의 기조와 공약을 감안하면 높은 복지·낮은 조세부담률·낮은 국가채무 비율'이라는 세 가지 목표를 동시에 만족시키기는 불가능하다는 이른바 '재정 트릴레마' 가능성이 우려된다고 밝혔다. 이상민 나라살림연구소 전문위원은 "지출 구조조정은 필요하지만, 현실적으로 그것만 가지고 추경 재원의 상당수를 마련하기는 어려울 것"이라며 "야당 입장일 때야 증세 하지 말아라, 지원 늘려라 비판이 가능했겠지만 이제는 그런 주장을 내세웠다간 '재정 트릴레마'에 빠질 수 있다"고 말했다.

영포티
young forty

영포티란 젊게 살고 싶어 하는 40대로 1972년을 전후해 태어나 집단주의보다는 자유와 개성을 중시하는 개인주의적 성향을 가진 세대를 말한다. 영포티는 **대한민국의 소비시장을 움직이는 큰손**으로, 유행에 민감하고 꾸미는 데도 능숙할 뿐 아니라 경제력도 갖추고 있어 구매능력이 높은 만큼, 시장에서의 영향력도 갈수록 커지고 있다. 이전의 중년과 달리 내 집 마련에 연연하지 않고 결혼이나 출산에 관해서도 부담을 가지지 않는다.

통계청이 발표한 '2020년 연간 지출 가계동향 조사' 결과를 보면 가구주 연령별 월평균 소비지출은 39세 이하 가구가 237만6000원, 40~49세 가구가 309만원, 50~59세 가구가 278만3000원, 60세 이상 인구가 169만5000원으로 집계되며, 세대 중 영포티가 가장 강한 소비력을 갖추고 있다. 영포티가 아날로그와 디지털, 경제호황과 금융위기를 모두 겪은 세대인 만큼 재테크에 대한 열망이 높고, 축적한 경제력을 바탕으로 소위 '플렉스(flex)'라 불리는 과감하게 투자하는 성향도 있어 금융에서는 MZ세대만큼이나 중요한 타깃으로 떠오르고 있다.

수족구병

수족구병은 입 안의 물집과 궤양, 손과 발의 수포성 발진을 특징으로 하는 질환으로 감염된 사람의 대변 또는 침·가래·콧물 등의 호흡기 분비물, 수포의 진물에 있는 바이러스를 통해 전파된다. 주로 콕사키 바이러스 A16 또는 엔테로 바이러스 71에 의해 여름과 가을철에 흔히 발생한다. 대개는 가벼운 질환으로 미열이 있거나 열이 없는 경우도 있다. 특별한 합병증이 없는 경우에는 1주일 정도가 지나면 수포성 발진이 호전된다. 그러나 드물게 뇌척수염, 신경인성 폐부종, 폐출혈, 쇼크 등이 나타날 수 있다.

최근 코로나19 재유행과 함께 **영유아에게 주로 나타는 수족구병이 기승**을 부리고 있다. 8월 13일 질병관리청과 의료계 등에 따르면 올해 수족구병 환자는 지난해 대비 10배 넘게 증가했다. 전문가들은 코로나19 거리두기로 제한됐던 외부활동이 늘면서 나타난 현상으로 해석했다. 작년에는 외부 바이러스에 대한 노출 감소, 개인위생 수칙 준수에 의한 바이러스 전파가 적었지만 올해는 거리두기가 완화되고 실내외 활동이 증가하면서 바이러스에 노출될 가능성 또한 높아졌다고 보았다. 수족구병은 아직 치료법과 백신이 없다.

우선변제권
優先辨濟權

우선변제권이란 주택임자차보호법에 근거하여 **보증금 중 일정액을 다른 담보물권자보다 우선하여 변제받을 수 있는 소액임차인의 권리**이다. 임차주택이 경매, 공매에 부쳐졌을 때 그 경락대금에서 다른 후순위권리자보다 먼저 배당을 받을 수 있다. 부동산임대차에 관한 등기가 없는 경우에도 임차인이 주택의 인도와 주민등록을 마친 때에는 그 다음날부터 제삼자에 대하여 효력이 생기며 전입신고를 한 때 주민등록이 된 것으로 본다고 규정한다. 선순위권자가 전액을 변제받은 나머지에 대해 후순위권자가 변제를 받게 된다.

우선변제권은 서민의 주거생활 안정과 경제적 기반 보호를 위해 유사시에 다른 담보물권에 앞서 주택 보증금을 우선 변제받을 수 있는 서민 보호적 권리이다. 따라서 우선변제권은 일반매매나 상속, 증여 등의 경우에는 적용되지 않는다. 최근 깡통전세뿐만 아니라 고액 체납, 전세 계약 당일 임대인이 바뀌는 경우 등 임차인을 울리는 전세사기 유형이 점점 지능화함에 따라 정부 차원에서 조치를 취하고 있다.

SNS 톡! 톡!

해야 할 건 많고, (이거 한다고 뭐가 나아질까) 미래는 여전히 불안하고 거울 속 내 표정은 (정말 노답이다) 무표정할 때! 턱 막힌 숨을 조금이나마 열어 드릴게요. "톡!톡! 너 이 얘기 들어봤니?" SNS 속 이야기로 쉬어가요.

#이_정도는_알아야 #트렌드남녀

직원 해고 후 SNS에 '눈물 셀카' 올린 미국 CEO

▲ 직원 해고 후 눈물 셀카로 질타를 받은 브레이든 월레이크 하이퍼소셜 CEO (브레이든 월레이크 SNS 캡처)

미국 오하이오주 콜럼버스에 본사를 둔 마케팅 서비스 회사 하이퍼소셜의 최고경영자(CEO)인 브레이든 월레이크가 직원을 해고한 뒤 자신의 SNS에 '눈물 셀카'를 올려 흑역사를 남겼다. 그는 "직원 해고로 경영진도 고통을 받고 있다."라고 심경을 밝혔지만, 누리꾼들은 차가운 반응을 보였다. 월레이크는 비난이 쏟아지자 재차 게시물을 올리고 사과했다.

@ 흑역사 (黑歷史)
없었던 일로 치거나 잊고 싶을 만큼 부끄러운 과거를 말한다.

#해고_당한_사람보다_슬플까요? #정말_슬프다면_눈물은_남몰래_흘려주시길...

광복절에 신칸센 이미지 올린 국가철도공단에 누리꾼 분노

(8.15 광복절 특집) 콘텐츠 사과문

2022년 8월 15일 국가철도공단 소셜미디어 채널에 게시된 '8.15 광복절 특집' 콘텐츠에 부적절한 이미지가 사용된 사실이 있습니다.

자긍심 높은 철도문화를 만들어 가야 할 책임이 있는 기관에서 부적절한 사진을 사용하여 국가철도공단 SNS를 이용하시는 분들께 큰 불편을 드린 점 변명의 여지가 없습니다.

또한 이미지 수정작업이 자연되어 초등대처가 미흡했던 점 역시 진심으로 머리 숙여 사죄드립니다.

국가철도공단 SNS 이용에 불편함을 드려 다시 한번 진심으로 사과드립니다.

▲ 국가철도공단이 일본 신칸센 이미지 사용 논란과 관련해 올린 사과문 (국가철도공단 인스타그램 캡처)

공공기관인 국가철도공단이 광복절을 기념하기 위해 만든 홍보 게시물에 일본 고속열차인 신칸센 사진을 태극기·무궁화와 함께 사용해 누리꾼의 뭇매를 맞았다. 국가철도공단은 '광복절 77주년 특집'이라는 제목의 카드뉴스를 공식 인스타그램에 게재했다. 게시 이미지 중에는 일본의 고속열차인 신칸센이 그려진 그림이 포함됐다. 시민들의 지적이 이어지자 공단 측은 게시글을 삭제하고 사과문을 올렸다.

@ 광복절 (光復節)
1945년 우리나라가 일본으로부터 해방된 것을 기념하고, 임시정부 법통을 계승한 대한민국 정부수립을 축하하는 날을 말한다.

#광복절은_소중하게_기념해야_하는_날 #같은_실수_반복되지_않길

'헤어질 결심' 미국 아카데미상에 한국 대표로

▲ 영화 '헤어질 결심' 포스터
(자료 : CJ ENM)

N차 관람 열풍을 불러일으킨 박찬욱 감독의 신작 '헤어질 결심'이 미국 아카데미 시상식 국제장편영화 부문 한국 영화 대표 출품작으로 선정됐다. 칸 국제영화제에서 좋은 결실을 거둔 이 영화가 미국 아카데미 시상식에서도 좋은 결과를 얻을 수 있을지 귀추가 주목된다. 한편, 아카데미 시상식 국제장편영화상 부문에는 각 나라당 영화 한 편만 출품할 수 있다.

@ 헤어질 결심
박찬욱 감독이 '아가씨' 이후 6년 만에 선보인 장편영화다. 박찬욱 감독은 이 영화로 제75회 칸 국제영화제에서 감독상을 수상했다.

#칸을_넘어_아카데미도_수상하시길 #마침내...!

'피아노계 우영우' 나사렛대 임종현 학생 화제

▲ 임종현 학생 (나사렛대학교 홈페이지 캡처)

선풍적인 인기를 끈 드라마 '이상한 변호사 우영우'로 자폐 스펙트럼 장애에 대한 사회적 관심이 뜨거운 가운데, 자폐 스펙트럼 장애를 갖고 있으면서 뛰어난 피아노 연주 실력을 보이는 학생이 눈길을 끌고 있다. 그 주인공은 나사렛대학교 음악학과 2학년에 재학

중인 임종현 학생이다. 임 씨는 7살 때 자폐 스펙트럼 장애 판정을 받았다. 이후 중학교 시절 임 씨를 지도한 방과 후 교사가 임 씨의 절대음감과 천재적인 청음에 피아노 전공을 권유한 것으로 알려졌다. 임 씨는 다양한 공연에 참여하고 있고 SNS에 자신의 연주 영상도 올리며 세상과 소통하고 있다.

@ 절대음감 (絕對音感)
어떤 음을 들었을 때 다른 음과 비교하지 않고도 그 음의 고유한 높낮이를 알아내는 능력을 말한다.

#앞으로_아름다운_피아노_연주_많이_들려주시길 #기대하겠습니다!

페이스북에서 이벤트도 참여하세요.

· 페이스북
facebook.com/
eduwillnet

· 에듀윌 도서몰
book.eduwill.net

· 시사상식 App
에듀윌 시사상식

구글 플레이스토어 or 애플 앱스토어에서 에듀윌 시사상식을 검색하세요.

* Cover Story와 분야별 **최신상식**에 나온 중요 키워드를 떠올려보세요.

01 위도상 편서풍대에서 상층의 대규모 기압대가 정체하여 저기압의 이동을 저지하거나 방향을 변화시키기는 현상은? p.8

02 1995년 삼풍백화점 붕괴 사고를 계기로 도입된 것으로, 재난·재해를 당한 지방자치단체와 주민들의 행정·재정적 부담을 덜어주기 위해 국가가 보조해주는 제도는? p.10

03 중국 대륙과 홍콩, 마카오, 대만은 나뉠 수 없는 하나이고 따라서 합법적인 중국 정부는 오직 하나라는 것을 말하는 것은? p.14

04 하나의 국가 안에 자본주의와 사회주의 두 체제를 받아들인다는 뜻으로 중국의 홍콩·대만 통일 원칙은? p.16

05 어떤 목적을 위해 신분을 숨기고 다른 단체에 들어가 첩자 활동을 하는 사람을 뜻하는 말은? p.23

06 정치권에서 특정 정치인이나 정부 고위 관료들의 측근에서 여론조정을 담당하는 정치홍보전문가는? p.25

07 민생 경제 안정을 위해 일시적으로 설치된 국회의 위원회로, 지난 7월 20일 구성된 것은? p.35

08 세계 최대의 액화천연가스(LNG) 생산국인 카타르와 국내 조선업체 3사(한국조선해양·대우조선해양·삼성중공업)가 체결한 총액이 약 190억달러(24조원)에 달하는 초대형 선박 프로젝트는? p.47

09 의식을 가지고, 자아를 인지하며 도덕적 판단이나 인지능력, 공감능력이 있는 동물을 일컫는 표현은? p.53

10 ▲북한의 미사일 공격 징후를 탐지·추격·타격하는 킬체인 ▲북한의 공격을 방어하는 데 필요한 한국형 미사일방어체계(KAMD) ▲북한을 응징하는 대량응징보복(KMPR)으로 구성된 전력증강 계획은? p.78

11 지상파와 케이블 등 기존 TV 방송 서비스를 해지하고 인터넷 등으로 방송을 보는 소비자군은? p.82

12 삼성그룹의 경영 전략이자 기업 문화로서 '2위와의 격차를 크게 벌려 아예 추격이 불가능하도록 만든다'는 뜻은? p.93

13 인간이 인간과 거의 흡사한 로봇의 모습과 행동에 거부감을 느끼는 감정 영역을 말하는 것은? p.109

14 지난 2020년 1월 첫 국내 확진자가 발생한 이후부터 지금까지 코로나19에 한 번도 걸리지 않은 사람을 말하는 것은? p.112

정답 **01** 블로킹 현상 **02** 특별재난지역 **03** 하나의 중국 원칙 **04** 일국양제 **05** 프락치 **06** 스핀닥터 **07** 민생경제안정특별위원회 **08** 카타르 프로젝트 **09** 비인간 인격체 **10** 한국형 3축 체계 **11** 코드커터족 **12** 초격차 **13** 불쾌한 골짜기 **14** 네버 코비드족

행복의 문이 하나 닫히면 다른 문이 열린다.
그러나 우리는 종종 닫힌 문을 멍하니 바라보다가
우리를 향해 열린 문을 보지 못하게 된다.

– 헬렌 켈러(Helen Keller)

에듀윌, 대한민국 일자리 으뜸기업에
세 번째 선정

종합교육기업 에듀윌(대표 권대호)이 지난 7월 9일 세종시 세종컨벤션센터에서 5회째 개최된 '2022 대한민국 일자리 으뜸기업 인증식'에서 3회째 선정되며 일자

리 창출 기여의 공을 인정받았다고 7월 11일 밝혔다.

고용노동부가 주관하는 대한민국 일자리 으뜸기업 인증은 고용창출 실적과 고용의 질이 우수한 100개 기업을 선정하는 제도다. 에듀윌은 지난 2019년, 2020년에 이어 올해까지 세 번째 일자리 으뜸기업에 선정됐다. 일자리 으뜸기업 인증 제도가 지난 2018년 시작돼 올해 5회째를 맞이하고 있는 가운데, 에듀윌은 벌써 세번째 인증을 받아 양질의 일자리 창출로 사회에 기여한 공로를 높이 평가 받고 있다는 게 에듀윌의 설명이다.

에듀윌은 지난 2019년 6월부터 주4일 근무제를 도입해 실질 노동시간을 대폭 단축했으며, 2020년에 비해 2021년 18%의 고용증가율을 기록했고 2021년 기준 비정규직 인턴 직원을 100% 정규직으로 전환했다.

또 에듀윌은 호텔급 안마시설인 '힐링큐브', 사내 심리상담실 '마음, 쉼', 로봇 바리스타 '윌리', 장

기근속 휴가제도 등을 통해 일과 생활의 균형을 실천하고 있다. 신입사원 초임과 인턴 사원 임금을 꾸준히 인상해 왔으며, 정기적인 직원 만족도조사를 통한 업무 환경 개선, 평가제도 개편 및 연봉 평가 방식 개선 등을 활발히 진행하며 노사 상생 방안 마련에도 적극적으로 나서고 있다.

권대호 에듀윌 대표는 "'고객의 꿈, 직원의 꿈, 지역사회의 꿈을 실현한다'는 회사의 비전 중 직원의 꿈을 실현하기 위한 노력을 높게 평가받았기 때문에 이번 일자리 으뜸기업에 선정됐다고 생각한다"며 "에듀윌은 앞으로도 회사와 직원이 함께 성장할 수 있는 다양한 제도를 만들어 대한민국 일자리 으뜸기업이라는 명성에 걸맞게 고객의 꿈과 직원의 꿈, 지역사회의 꿈을 이루는 기업이 되겠다"고 말했다.

01 1979년 전두환·노태우 등이 이끌던 신군부 세력이 일으킨 군사 반란 사건은?

① 3·15 부정 선거
② 4·19 혁명
③ 5·16 군사 정변
④ 12·12 사태

해설 12·12 사태에 대한 설명이다. 이 사건이 1979년 12월 12일 발생하여 이 같은 이름이 붙게 됐다.

📁 경찰국 신설 반발 움직임에 윤 대통령 "중대한 국가 기강 문란"

행정안전부의 경찰국 신설에 일선 경찰들이 반대 움직임을 보인 것과 관련하여 윤석열 대통령은 7월 26일 "중대한 국가 기강 문란"이라고 질타했다. 이날 윤 대통령은 용산 대통령실로 출근하는 길에 만난 취재진이 "이상민 행안부 장관의 발언이나 대응들이 상당히 수위나 강경 대응 기조. 윤 대통령이 말한 조치에 부합하는 행동이냐"는 질문에 이같이 말했다. 이상민 행안부 장관은 지난 7월 25일 경찰국 추진에 반대하는 전국 경찰서장 회의를 두고 "하나회의 12·12 쿠데타(사태)에 준하는 상황"이라고 비판한 바 있다.

취재진의 질문에 대한 윤 대통령의 답변은 지난 7월 23일 전국 경찰서장 회의를 주도한 류삼영 총경에 대해 대기발령 조치가 내려지면서 경찰 내부 반발이 확산하는 가운데 경감·경위 등 중간·초급 간부들도 회의 개최를 예고하고 있는 것에 윤 대통령이 자중할 것을 경고한 것으로 풀이된다.

정답 ④

02 다음 중 직접세가 아닌 것은?

① 소득세
② 법인세
③ 상속세
④ 인지세

해설 국세 중 내국세는 직접세(조세를 부담하는 사람으로부터 직접 징수하는 세금)와 간접세(납세자 이외의 사람에게 전가되는 세금)로 분류되는데, 직접세에는 소득세·법인세·상속세·증여세·종합부동산세 등이 있다. 간접세에는 주세·개별 소비세·인지세·부가 가치세·증권 거래세 등이 있다.

📁 윤석열 정부 첫 세제개편안 발표

윤석열 정부의 첫 세제개편안이 발표됐다. 지난 7월 21일 정부는 '2022년 세제개편안'을 발표했다. 정부는 "경제 활력 제고와 민생 안정에 역점을 두고 이번 세제개편안을 마련했다"고 밝혔다. 특히 정부는 "글로벌 스탠더드에 맞춰 세제를 합리적으로 재편하고 세 부담의 적정화와 정상화를 꾀했다"고 강조했다.

윤석열 정부의 첫 세제개편안의 가장 큰 특징은 감세 규모다. 정부는 "이번 세제 개편으로 앞으로 5년간 13조1000억원의 세수 감소가 예상된다"고 설명했다. 세제 개편에 따른 감세 규모 13조1000억원은 집권 초기 대대적이고 전면적인 감세에 나섰던 이명박 정부의 2008년 세법개정안에 따른 33조9000억원 이후 14년 만에 가장 큰 것이다. 최근 10여년 동안에는 세제 개편을 통한 감세 자체가 드물었다.

정답 ④

03 2022년 8월 1일 기준 한국 중앙은행 기준금리는?

① 2.15%
② 2.20%
③ 2.25%
④ 2.30%

해설 지난 7월 13일 한국 중앙은행인 한국은행은 기준금리를 한 번에 0.5%p 올리는 빅스텝(big step)을 단행했다. 이로써 기준금리는 종전의 1.75%에서 2.25%로 올랐다.

📂 한은 총재 "추가 빅스텝 배제할 수 없다"

▲ 이창용 한국은행 총재 (자료 : 한국은행)

이창용 한국은행 총재는 8월 1일 "기준금리를 0.25%p씩 점진적으로 올려 물가 상승세를 완화하는 것이 바람직하다"면서도 "한 번에 0.5%p씩 올리는 빅스텝을 배제할 수 없다"고 말했다. 이 총재는 이날 국회 기획재정위원회에 출석해 "소비자물가 상승률이 6%를 넘어 2~3개월 지속된 뒤 조금씩 안정될 것"이라고 말했다. 경기에 충격을 주지 않는 범위에서 물가 안정을 위해 베이비스텝(기준금리 0.25%p 인상)이 적절하다고 판단한 것이다.

이 총재는 "물가가 예상했던 기조에서 벗어나면 금리 인상의 폭과 크기를 그때 가서 데이터를 보고 결정하겠다"며 "빅스텝 가능성을 배제할 수 없다"고 했다. 지난 7월 한은은 처음으로 빅스텝을 선택하며 기준금리를 연 2.25%로 끌어올린 바 있다. 이 총재는 "금리 인상으로 이자 부담이 커져 서민 고통을 키운다"는 질의에 대해 "물가 오름세를 잡지 못하면 나중에 더 큰 비용이 수반된다"고 답했다.

정답 ③

04 성인지 감수성에 대한 설명으로 옳지 않은 것은?

① 성별 간의 불균형에 대한 이해와 지식을 갖춰 일상생활 속에서의 성차별적 요소를 감지해 내는 민감성을 말한다.
② 법조계에서는 성범죄 사건 등 관련 사건을 심리할 때 피해자가 처한 상황의 맥락과 눈높이에서 사건을 바라보고 이해해야 한다는 개념으로 사용되고 있다.
③ 이 말은 1995년 중국 베이징에서 열린 제4차 유엔여성대회에서 사용된 후 국제적으로 통용되기 시작했다.
④ 이 말은 우리나라 판결에서는 현재까지 언급된 바가 없다.

해설 성인지 감수성은 2018년 4월 대법원 판결에서 등장하면서 화제를 모은 바 있다.

📂 '인하대 사망 여대생' 가해 남학생 검찰 송치

지난 7월 22일 인천 미추홀경찰서는 인하대 1학년생 A 씨를 준강간치사와 성폭력범죄의 처벌 등에 관한 특례법상 카메라 등 이용 촬영 혐의로 검찰에 송치했다고 밝혔다.

이후 8월 9일 인천지검 여성아동범죄조사부는 A 씨의 죄명을 강간 등 살인 혐의로 변경해 구속 기소했으며 카메라 등 촬영 혐의에 대해서는 불기소 처분했다고 밝혔다.

A 씨는 지난 7월 15일 오전 2시쯤 인천시 미추홀구 인하대 캠퍼스 내 5층짜리 단과대학 건물에서 동급생인 20대 여성 B 씨를 성폭행한 뒤 3층에서 추락해 숨지게 한 혐의를 받고 있다. 당초 A 씨가 B 씨를 고의로 밀었는지가 증명되지 못해 치사 혐의로 송치됐으나 결국 미필적 고의에 의한 살인 혐의가 적용됐다. 한편, 사망한 B 씨에 대한 도 넘은 2차 가해가 끊이지 않자 인하대는 전문 로펌을 선임해 강력 대응할 방침을 밝혔다. 언론은 물론 누리꾼도 성인지 감수성을 키워 피해자에 대한 2차 가해를 멈춰야 한다는 의견이 지배적이다.

정답 ④

05 지방소멸위험지수가 얼마 이하일 때부터 소멸 위험이 큰 것으로 정의되는가?

① 0.5

② 0.6

③ 0.7

④ 0.8

해설 지방소멸위험지수는 한 지역의 20~39세 여성 인구를 65세 이상 인구로 나눈 값을 말한다. 이 지수가 0.5 이하일 때는 소멸 위험이 큰 것으로 정의된다.

📂 반도체 인재 키운다...관련 학과 최대 5700명 증원

정부가 교수를 확보한 대학은 반도체 관련 학과 신·증설을 통해 정원을 늘릴 수 있도록 하는 등 규제를 풀어 10년간 반도체 인재 15만 명을 키울 방침이다. 지난 7월 19일 박순애 당시 사회부총리 겸 교육부 장관은 이 같은 내용을 중심으로 한 '반도체 관련 인재 양성방안'을 기획재정부, 과학기술정보통신부, 산업통상자원부, 고용노동부 등 관계부처 합동으로 발표했다.

그러나 정부의 방침에 따라 늘어나는 반도체학과 신입생 상당수가 수도권 대학에 집중될 것으로 보여 지역 대학들은 또다시 인재를 수도권에 빼앗길 거라며 우려하고 있다. 이에 따라 정부의 정책이 반도체 인력 양성이라는 목적만 충족할 뿐 수도권 쏠림, 지방소멸이라는 더 큰 부작용은 고려하지 못했다는 비판이 나온다.

정답 ①

06 WHO가 심각한 감염병에 대해 선포하는 국제적 보건 비상사태는?

① PHEIC

② PANDEMIC

③ EPIDEMIC

④ TRIPLEDEMIC

해설 PHEIC(Public Health Emergency of International Concern)에 대한 설명이다.

② PANDEMIC(팬데믹) : WHO가 선포하는 감염병 최고 경고 등급

③ EPIDEMIC(에피데믹) : WHO가 선포하는 감염병 경보 단계 중 하나로, 팬데믹의 전 단계

④ TRIPLEDEMIC(트리플데믹) : 세 가지 감염병이 동시에 유행하는 것

📂 WHO, 원숭이두창에 '국제적 보건 비상사태' 선포

세계보건기구(WHO)가 전 세계에 확산한 원숭이두창 감염 사태에 대해 국제적 보건 비상사태(PHEIC)를 선포했다. 테워드로스 아드하놈 거브러여수스 WHO 사무총장은 지난 7월 23일(현지시간) 기자회견을 열고 원숭이두창에 대해 PHEIC를 선언한다고 밝혔다. 이번 선언에 앞서 진행된 회의에서 전원의 찬성이 나오지 않았지만 이례적으로 PHEIC를 선언한 것으로 전해졌다. 로이터통신 보도에 따르면 15명의 위원 가운데 6명은 비상사태 선포에 찬성했지만 9명은 부정적이었던 것으로 나타났다.

한편, PHEIC는 WHO가 선언할 수 있는 최고 수준의 공중 보건 경계 선언으로, PHEIC가 선언되면 WHO가 질병 억제를 위한 연구와 자금 지원, 국제적 보건 조치 등을 강력하게 추진할 수 있게 된다. 과거 신종 인플루엔자 A(H1N1)와 에볼라 바이러스 등에도 내려진 바 있는 PHEIC는 이번 결정으로 코로나19와 소아마비, 원숭이두창 3개 질병에 발동 중이다.

정답 ①

07 화이자가 개발한 코로나19 알약 치료제는?

① 라게브리오
② 렉키로나주
③ 렘데시비르
④ 팍스로비드

해설 '팍스로비드'에 대한 설명이다. ①라게브리오는 미국 제약사 머크앤드컴퍼니(MSD)가 개발한 코로나19 알약 치료제다. ②렉키로나주는 셀트리온이 개발한 국내 최초의 코로나19 치료제이며, ③렘데시비르는 미국 제약사 길리어드 사이언스가 에볼라 치료제로 개발한 항바이러스제다.

바이든 미국 대통령 코로나19 확진

조 바이든 미국 대통령이 지난 7월 21일(현지시간) 코로나19 확진 판정을 받았다. 바이든 대통령은 2차 부스터샷을 포함해 총 4차례 코로나19 백신을 맞은 것으로 알려졌으나, 코로나19 감염을 피해가지 못했다. 이날 바이든 대통령의 주치의 케빈 오코너는 바이든 대통령이 피로, 콧물, 마른기침 등의 증상을 보이고 있다고 밝혔다.

바이든 대통령은 확진 뒤 화이자가 개발한 코로나19 알약 치료제인 팍스로비드를 처방받은 것으로 알려졌다. 바이든 대통령은 79세의 고령인 탓에 고위험군에 속하지만, 다행히 상태가 호전된 것으로 알려졌다. 한편, 바이든 대통령은 격리 기간 중에도 사진과 영상 등으로 꾸준히 자신의 활동을 알렸다. 그러나 완치 판정 사흘 만에 재확진 판정을 받아 논란이 됐다. 오코너 박사는 "팍스로비드 치료를 받은 일부 환자에서 나타나는 리바운드(rebound·재발) 사례"라고 밝혔다.

정답 ④

08 삼중수소에 대한 설명으로 옳지 않은 것은?

① 원소기호는 D이다.
② 원자력발전소 운전 시에 인위적으로 대량 생산된다.
③ 수소나 중수소와 달리 베타선이라는 방사선을 방출한다.
④ 베타 방사선만을 방출하기 때문에 방사선 영향이 다른 방사성 핵종에 비해 적은 편이다.

해설 삼중수소의 원소기호는 T 또는 3H다. D는 중수소의 원소기호다.

일본, 후쿠시마 오염수 방류 계획 정식 인가

교도통신과 지지통신은 지난 7월 22일 일본 원자력규제위원회가 후쿠시마 제1원자력발전소에서 발생하는 오염수, 일본 정부 명칭으로는 '처리수'의 해양 방류 계획을 정식 인가했다고 보도했다. 앞서 일본 정부는 후쿠시마 원전의 오염수를 다핵종제거설비(ALPS)로 처리한 후 바닷물로 희석해 방사성 물질인 삼중수소(트리튬)의 농도를 기준치 이하로 낮춰 방류하기로 작년 4월 결정했고, 원전 운영사인 도쿄전력은 같은 해 12월 원자력규제위에 이 계획에 대한 심사를 신청했다.

원자력규제위는 올해 5월 도쿄전력이 제출한 계획을 승인했고, 이후 국민 의견을 청취한 뒤 이날 "안전성에 문제가 없다"며 정식 인가 결정을 내렸다. 한편, 우리 정부는 일본의 이 같은 결정에 대해 우려를 전달하겠다고 밝혔다. 중국 역시 "무책임한 행동"이라며 강하게 반발했다.

정답 ①

09 일본의 공영방송은?

① ARD
② BBC
③ NHK
④ RAI

📁 日 규슈 사쿠라지마 화산 분화

일본의 공영방송 NHK는 지난 7월 24일 오후 8시 5분께 일본 규슈 남부 가고시마현 가고시마시의 화산섬 사쿠라지마가 분화했다고 보도했다. NHK의 보도에 따르면 분화가 발생하면서 분연(噴煙 : 분화구에서 나오는 연기)이 솟아오르고 분출된 돌이 분화구에서 2.5㎞까지 날아갔다.

일본 기상청은 사쿠라지마 '분화 속보'(일정 기간 분화하지 않은 화산에서 분화가 발생하거나 이미 분화가 발생한 화산에서 더 큰 분화가 발생한 경우 발표되는 것)를 발령했다. 기상청은 다만 섬의 넓은 범위에 영향을 미칠 만한 대규모 분화가 임박한 상황은 아니라고 밝혔다. 한편, 사쿠라지마는 1914년 대분화로 58명을 사망하게 한 적이 있는 일본의 대표적인 활화산이다.

해설 일본의 공영방송은 NHK다. ①ARD는 독일, ②BBC는 영국, ④RAI는 이탈리아의 공영방송이다.

정답 ③

10 미국에서 대통령과 부통령이 모두 유고 시 대통령직을 승계하는 사람은?

① 국방부 장관
② 국무부 장관
③ 하원 의장
④ 상원 임시의장

📁 낸시 펠로시 美 하원 의장 대만 방문...미중 갈등 최고조

▲ 낸시 펠로시 미 하원 의장

미국 권력 서열 3위인 낸시 펠로시 하원 의장이 중국의 강력한 반발에도 8월 2일 결국 대만을 방문했다. 펠로시 의장은 1997년 뉴트 깅그리치 하원의장 이후 25년 만에 대만을 찾는 미국 최고위급 인사다. 중국은 펠로시 의장의 대만 방문을 '하나의 중국' 원칙을 무시한 도발로 간주하며 무력시위를 예고했다.

펠로시 의장은 공항에 도착한 직후 "미 의회 대표단의 대만 방문은 대만의 힘찬 민주주의를 지원하려는 미국의 확고한 약속에 따른 것"이라며 "전 세계가 독재와 민주주의 사이에서 선택의 기로에 놓인 상황에서 대만과 미국의 연대는 어느 때보다 중요하다"고 강조했다. 대만을 자국 영토라고 주장해온 중국 정부는 "위험한 불장난을 하는 사람은 반드시 불타 죽는다"고 맹비난했다. 중국은 대만을 사방에서 포위하는 군사 훈련에 나섰다.

해설 미국에서는 대통령 유고 시 부통령-하원 의장-상원 임시의장-국무부 장관-재무부 장관-국방부 장관 등의 순서로 권력을 계승한다. 따라서 현재 미국 권력 서열 3위는 민주당 소속 낸시 펠로시 하원 의장이다.

정답 ③

11 KF-21에 대한 설명으로 옳지 않은 것은?

① 노후 전투기인 F-4와 F-5를 대체하기 위해 2015년부터 개발이 시작된 전투기다.
② 최고 속도 2200km로 음속의 1.8배에 달하며, 7.7톤의 무장을 탑재할 수 있는 4.5세대급 전투기다.
③ 순수 한국의 자본과 기술만으로 개발한 첫 국산 전투기다.
④ KF-21의 첫 시험비행은 2022년 7월 성공리에 이뤄졌다.

해설 KF-21은 한국과 인도네시아가 공동개발에 참여한 전투기다.

📂 **우리나라 첫 국산 전투기 KF-21 비행 성공...**
세계 8번째 초음속기 개발

▲ 이륙 후 하늘을 날아오르고 있는 KF-21
(자료 : 방위사업청)

우리나라의 첫 국산 전투기인 KF-21 '보라매'가 7월 19일 오후 4시 13분 첫 비행에 성공했다. 이번 비행 시험 성공으로 우리나라는 세계에서 8번째로 초음속 전투기를 개발한 국가가 됐다. 방위사업청에 따르면 이날 오후 3시 40분께 KF-21 시제기 1호기는 활주로에서 이륙을 성공했고, 이후 33분간 상공을 비행한 뒤 4시 13분께 활주로에 성공적으로 착륙했다.

KF-21은 KF-16 이상의 성능을 갖는 중간급 전투기로, 4세대 전투기지만 일부 5세대 스텔스기 성능과 최신 위상배열(AESA) 레이더 등을 갖고 있어 4.5세대 전투기로 불린다. 한편, KF-21은 첫 비행에 성공했지만, 공동개발국인 인도네시아의 8000억원대 분담금 미납 문제가 여전히 제자리걸음이다.

정답 ③

---

12 미국에서 가장 권위 있는 만화상으로, 만화계 오스카상이라 불리는 상은?

① 토니상
② 필즈상
③ 린드그렌상
④ 아이스너상

해설 '아이스너상(Eisner award)'에 대한 설명이다. 아이스너상은 만화를 문학 작품으로 끌어올렸다는 평을 받은 미국 만화 작가 월 아이스너의 이름을 딴 상으로, 올해로 34회째를 맞았다.

📂 **네이버웹툰 '로어 올림푸스' 만화계 오스카상 수상**

▲ 네이버웹툰 '로어 올림푸스'
(자료 : 네이버웹툰)

네이버웹툰 '로어 올림푸스'가 미국에서 가장 권위 있는 만화상, 만화계의 오스카상 '아이스너상'에서 베스트 웹코믹상을 받았다. 지난 7월 23일(현지시간) 미국 매체 비즈니스 와이어는 레이첼 스마이스 작가의 '로어 올림푸스'가 아이스너상 시상식을 주관하는 '샌디에이고 코믹콘 인터내셔널'에서 웹코믹 부문 최고의 상을 받았다고 전했다.

'로어 올림푸스'는 2018년부터 네이버웹툰 영어 서비스에서 연재 중인 작품으로, 그리스 올림푸스 신들의 이야기를 현대적으로 풀어내 호평받은 작품이다. 이 웹툰은 현재 전 세계적으로 누적 조회수 12억 건 이상을 기록하고, 웹툰 1위 자리를 자치했다. 지난해에는 영어 단행본도 출간됐는데, 해당 단행본은 지난해 11월 뉴욕타임스 베스트셀러 1위에 오르는 등 인기를 끌었다.

정답 ④

13 르네상스 시대의 거장 산드로 보티첼리의 작품이 아닌 것은?

① 봄
② 아테네 학당
③ 비너스의 탄생
④ 비너스와 마르스

해설 '아테네 학당'은 라파엘로의 작품이다. 한편, 르네상스 미술의 3대 거장으로 ▲레오나르도 다 빈치 ▲미켈란젤로 ▲라파엘로를 꼽는다.

📁 환경단체, 보티첼리 명화에 접착제 바른 손바닥 붙이고 돌발 시위

▲ 환경단체가 보티첼리 명화 앞에서 돌발 시위를 벌이고 있다. (울티마 제네라치오네 홈페이지 캡처)

이탈리아에서 현지 환경단체가 르네상스 시대의 거장 산드로 보티첼리의 작품에 접착제를 바른 손바닥을 갖다 대는 기습 시위를 벌여 논란이 됐다. 영국 일간 가디언에 따르면 지난 7월 22일(현지시간) 이탈리아 피렌체 소재 우피치 갤러리에서 환경단체 '울티마 제네라치오네'(마지막 세대) 소속 활동가 2명이 보티첼리의 작품 '봄'을 보호하는 유리에 접착제를 묻힌 손을 고정하는 돌발 시위를 벌였다.

사전에 입장 티켓을 구매한 것으로 알려진 이들은 시위를 벌인 이후 경찰에 연행됐으며, 박물관 측은 이번 시위로 작품이 입은 피해는 없다고 밝혔다. 이날 울티마 제네라치오네는 성명을 통해 "오늘날 이(작품)처럼 아름다운 봄을 볼 수 있을까. 화재와 식량 위기, 가뭄은 이를 점점 더 어렵게 만들고 있다"며 "우리는 예술을 이용해 경종을 울리기로 결정했다"고 해당 시위의 배경을 설명했다.

정답 ②

14 메타가 운영중인 SNS 서비스는?

① 트위터
② 인스타그램
③ 틱톡
④ 스냅챗

해설 메타는 전 세계적인 SNS 페이스북과 인스타그램 등을 운영하고 있는 기업이다. 한편, 메타의 본래 사명은 페이스북이었으나, 창업 17년 만인 2021년 10월 회사 이름을 메타로 변경한다고 밝혔다.

📁 대놓고 개인정보 강탈하는 페이스북·인스타그램에 사용자 반발

전 세계적인 SNS 페이스북과 인스타그램을 운영하는 메타가 유저 정보 수집 논란에 휩싸였다. 메타는 지난 6월 '갱신된 개인정보 보호 방침에 동의하지 않으면 서비스를 이용할 수 없다'고 공지하며 8월 8일까지 6개 항목에 있어 이용자들이 필수적으로 동의하도록 요구했다. 메타가 동의를 요구한 6개 항목은 개인정보의 수집 및 이용, 개인정보의 제공, 개인정보의 국가 간 이전, 위치 정보, 개인정보 처리방침 업데이트, 이용 약관 등이다.

메타는 이런 개인정보가 알고리즘을 통한 광고나 콘텐츠, 뉴스 등 고객 맞춤형 정보를 제공하기 위함이라고 설명했다. 그러나 메타의 요구대로 동의를 하지 않을 경우 페이스북이나 인스타그램을 사용할 수 없어, 메타가 사실상 동의를 강요하며 개인정보를 강탈해 간다고 느낀 이용자들은 메타를 향해 강력한 반발의 뜻을 보였다. 이용자들의 반발에 메타는 결국 백기를 들고 개인정보 처리방침 동의 약관을 철회했다.

정답 ②

15 도쿄 하계올림픽에서 우상혁 선수가 남자 높이뛰기에서 거둔 성적은?

① 은메달 획득
② 동메달 획득
③ 4위 기록
④ 5위 기록

우상혁은 도쿄 하계올림픽 육상 남자 높이뛰기 결선에서 2.35m 한국신기록을 세워 4위를 기록했다. 비록 메달획득에는 실패했지만, 우상혁이 도쿄 하계올림픽에서 거둔 4위 기록은 한국 육상 트랙 및 필드 종목의 올림픽 최고 성적으로 가치가 컸다.

📂 **높이뛰기 우상혁, 세계선수권 은메달 획득...한국 육상 사상 최초**

▲ 이종섭 국방부 장관이 우상혁 병장(오른쪽)에게 국방부 장관 표창을 수여했다. (자료 : 국방부)

높이뛰기 우상혁(26·국군체육부대) 선수가 지난 7월 15~24일 미국 오리건주에서 개최된 2022 세계육상선수권대회에서 2.35m 기록을 세우며 은메달을 획득했다. 세계선수권대회 육상 부문에서 은메달이 나온 것은 한국 육상 최초의 일이다. 우상혁은 지난해 3월 입대해 군 생활을 하며, 같은 해 8월 열린 도쿄 하계올림픽에서 한국 육상 트랙&필드 사상 최고인 4위를 기록하며 화제를 모은 바 있다.

우상혁은 지난 3월에 2022 세계실내육상선수권 우승을 차지한 데 이어 이번 세계육상선수권대회에서는 은메달을 획득하며, 다가올 파리 하계올림픽에서 메달을 획득할 수 있을 것이라는 기대도 모으고 있다. 한편, 이종섭 국방부 장관은 2022 세계육상선수권대회 남자 높이뛰기에서 은메달을 목에 거는 등 활약을 펼친 우상혁 병장을 격려하며 지난 7월 25일 서울 용산 국방부 청사에서 우상혁 병장에게 표창을 수여했다.

정답 ③

16 하이브 소속 아티스트가 아닌 것은?

① 지코
② 뉴진스
③ 강다니엘
④ 르세라핌

방탄소년단의 소속사인 하이브는 ①지코·②뉴진스·④르세라핌 등을 포함해 나나·투모로우바이투게더·황민현·세븐틴·백호(강동호) 등의 아티스트가 소속돼 있다. ③강다니엘의 소속사는 커넥트 엔터테인먼트다.

📂 **하이브, 새로운 걸그룹 '뉴진스' 공개**

▲ 하이브가 선보인 새로운 걸그룹 '뉴진스' (자료 : 어도어)

하이브가 새로운 걸그룹 '뉴진스(NewJeans)'를 공개했다. 하이브 산하 레이블 어도어는 지난 7월 22일 데뷔 앨범 첫 번째 타이틀 곡 '어텐션(Attention)'의 퍼포먼스 뮤직비디오를 공개했다. 뉴진스의 멤버는 김민지·하니·다니엘·해린·이혜인 등 5명으로, 이들은 '함께 있을 때 더 빛나는 10대 소녀들'이라는 서사를 담았다.

뉴진스의 제작은 민희진 어도어 대표이사가 총괄을 맡았다. 민 대표이사는 과거 SM엔터테인먼트에서 소녀시대, 샤이니, 엑소 등의 브랜딩을 맡은 바 있다. 한편, 뉴진스에 앞서 하이브 산하 레이블 쏘스뮤직에서 선보인 하이브의 최초 걸그룹 르세라핌은 학폭 의혹 논란을 겪은 멤버 김가람과 계약을 해지했다. 이에 따라 르세라핌은 김가람을 빼고 5인 체제로 활동한다.

정답 ③

01 전류가 흐르는 전선이 자기장을 통과하면 전선 주위에 힘이 작용하는데, 이때 힘의 방향과 전류의 방향 간의 관계를 나타내는 법칙을 무엇이라고 하는가?

① 플레밍의 법칙
② 옴의 법칙
③ 관성의 법칙
④ 만유인력의 법칙

해설 플레밍의 법칙(fleming's rule)은 전류, 자기장, 도선의 운동에 관한 법칙이다. 여기에는 전자유도에 의해 생기는 유도 전류의 방향을 나타내는 오른손 법칙과, 자기장에서 전류가 받는 힘의 방향을 나타내는 왼손 법칙이 있다.

정답 ①

02 다음 중 멘델의 법칙에 해당하지 않는 것은?

① 우열의 법칙
② 분리의 법칙
③ 보존의 법칙
④ 독립의 법칙

해설 멘델의 법칙에는 우열의 법칙, 분리의 법칙, 독립의 법칙이 있다.

정답 ③

03 다음 설명 중 옳지 않은 것은?

① 블랙홀 이론을 처음 주장한 사람은 아인슈타인이다.
② 나로 우주센터는 우리나라 최초의 우주발사체 발사기지이다.
③ 세계 최초의 인공위성은 스푸트니크 1호이다.
④ 디스커버리호는 국제 우주 정거장과 도킹하여 고장난 인공위성을 보수하거나 회수하는 임무에 사용됐다.

해설 블랙홀이란 별이 폭발할 때 극단적인 수축으로 인해 밀도와 중력이 매우 커진 천체를 말하는데, 아인슈타인의 일반 상대성 이론에 근거하여 영국의 우주물리학자인 스티븐 호킹이 주장한 이론이다.

정답 ①

04 **투기나 판매의 목적으로 유명인이나 유명단체의 이름을 딴 도메인을 먼저 등록해 놓는 행위로, 도메인 선점 내지 불법 점유를 의미하는 것은?**

① 반크
② 아키
③ 사이버스쿼팅
④ 웨바홀리즘

해설 사이버스쿼팅(cybersquatting)이란 전 세계적으로 도메인 네임은 하나만 존재하여야 한다는 점을 악용하여 장래에 발생할 가능성이 높은 도메인 네임을 미리 등록하는 행위를 말한다.

정답 ③

05 **다음 중 전화를 통해 불법적으로 개인정보를 빼내어 범죄에 사용하는 사기 수법을 무엇이라 하는가?**

① 스미싱
② 크래킹
③ 피싱
④ 파밍

해설 피싱(phishing)은 개인정보(private data)와 낚시(fishing)의 합성어로, 개인 금융정보를 낚아 올린다는 뜻이다. 보이스피싱은 음성(voice)과 피싱(phishing)의 합성어로, 전화를 통한 금융 사기 수법을 말한다.

정답 ③

06 **다음 중 입체파 화가가 아닌 사람은?**

① 파블로 피카소
② 조르주 브라크
③ 페르낭 레제
④ 빈센트 반 고흐

해설 입체파의 대표적인 화가로는 파블로 피카소, 조르주 브라크 등이 있으며, 빈센트 반 고흐는 인상파이다.

정답 ④

07　다음 중 판소리 6마당에 포함된 것은?

① 장끼타령

② 변강쇠타령

③ 배비장타령

④ 숙영낭자타령

해설 판소리 6마당은 '춘향가, 심청가, 흥부가(박타령), 수궁가, 적벽가, 변강쇠(가루지기)타령'이며 이 중 변강쇠타령은 전해지지 않고 있다.

정답 ②

08　다음 중 클리킹 현상에 대한 세부 설명으로 잘못된 것은?

① soft clicking – 시청자가 보고 있던 프로그램이 재미가 없어서 채널을 자주 바꾸는 것

② hard clicking – 시청자가 언제 보아도 흥미가 없는 프로그램에 제재를 가하는 것

③ rational clicking – 시청자가 채널을 이리저리 돌리다가 선택을 한 다음에 채널을 바꾸는 것

④ lovely clicking – 시청자가 채널을 바꾸는 행위 자체를 즐기는 것

해설 lovely clicking은 시청자가 하나의 프로그램이 아닌 여러 프로그램에 흥미를 느껴 어느 것도 놓치지 않으려고 이리저리 채널을 바꾸는 현상을 말한다.

정답 ④

09　다음 중 연결이 잘못된 것은?

① 파(par) – 티를 출발하여 홀을 마칠 때까지 정해진 기준타수

② 보기(bogey) – 한 홀에서 기준타수보다 1타 많은 타수로 홀인하는 것

③ 버디(birdie) – 한 홀에서 기준타수보다 3타 적은 타수로 홀인하는 것

④ 홀인원(hole in one) – 티샷이 그대로 홀에 들어가는 것

해설 한 홀에서 기준타수보다 3타 적은 타수로 홀인하는 것은 알바트로스(albatross)이다.

정답 ③

10 축구나 농구처럼 승자의 득점과 패자의 실점을 모두 합하면 제로가 되는 경기를 뜻하는 말은?

① 벌링
② 데카슬론
③ 세팍타크로
④ 제로섬 게임

해설 제로섬 게임(zero-sum game)에 대한 설명이다. 육상은 이에 해당되지 않는다.

정답 ④

11 인질이 인질범들에게 동화되어 오히려 그들에게 동조하는 비이성적 현상을 가리키는 범죄심리학 용어는?

① 스톡홀름 증후군
② 리마 증후군
③ 뮌하우젠 증후군
④ 쿠바드 증후군

해설 스톡홀름 증후군에 대한 설명이다.
② 인질범들이 정신적으로 인질들에게 동화되어 자신을 인질과 동일시함으로써 공격적인 태도가 완화되는 현상
③ 타인의 관심을 끌기 위해 실제로는 앓고 있는 병이 없는데도 아프다고 거짓말을 일삼거나 자해 등을 하는 정신질환
④ 남편이 임신 중인 아내와 함께 식욕 상실, 매스꺼움, 구토 등을 겪는 증상

정답 ①

12 무슨 일이 발생했을 때 주변에 사람이 많을수록 지켜보기만 할 뿐 곤경에 처한 사람을 돕지 않게 되는 현상을 무엇이라 하는가?

① 플린 효과
② 노시보 효과
③ 방관자 효과
④ 공소 증후군

해설 방관자 효과란 주변에 사람이 많을수록 곤경에 처한 사람을 돕지 않는 현상을 말한다. 이는 사람이 많으니 꼭 내가 아니어도 누군가 도움을 줄 것이라고 생각하여 자신의 책임을 회피하는 것으로, 심리학 용어로는 책임분산이라고 한다.

정답 ③

2022년 뉴시스

01 미국 기술연구단체 ASF의 정의에 따를 때 메타버스의 구성 요인이 아닌 것은?

① 가상세계
② 증강현실
③ 라이프로깅
④ 스노크래시

해설 미국의 비영리 기술연구단체 미래가속화연구재단(ASF, Acceleration Studies Foundation)에서 정의한 바에 따르면 메타버스(metaverse)의 구성 요인은 크게 가상세계, 증강현실, 라이프로깅, 거울세계가 있다. 1992년 출판된 『스노크래시』(Snow Crash)는 미국 작가 닐 스티븐슨의 SF 소설로서, 메타버스 개념을 대중에게 처음으로 소개했다.

02 2022년 NATO에 새롭게 가입한 국가는?

① 스웨덴　　　　② 헝가리
③ 스위스　　　　④ 우크라이나

해설 2022년 6월 29일(현지시간) 스페인 마드리드에서 북대서양조약기구(NATO·나토)가 스웨덴과 핀란드의 신규 가입을 알렸다. 두 나라의 NATO 가입은 전날 튀르키예가 반대에서 찬성으로 돌아서면서 성사됐다. NATO는 정상회의 첫날 배포한 성명에서 "스웨덴과 핀란드를 NATO 회원국으로 초청하고 가입 의정서에 서명하기로 합의했다"고 밝히며 "두 나라는 더욱 안전해지고, 나토는 더욱 강해질 것이며 유럽과 대서양지역은 더 단단해질 것"이라고 강조했다. 이로써 NATO의 회원국은 30개국에서 32개국으로 확대되었다.

03 2023년 최저임금은?

① 9160원　　　　② 9260원
③ 9620원　　　　④ 1만340원

해설 2023년 최저임금이 시간당 9620원으로 결정됐다. 2022년의 9160원보다 460원 오른 금액으로, 인상률은 5%다. 최저임금을 심의·의결하는 최저임금위원회는 지난 6월 29일 정부세종청사에서 제8차 전원회의를 열어 2023년 최저임금을 9620원으로 의결했다. 2023년도 최저임금을 월급(209시간)으로 환산하면 201만580원에 해당한다. 2022년 191만4440원보다 9만6140원 오르는 것이다.

04 2022년 6월 우크라이나가 이스라엘에 요청한 무기는?

① 대전차
② 아이언돔
③ 고기동다연장로켓
④ 휴대용지대공미사일

해설 2022년 6월 초 우크라이나가 이스라엘에 아이언돔(iron dome) 지원을 공개적으로 요청했다. 아이언돔이란 이스라엘이 2011년 실전 배치한 미사일 방어체제다. 영토를 돔(dome : 둥근 지붕) 형태의 방공망으로 둘러싸는 방어시스템을 말한다. 약 70km 이내에서 적의 단거리 로켓포·박격포탄 등을 공중에서 격추한다.

05 2021년 토니어워즈 10관왕을 했으며 2022년 12월 한국에서 초연하는 뮤지컬은?

① 아이다
② 물랑루즈
③ 킹키부츠
④ 미세스 다웃 파이어

해설 뮤지컬 '물랑루즈'는 2021년 공연계의 최고 권위 시상식인 미국 토니어워즈에서 최우수작품상을 비롯한 10개 부문에서 수상한 작품으로, 오는 12월 아시아 지역에서는 처음으로 한국에서 라이선스 공연을 선보인다. 작품은 1890년대 프랑스 파리에 있는 클럽 '물랑루즈'의 최고 스타 '사틴'과 젊은 작곡가 '크리스티안'의 사랑 이야기를 담았다. 원작 영화 '물랑루즈'의 명곡들에 세계적인 히트팝을 리믹스해 화려하고 독창적으로 재창조한 음악과 매혹적이고 스펙터클한 볼거리를 선사할 예정이다.

06 실용위성 자력 발사에 성공한 적이 없는 국가는?

① 영국
② 인도
③ 프랑스
④ 러시아

해설 현재 실용위성을 자력으로 발사할 수 있는 나라는 ▲러시아 ▲미국 ▲프랑스 ▲중국 ▲일본 ▲인도 ▲대한민국 등 7개 국가다. 우리나라는 2022년 6월 21일 누리호 2차 발사에 성공하며 1톤급 인공위성을 원하는 시기에 우주로 보낼 수 있는 기술을 갖춘 7번째 국가가 됐다.

07 경찰 직급 순서로 옳은 것은?

① 경정-경장-경감-경무관
② 경장-경감-경정-경무관
③ 경정-경장-경무관-경감
④ 경장-경감-경무관-경정

해설 경찰 계급체계는 낮은 계급부터 차례대로 순경-경장-경사-경위-경감-경정-총경-경무관-치안감-치안정감-치안총감 순이다.

08 한국에서 마지막 사형 선고가 이뤄진 사건은?

① 2009년 영암 연쇄살인사건
② 2011년 해병대 총격사건
③ 2016년 GOP 총기난사 사건
④ 2021년 이석준 살인사건

해설 우리나라에서 가장 마지막 사형 선고는 2016년 22사단 GOP(general outpost·일반전초) 총기난사 사건에서 있었다. 범인 임도빈은 전역을 3개월 앞두고 2014년 6월 주간 경계근무를 마치고 GOP에서 동료 군인들을 향해 K2소총을 난사해 5명을 죽이고 7명이 부상을 입었다. 2016년 2월 19일 대법원 전원합의체(주심 박상옥 대법관)는 상관 살해 혐의 등으로 기소된 임도빈에게 사형을 선고한 원심을 확정했다.

09 2022년 이수지 작가가 수상한 '아동문학계의 노벨상'은?

① 칼데콧상
② 뉴베리상
③ 한스 크리스티안 안데르센상
④ 아스트리드 린드그렌 추모문학상

해설 2022년 3월 21일(현지시간) 그림책 '여름이 온다'를 쓴 이수지 작가가 아동문학계 노벨상이라 불리는 한스 크리스티안 안데르센상을 수상했다. 국제아동청소년도서협의회(IBBY, International Board on Books for Young people)는 이탈리아 볼로냐 국제아동도서전 개막 기자회견에서 이 작가를 안데르센상 일러스트레이터 부문 수상자로 선정했다고 밝혔다.

10 반의사불벌죄에 해당하지 않는 것은?

① 무고죄
② 폭행죄
③ 과실상해죄
④ 명예훼손죄

해설 무고죄는 반의사불벌죄나 친고죄가 아니기 때문에 피해자의 고소나 처벌 불원의 의사표시와 관계없이 처벌 대상이 될 수 있다. 반의사불벌죄란 피해자가 가해자의 처벌을 원하지 않을 경우 그 의사에 따라 처벌할 수 없는 범죄를 말한다. 반의사불벌죄에는 ▲폭행죄 ▲존속폭행죄 ▲협박죄 ▲존속협박죄 ▲명예훼손죄 ▲출판물 등에 관한 명예훼손죄 ▲과실상해죄 등이 있다. 친고죄란 피해자의 고소·고발이 있어야 공소를 제기할 수 있는 범죄로 ▲사자(死者) 명예훼손죄 ▲모욕죄 ▲비밀침해죄 ▲업무상비밀누설죄 ▲친족 간 권리행사방해죄 등이 있다.

정답 **01** ④ **02** ① **03** ③ **04** ② **05** ② **06** ① **07** ② **08** ③ **09** ③ **10** ①

11 파리 올림픽 정식 종목으로 옳지 않은 것은?

① 브레이크댄스
② 스케이트보드
③ 야구
④ 스포츠클라이밍

해설 2024년 열리는 파리 올림픽 정식 종목에서 야구는 제외되었다. 2020년 12월 8일 국제올림픽위원회(IOC, International Olympic Committee)가 집행위원회를 열고 파리 올림픽 조직위원회가 제출한 종목 구성안을 승인했다. 브레이크댄스, 스케이트보드, 스포츠클라이밍, 서핑 등은 승인되었지만 야구, 소프트볼, 가라테 등은 정식 종목에서 제외되었다.

12 2022년 개정법에 따라 검찰이 수사를 개시할 수 있는 범죄는?

① 부패, 마약범죄
② 공직자범죄, 선거범죄
③ 경제범죄, 방위사업범죄
④ 부패, 경제범죄

해설 2022년 4월 30일과 5월 3일 더불어민주당 주도로 국회를 통과한 개정 검찰청법과 형사소송법은 검찰이 직접 수사를 개시할 수 있는 범죄의 종류를 기존 6대 범죄(공직자범죄·선거범죄·방위사업범죄·대형참사·부패·경제범죄)에서 2대 범죄(부패·경제범죄)로 축소하고, 경찰이 수사한 사건에 대해 동일 범죄사실 내에서만 보완수사가 가능하도록 규정했다.

※ 단답형 (13~18)

13 5부 요인을 모두 쓰시오.

14 2022년 8월 현재 국회의장, 부의장의 이름을 모두 쓰시오.

15 최근 BRICS에 신규 가입 신청한 나라 2곳은?

16 양자컴퓨터의 정보 단위는?

17 기후변화 등 환경적 요인 때문에 인플레이션이 발생하는 것은?

18 수학의 새로운 분야 개척에 공헌한 수학자에게 수여하는 상으로서 세계적 권위를 가진 상은?

※ **약술형 (19~21)**

19 **재정준칙**

_____

_____

_____

_____

_____

20 **스태그플레이션**

_____

_____

_____

_____

_____

_____

21 **반대 매매**

_____

_____

_____

_____

_____

_____

정답   **11** ③   **12** ④
13 국회의장, 대법원장, 헌법재판소장, 국무총리, 중앙선거관리위원회 위원장
14 김진표 국회의장, 김영주 국회부의장, 정진석 국회부의장   **15** 이란, 아르헨티나
16 큐비트   **17** 에코플레이션   **18** 필즈상
19 재정준칙은 재정건전성 지표가 일정 수준을 넘지 않도록 관리하는 규범이다. 한국형 재정준칙 도입 방안에 따르면 2025년부터 국내총생산(GDP) 대비 국가채무 비율은 60%, 통합재정수지 비율은 −3% 이내로 관리하며, 이를 넘길 경우 건전화 대책을 의무적으로 마련해야 한다.
20 스태그플레이션은 경기 침체 시 물가 상승이 둔화되고 경기가 활성화되면 물가가 오르는 일반적인 상황과 달리, 경기 침체에도 불구하고 물가가 오히려 오르는 현상을 뜻한다. 경기 침체를 의미하는 스태그네이션과 인플레이션의 합성어이다.
21 반대 매매란 고객이 증권사의 돈을 빌려서 주식을 사고 난 뒤 빌린 돈을 약정한 만기기간 내에 변제하지 못할 경우 고객 의사와 관계없이 주식을 강제로 일괄매도 처분하는 매매이다.

2022년 한국연구재단

01 양적긴축에 대한 설명으로 옳은 것은?

① 정부가 양적완화의 규모를 점진적으로 축소해 나가는 것을 말한다.
② 중앙은행이 기준금리를 높여 유동성을 줄이는 정책이다.
③ 중앙은행이 보유한 채권을 매각해 유동성을 줄이는 정책이다.
④ 중앙은행이 시중은행에 돈을 지불하고 채권을 사들이는 것을 말한다.
⑤ 중앙 정부가 재정 긴축을 위해 지출 예산을 자동으로 삭감하는 조치를 말한다.

해설 양적긴축(QT, Quantitative Tightening)은 금리 인상을 통한 긴축 효과가 한계에 다다랐을 때 중앙은행이 보유한 채권을 매각하고 시중 자금을 회수하는 방법 등으로 통화의 유동성을 줄이는 정책이다. 양적긴축은 중앙은행의 금리 인상이나 테이퍼링보다 더 직접적이고 강력한 긴축 정책이다. ①은 테이퍼링, ④는 양적완화, ⑤는 시퀘스터에 대한 설명이다.

02 2022년 단독가구의 기초연금의 기준연금액은 매달 얼마인가?

① 24만7500원
② 26만7500원
③ 28만7500원
④ 29만7500원
⑤ 30만7500원

해설 2022년 단독가구의 기초연금 기준연금액은 전년 대비 7500원 인상된 30만7500원. 부부가구는 최대 49만2000원이다. 전년도 물가상승률 2.5% 인상분이 반영된 것이다.
기초연금은 65세 이상 고령자 중 소득 하위 70%를 대상으로 지급된다. 가구 소득과 재산을 합한 소득인정액이 2022년 기준 단독가구 180만원, 부부가구 288만원 이하라면 기초연금을 받을 수 있다.

03 임대차 3법에 대한 설명으로 옳지 않은 것은?

① 재계약 시 임대료 인상률이 연 10% 이내로 제한된다.
② 계약갱신청구권 행사 시 임대차 기간 2년이 보장된다.
③ 전월세신고제, 전월세상한제, 계약갱신청구권제가 핵심이다.
④ 보증금 6000만원 초과 또는 월세 30만원 초과시 신고해야 한다.
⑤ 2022년 현재 전월세신고제 계도 기간이다.

해설 임대차 3법이란 ▲전월세신고제 ▲전월세상한제 ▲계약갱신청구권제를 말한다. ▲전월세신고제로 전월세 계약 시 실거래 신고가 의무화되고 ▲전월세상한제로 재계약 시 임대료 인상률 연 5% 이내로 제한하며 ▲계약갱신청구권으로 전세 계약 갱신(2년)을 임대인에게 요구할 권리를 보장하게 된다.
한편, 국토교통부에 따르면 전월세신고제 계도 기간은 2023년 5월 말까지로 연장됐다. 계도 기간 중에는 과태료가 부과되지 않는다.

04 반려동물 등록제에 대한 설명으로 옳지 않은 것은?

① 등록 시 시군구청에서 동물등록증을 발급한다.
② 등록률이 절반에도 미치지 못해 실효성이 떨어진다고 지적된다.
③ 전국에서 의무 시행 중이며 등록하지 않을 경우 과태료가 부과된다.
④ 고양이도 반려동물 등록제에 따라 등록해야 한다.
⑤ 동물 등록을 위해 내장형 또는 외장형 무선식별장치를 선택할 수 있다.

해설 반려동물 등록제는 반려견만 대상으로 하고 있다. 최근 고양이를 키우는 사람들이 늘며 유기되는 고양이도 늘고 있어 반려동물 등록제에 고양이도 포함돼야 한다는 지적이 있다.

05 다음 중 실체법으로만 묶인 것은?

① 형법, 상법
② 상법, 민사소송법
③ 형법, 형사소송법
④ 민법, 행정소송법
⑤ 민법, 민사소송법

해설 실체법은 권리나 의무의 실질적인 사항을 규정하는 것으로서 민법과 상법, 형법 등이 대표적인 실체법이다. 절차법은 실체법의 실현 절차에 대해 규정한 법으로서 형식법이라고도 한다. 절차법에는 소송에 관한 민사소송법·형사소송법·행정소송법과, 소송에 관계없는 비송사건 절차법·부동산 등기법·호적법이 있다.

06 기업경기실사지수(BSI)에 대한 설명으로 옳지 않은 것은?

① 지수는 최저 0부터 최고 200까지 있다.
② 기준인 100보다 낮으면 경기악화가 예상된다.
③ 소비자들의 체감경기를 보여주는 소비선행지표이다.
④ 주관적 판단을 근거로 만들기 때문에 과학성이 떨어진다.
⑤ 한국은행, 전국경제인연합회, 대한상공회의소 등에서 작성해 발표한다.

해설 기업경기실사지수(BSI, Business Survey Index)는 기업체가 느끼는 체감경기를 나타내는 지표이다. 소비자들의 체감경기를 보여주는 소비선행지표는 소비자심리지수(CSI, Consumer Sentiment Index)이다.
BSI는 향후 경기 동향에 대한 경영자들의 관측을 설문조사해 지수화한 것으로 대표적인 단기 경기예측지표로 사용되고 있다. 보통 BSI가 기준인 100보다 크면 경기가 확장되고 100보다 작으면 경기가 악화되는 것을 의미한다.

07 다음 중 파이브 아이즈에 소속되지 않은 나라는?

① 미국　　　② 영국　　　③ 캐나다
④ 프랑스　　⑤ 오스트레일리아

해설 파이브 아이즈(Five Eyes)는 영어권 5개국 기밀정보 동맹체로서 상호 첩보 동맹을 맺고 있는 ▲미국 ▲영국 ▲캐나다 ▲오스트레일리아 ▲뉴질랜드 등 5개국을 이르는 말이다. 이들 국가는 모두 영미법을 따르기 때문에 법률상 공조가 용이하다.

08 세계 4대 문명에 대해 바르게 설명한 것은?

① 고조선 문명은 우랄·알타이어족의 형성과 발전에 영향을 미쳤다.
② 메소포타미아 문명은 티그리스강과 유프라테스강을 중심으로 형성됐다.
③ 질서정연한 계획도시인 하라파와 모헨조다로는 이집트 문명의 유적이다.
④ 인더스 문명은 3000년간 지속하다가 알렉산드로스 대왕의 점령으로 막을 내렸다.
⑤ 황허 문명은 청동기 시대 양사오·룽산 문화를 거쳐 은·주나라의 철기 문명으로 발전했다.

해설 메소포타미아 문명은 중동의 티그리스강과 유프라테스강을 중심으로 형성된 문명이다. 메소포타미아는 두 강이 자연적으로 가져다주는 비옥한 토지로 인하여 기원전 약 6000년 구석기 시대에 인간이 정착 주거하기 시작한 이래 점차 인류 고대 문명의 발상지의 하나로 발전했다. 세계 4대 문명은 메소포타미아·이집트·인더스·황허 문명이며 모두 큰 강 유역을 중심으로 발전했다는 공통점이 있다.
①고조선 문명은 세계 4대 문명이 아니다. ③인더스 문명에 대한 설명이다. ④이집트 문명에 대한 설명이다. ⑤신석기 시대의 양사오·룽산 문화를 거쳐 은·주나라의 청동기로 문명으로 발전했다.

09 제품의 핵심 포인트가 될 만한 소리를 활용한 광고 기법은?

① 시즐 광고   ② 로고송 광고

③ 티저 광고   ④ 푸터지 광고

⑤ 서브리미널 광고

해설 시즐 광고는 제품의 핵심 포인트가 될 만한 소리나 시각적 인상을 마케팅에 활용하는 기법이다. '시즐(sizzle)'은 고기를 구울 때 나는 '지글지글' 소리를 뜻한다.

10 미디어학자 마샬 맥루한이 '정보량이 적은 대신 수용자의 참여도가 높다'고 설명한 미디어 유형은?

① 쿨미디어   ② 핫미디어

③ 소셜미디어   ④ 매스미디어

⑤ 사회적 미디어

해설 캐나다의 미디어 이론가 마샬 맥루한(Marshall McLuhan, 1911~1980)은 1960년대에 이미 활자매체에 대한 전자매체의 우위를 예견하면서 미디어 정세도와 참여도라는 개념에 따라 쿨미디어와 핫미디어로 구분했다. 정세도는 감각이 받아들이는 정보의 자세한 정도로서 정보량이라고 할 수 있다. 참여도는 수용자가 받아들인 메시지의 의미를 재구성하기 위해 상상력을 개입해야 하는 정도다. 쿨미디어는 정세도가 낮은 대신 참여도가 높으며 핫미디어는 정세도가 높은 대신 참여도가 낮다. 이러한 구분은 상대적인 기준이지만 활자매체인 책과 전자매체인 TV를 비교할 때 책은 핫미디어, TV는 쿨미디어라고 할 수 있다.

11 다음 판소리 장단 중 가장 빠른 것은?

① 중모리   ② 중중모리

③ 휘모리   ④ 진양조

⑤ 자진모리

해설 진양조→중모리→중중모리→자진모리→휘모리로 갈수록 빠른 장단이다.

12 매슬로우의 동기이론에 따라 〈보기〉의 욕구를 단계별로 바르게 나열한 것은?

┌─────── 보기 ───────┐
ⓒ 안전욕구   ⓒ 자아실현 욕구
ⓒ 생리적 욕구   ⓒ 존경 욕구
ⓒ 사회적 욕구
└───────────────────┘

① ⓒ-ⓒ-ⓒ-ⓒ-ⓒ

② ⓒ-ⓒ-ⓒ-ⓒ-ⓒ

③ ⓒ-ⓒ-ⓒ-ⓒ-ⓒ

④ ⓒ-ⓒ-ⓒ-ⓒ-ⓒ

⑤ ⓒ-ⓒ-ⓒ-ⓒ-ⓒ

해설 ▲1단계(생리적 욕구 : 의식주 생활에 대한 본능적인 욕구) → ▲2단계(안전 욕구 : 신체적·정서적으로 안전을 추구하는 욕구) → ▲3단계(사회적 욕구 : 사회적 소속감과 애정을 받고 있음을 느끼고자 하는 욕구) → ▲4단계(존경의 욕구 : 자기만족을 느끼고 집단 내에서 뛰어남을 타인으로부터 인정받고자 하는 욕구) → ▲5단계(자아실현의 욕구 : 지속적인 자기계발을 통해 스스로 만족을 느끼는 가장 높은 단계의 욕구)

13 〈보기〉에서 간접세는 몇 개인가?

┌─────── 보기 ───────┐
• 부가가치세   • 법인세   • 상속세
• 소득세   • 주세   • 증여세
• 종합부동산세   • 개별소비세
└───────────────────┘

① 0개   ② 1개   ③ 2개

④ 3개   ⑤ 4개

해설 〈보기〉에서 간접세는 부가가치세·주세·개별소비세 등 3개다. 조세를 부과할 때 조세를 실제로 부담하는 담세자와 조세를 납부하는 납세자가 일치하는 세금을 직접세라고 하며 일치하지 않는 세금을 간접세라고 한다. 직접세에는 소득세·법인세·상속세·증여세·종합부동산세·주민세 등이 있다. 간접세에는 부가가치세·개별소비세·주세·인지세·증권거래세 등이 있다.

14 아이디어와 변화 창출에 능한 광고 디자인 등 기획 관련 업종 종사자를 지칭하는 말은?

① 골드칼라
② 그레이칼라
③ 르네상스칼라
④ 일렉트로칼라
⑤ 레인보우칼라

해설 레인보우칼라(rainbow collar)에 대한 설명이다.
① 골드칼라 : 아이디어로 무장한 지식 창조형 전문가들을 말한다. 학력이나 경력과 상관없이 두뇌와 정보를 갖고 새로운 가치를 창조해 정보화시대를 이끌어가는 전문직 종사자에 해당한다.
② 그레이칼라 : 과학기술이 고도화하면서 생산공정이 컴퓨터화 돼 생산·육체 노동에서도 과학적인 요소가 중요해졌다. 이에 따라 블루칼라와 화이트칼라의 구분이 모호해진 새로운 생산노동에 종사하는 노동자들을 그레이칼라라고 부른다.
③ 르네상스칼라 : 르네상스 시대의 레오나르도 다 빈치처럼 다양한 경험을 갖고 변화에 신속히 대응해 인터넷 사업에서 두각을 나타내는 사람들을 말한다.
④ 일렉트로칼라 : 컴퓨터 기술로 무장된 엘리트 집단을 뜻한다. 정보화 사회에서 컴퓨터의 활용범위와 방법이 복잡해짐에 따라 이를 능숙하게 다룰 수 있는 사람들이 각광받게 되었고, 이들을 일렉트로칼라라고 한다.

15 2022년 7월 26일 기준 한국은행 기준금리는?

① 2.00%　② 2.25%　③ 2.50%
④ 2.75%　⑤ 3.00%

해설 한국은행 금융통화위원회가 지난 7월 13일 기준금리를 0.5%p 올리며 기준금리는 연 2.25%가 됐다.

16 남사당패의 우두머리를 무엇이라고 하는가?

① 뜬쇠　② 가열　③ 삐리
④ 꼭두쇠　⑤ 곰뱅이쇠

해설 남사당패는 조선 후기 전국을 떠돌며 풍물(농악), 버나(사발돌리기), 살판(땅재주), 어름(줄타기), 덧뵈기(탈놀이), 덜미(인형극) 등의 연희를 공연했던 남성 유랑 연예인 집단이다. 꼭두쇠는 40~50명의 연희자들로 구성된 남사당패의 우두머리이며 ①뜬쇠는 각 연희 분야의 선임자다. ②가열은 연희의 보통 기능자, ③삐리는 초입자, ⑤곰뱅이쇠는 꼭두쇠를 보좌하며 마을에 들어갈 때 공연을 벌여도 좋다는 사전 승낙을 받는 일을 하는 사람을 뜻한다.

17 〈보기〉는 어떤 이론에 대한 설명인가?

> ─┤ 보기 ├─
>
> 포르투갈이 포도주와 옷감을 영국보다 적은 비용으로 생산할 수 있는데 영국은 포도주 생산에 막대한 비용이 들고 옷감 생산은 비교적 적은 비용이 든다고 가정하자. 절대적인 경쟁력만 본다면 영국은 포도주건 옷감이건 무역으로 이익을 볼 수 없을 것이다. 그러나 생산에 관련된 제반 비용을 고려하면 포르투갈은 더 큰 이익이 남는 포도주를 수출하고 잉글랜드는 포도주를 포기하는 대신 옷감을 수출함으로써 두 나라 모두 이익을 볼 수 있다.

① 기대효용이론
② 한계효용론
③ 비교우위론
④ 합리적 선택이론
⑤ 보몰-토빈 모형

해설 비교우위론은 한 나라가 다른 나라에 대하여 재화의 생산에 절대 열위에 있다고 하더라도 상대적으로 생산의 기회비용이 낮은, 비교 우위에 있는 상품 생산에 주력하여 거래를 하면 서로 이익을 얻을 수 있다는 이론이다. 1817년 리카도에 의해 주창되었다.

01 다음 검색창에 들어갈 왕에 대한 설명으로 옳은 것은?

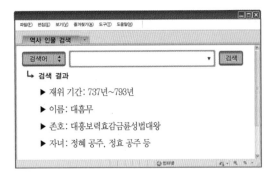

① 인안이라는 독자적 연호를 사용하였다.
② 장문휴를 보내 당의 등주를 공격하였다.
③ 수도를 중경 현덕부에서 상경 용천부로 옮겼다.
④ 대문예로 하여금 흑수 말갈을 정벌하게 하였다.
⑤ 고구려 유민을 이끌고 동모산에서 나라를 세웠다.

해설 제시된 자료에서 '대흠무', '정혜 공주', '정효 공주' 등을 통해 발해 문왕과 관련된 내용임을 알 수 있다.
③ 발해의 문왕은 756년에 수도를 중경 현덕부에서 상경 용천부로 옮기는 등 지배 체제의 정비를 위해 노력하였다.

오답 피하기
① 발해의 무왕은 중국과 대등한 지위에 있음을 과시하기 위해 '인안'이라는 독자적인 연호를 사용하였다.
② 발해의 무왕은 장문휴로 하여금 산둥 지방의 등주를 공격하게 하였다.
④ 발해의 무왕은 동생 대문예를 시켜 발해의 후방을 위협하는 흑수 말갈을 공격하게 하였다.
⑤ 발해는 대조영이 고구려 유민·말갈인 집단과 함께 동모산에서 건국한 나라이다.

02 교사의 질문에 대한 학생의 답변으로 옳은 것은?

① 경재소를 두어 유향소를 통제하였어요.
② 지방의 22담로에 왕족을 파견하였어요.
③ 전국의 주요 지역에 12목을 설치하였어요.
④ 지방관을 감찰하기 위해 외사정을 두었어요.
⑤ 관찰사를 보내어 관할 고을의 수령을 감독하였어요.

해설 제시된 지도에서 9주 5소경이 표시된 것을 통해 통일 신라의 지방 행정 조직임을 알 수 있다. 통일 신라는 넓어진 영토를 효율적으로 통치하기 위해 지방 행정 조직을 9주 5소경 체제로 정비하였다.
④ 통일 신라는 중앙에서 지방을 견제하기 위해 외사정을 파견하였다.

오답 피하기
① 조선은 경재소를 통해 유향소와 정부 사이의 연락을 담당하게 하여 유향소를 중앙에서 직접 통제할 수 있게 하였다.
② 백제의 무령왕은 지방의 22담로에 왕족을 파견하여 지방에 대한 통제를 강화하고자 하였다.
③ 고려 성종은 최승로의 건의를 받아들여 지방의 주요 지점에 12목을 설치하고 지방관을 파견하였다.
⑤ 조선은 전국을 8도로 나누었으며, 도의 행정을 책임지는 지방관으로 관찰사를 파견하였다.

03 (가) 인물에 대한 설명으로 옳은 것은?

○ 넷째 아들 금강은 몸이 크고 지략이 많았다. (가) 이/가 특별히 그를 총애하여 왕위를 물려주려고 하였다. 그의 형 신검, 양검, 용검 등이 이를 알고서 걱정하고 번민하였다.

○ (가) 이/가 요청하여 말하기를, "늙은 신하가 멀리 바다를 건너 성군(聖君)의 교화에 투항하였으니, 바라건대 그 위엄에 기대어 역적인 아들을 베고자 할 뿐입니다."라고 하였다.

① 김흠돌의 반란을 진압하였다.
② 경주의 사심관으로 임명되었다.
③ 후당, 오월에 사신을 파견하였다.
④ 국호를 마진으로 바꾸고 철원으로 천도하였다.
⑤ 정계와 계백료서를 지어 관리의 규범을 제시하였다.

해설 제시된 자료에서 '넷째 아들 금강', '신검, 양검, 용검', '늙은 신하', '투항' 등을 통해 (가) 인물이 후백제의 견훤임을 알 수 있다.
③ 견훤은 중국의 후당(後唐), 오월(吳越)과도 통교하는 등 대중국 외교에 적극적이었다.

오답 피하기
① 통일 신라의 신문왕은 김흠돌의 난을 진압하고 이를 계기로 귀족 세력을 숙청하고 왕권을 강화하였다.
② 고려 태조는 신라왕 김부(경순왕)가 항복하자 그를 경주의 사심관으로 삼아 부호장 이하 관직자들의 일을 살피도록 하였다.
④ 후고구려를 건국한 궁예는 마진으로 국호를 바꾸었으며 송악(개성)에서 철원으로 천도하였다. 이후 태봉으로 국호를 바꾸기도 하였다.
⑤ 고려 태조는 『정계』와 『계백료서』를 지어 관리가 지켜야 할 규범을 제시하였다.

04 (가), (나) 사이의 시기에 있었던 사실로 옳은 것은?

(가) 쌍기가 처음으로 과거 제도의 실시를 건의하였고, 마침내 지공거가 되어 시(詩)·부(賦)·송(頌)·책(策)으로써 진사 갑과에 최섬 등 2인, 명경업(明經業)에 3인, 복업(卜業)에 2인을 선발하였다.

(나) 최승로가 상서하기를, "…… 지금 살펴보면 지방의 세력가들은 매번 공무를 핑계 삼아 백성을 침탈하므로 백성이 그 명을 감당하지 못합니다. 청컨대 외관(外官)을 두소서."라고 하였다.

① 국가 주도로 해동통보가 발행되었다.
② 인사 행정을 담당하던 정방이 폐지되었다.
③ 관학 진흥을 위해 전문 강좌인 7재가 개설되었다.
④ 호구의 정확한 파악을 위해 호패법이 실시되었다.
⑤ 처음으로 직관·산관 각 품의 전시과가 제정되었다.

해설 (가) 제시된 자료에서 '쌍기', '처음으로 과거 제도의 실시를 건의', '지공거' 등을 통해 (가)가 고려 광종 때의 과거제 도입(958)과 관련된 내용임을 알 수 있다.
(나) '최승로', '외관(外官)을 두소서' 등을 통해 고려 성종 때 12목을 설치하고 지방관을 파견한 것(983)과 관련된 내용임을 알 수 있다.
⑤ 고려 경종은 976년에 관리들에게 전지와 시지를 지급하는 전시과 제도를 제정하였다.

오답 피하기
① 고려 숙종(재위 1095~1105)은 삼한통보, 해동통보 등의 화폐를 발행하였다.
② 고려 공민왕(재위 1351~1374)은 반원 자주 정책과 함께 왕권 강화 정책을 추진하면서 정방을 폐지하여 국왕의 인사권을 강화하였다.
③ 고려 예종(재위 1105~1122)은 관학 진흥을 위해 국자감을 정비하고 전문 강좌인 7재를 설치하였다.
④ 조선 태종(재위 1400~1418)은 전국의 인구 동태를 파악하기 위해 16세 이상의 모든 남자에게 호패를 발급하는 호패법을 마련하였다.

05 (가) 군사 조직에 대한 설명으로 옳은 것은?

오늘은 개경 환도 결정에 반발하여 봉기한 (가) 을/를 소개하는 시간입니다. 화면 속 자료에 대한 설명 부탁드립니다.

이 자료는 승화후 왕온을 왕으로 추대한 (가) 이/가 일본에 보낸 외교 문서를 일본 측에서 그 이전의 고려 국서와 비교하여 정리한 것입니다.

고려첩장불심조조

① 승려 출신으로 구성된 항마군이 있었다.
② 여진을 정벌하여 동북 9성 일대를 확보하였다.
③ 거란의 침입에 대비하는 과정에서 설치되었다.
④ 경대승이 신변 보호를 위해 만든 사병 조직이다.
⑤ 진도와 제주도로 근거지를 옮기면서 항쟁하였다.

해설 제시된 자료에서 '개경 환도 결정에 반발하여 봉기', '승화후 온', '고려첩장 불심조조' 등을 통해 (가) 군사 조직이 삼별초임을 알 수 있다.
⑤ 고려 정부가 개경 환도를 결정하자 강화도에 있던 삼별초는 개경 환도에 반대하여 장기 항전을 계획하고 진도, 제주도로 근거지를 옮기면서 대몽 항쟁을 전개하였다.

오답 피하기
① 고려 숙종 때 윤관의 건의를 수용하여 기병 부대인 신기군, 보병 부대인 신보군, 승병 부대인 항마군으로 구성된 별무반을 창설하였다.
② 고려 예종 때 윤관은 별무반을 이끌고 여진을 정벌하여 동북 9성을 축조하였다.
③ 고려 정종은 거란의 침입을 막기 위하여 농민으로 구성된 예비군인 광군을 설치하였다.
④ 고려 무신 집권기 경대승은 자신의 경호를 위한 사병 집단인 도방을 설치하였다.

06 (가), (나) 역사서에 대한 설명으로 옳은 것은?

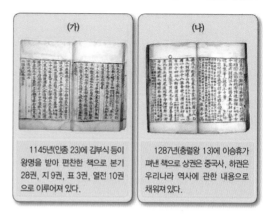

(가)

1145년(인종 23)에 김부식 등이 왕명을 받아 편찬한 책으로 본기 28권, 지 9권, 표 3권, 열전 10권으로 이루어져 있다.

(나)

1287년(충렬왕 13)에 이승휴가 펴낸 책으로 상권은 중국사, 하권은 우리나라 역사에 관한 내용으로 채워져 있다.

① (가) - 사초, 시정기 등을 바탕으로 실록청에서 편찬하였다.
② (가) - 불교사를 중심으로 고대의 민간 설화 등을 수록하였다.
③ (나) - 고조선의 건국 이야기가 수록되어 있다.
④ (나) - 유네스코 세계 기록 유산으로 등재되었다.
⑤ (가), (나) - 고구려 건국 시조의 일대기를 서사시 형태로 서술하였다.

해설 제시된 자료에서 '김부식', '본기', '표', '지', '열전' 등을 통해 (가) 역사서가 『삼국사기』임을 알 수 있다. (나)는 '충렬왕', '이승휴', '상권은 중국사' '하권은 우리나라 역사' 등을 통해 『제왕운기』임을 알 수 있다.
③ 이승휴가 저술한 『제왕운기』는 단군을 우리 민족의 시조로 내세운 고려 후기의 대표적인 역사서이다.

오답 피하기
① 조선은 전왕의 통치 기록인 사초, 시정기, 『승정원일기』 등을 모두 합하여 『조선왕조실록』을 편찬하였다.
② 고려 원 간섭기에 일연은 민족적 자주 의식을 표현한 『삼국유사』를 저술하였다.
④ 유네스코 세계 기록 유산에 등재된 우리나라 기록물로는 훈민정음(해례본), 『조선왕조실록』, 『직지심체요절』, 『승정원일기』 등이 있다.
⑤ 이규보가 지은 『동명왕편』은 고구려 동명왕의 업적을 칭송한 영웅 서사시이다.

07 (가) 기구에 대한 설명으로 옳은 것은?

> **역사 용어 해설**
>
> ┌──────┐
> │ (가) │
> └──────┘
>
> **1. 개요**
>
> 토지와 노비 문제를 해결하기 위해 설치된 임시 기구로, 불법적으로 빼앗긴 토지를 원래의 주인에게 돌려주거나 억울하게 노비가 된 자들을 본래 신분으로 되돌리기 위해 만들어졌다. 1269년(원종 10)에 처음 설치되었고, 이후 폐지와 설치를 거듭하였다.
>
> **2. 관련 사료**
>
> 신돈이 ┌ (가) ┐ 을/를 설치할 것을 청하고 스스로 판사(判事)가 되었다. …… 권세가와 부호 중에 빼앗았던 토지와 노비를 그 주인에게 돌려주는 자가 많아, 온 나라 사람들이 기뻐하였다.

① 원 간섭기에 첨의부로 격하되었다.

② 고려 말에 도평의사사로 명칭이 바뀌었다.

③ 소속 관원이 낭사와 함께 대간으로 불렸다.

④ 공민왕 때 내정 개혁의 일환으로 운영되었다.

⑤ 최씨 무신 정권의 최고 권력 기구로 활용되었다.

해설 제시된 자료에서 '토지와 노비 문제를 해결하기 위해 설치된 임시 기구', '신돈' 등을 통해 (가) 기구가 전민변정도감임을 알 수 있다.
④ 고려 말에 공민왕은 신돈을 전민변정도감의 책임자로 임명하여 권문세족이 부당하게 빼앗은 토지와 노비를 원래 주인에게 돌려주고, 불법적으로 노비가 된 자를 양민 신분으로 회복시켜 주고자 하였다.

오답 피하기
① 원 간섭기에 중서문하성과 상서성은 첨의부로 합쳐지고, 중추원은 밀직사로, 6부는 4사로 개편되는 등 관제와 명칭이 격하되었다.
② 도병마사는 원 간섭기에 도평의사사로 개편되고 명칭이 바뀌었다.
③ 고려 시대에 어사대의 관원은 중서문하성의 낭사와 함께 대간이라고 불렸으며, 왕권 견제의 역할을 하였다.
⑤ 교정도감은 최충헌이 설치한 최고 권력 기구이다.

08 다음 대화의 왕이 재위했던 시기의 사실로 옳은 것은?

> 신 서거정 등이 동국통감을 완성하여 바치나이다. 삼국 이하 여러 역사책에서 뽑아내고 중국 역사에서 가려내서 편년체로 기록하였습니다.

> 이 책은 진실로 만세에 남길 만한 것이다.

① 주자소가 설치되어 계미자가 주조되었다.

② 전통 한의학을 정리한 동의보감이 완성되었다.

③ 음악 이론 등을 집대성한 악학궤범이 간행되었다.

④ 세계 지도인 혼일강리역대국도지도가 제작되었다.

⑤ 한양을 기준으로 한 역법서인 칠정산 내편이 편찬되었다.

해설 제시된 자료에서 '서거정', '동국통감을 완성', '편년체' 등을 통해 조선 성종 때임을 알 수 있다. 『동국통감』은 조선 시대에 서거정 등이 고조선부터 고려 말까지의 역사를 정리한 역사서이다.
③ 조선 성종 때 『악학궤범』이 편찬되어 궁중 음악이 집대성되었다.

오답 피하기
① 조선 태종 때에는 계미자라는 정교한 금속 활자가 만들어졌다.
② 허준의 『동의보감』은 선조의 명으로 편찬되기 시작하여 광해군 때 완성된 의학서이다.
④ '혼일강리역대국도지도'는 조선 태종 때 제작된 세계 지도이다.
⑤ 조선 세종 때에 한양 기준의 역법서인 『칠정산』이 제작되었다.

01 〈보기〉에서 설명하고 있는 작가는?

| 보기 |

《백조》 동인으로 참가해 활동하였고 주로 당시의 현실을 고발하는 경향의 작품을 썼다. 작품에 〈술 권하는 사회〉, 〈무영탑〉, 〈운수 좋은 날〉 등이 있다.

① 최서해　　② 전영택　　③ 현진건
④ 주요섭　　⑤ 나도향

해설 국문학

현진건에 관한 설명이다. 현진건은 제시된 활동 외에 역사 장편 소설을 통하여 민족혼을 표현하려고 시도하기도 하였다.
① 최서해의 대표적인 작품으로 〈탈출기〉 등이 있다.
② 전영택의 대표적인 작품으로 〈화수분〉 등이 있다.
④ 주요섭의 대표적인 작품으로 〈사랑손님과 어머니〉 등이 있다.
⑤ 나도향의 대표적인 작품으로 〈물레방아〉, 〈벙어리 삼룡이〉 등이 있다.

정답 ③

02 〈보기〉의 ㉠~㉣에 쓰인 선어말 어미 '-었-'에 대한 설명으로 적절한 것은?

| 보기 |

㉠ 철수는 이미 밥을 먹었다.
㉡ 코스모스가 활짝 피었구나.
㉢ 간밤의 비로 강물이 많이 불었다.
㉣ 날씨가 이렇게 가무니 올해 농사는 다 지었다.

① ㉠, ㉡은 어떤 행위가 진행 중임을 나타낸다.
② ㉠, ㉢은 미래의 사건이 정해진 양 말할 때 쓴다.
③ ㉡, ㉢은 이야기하는 시점에서 완료된 것의 지속을 표현한다.
④ ㉠, ㉣은 어떠한 상태가 지속되는 의미를 담고 있다.
⑤ ㉡, ㉣은 이야기하는 시점에서 사건이 일어났음을 표현한다.

해설 국어학

㉡, ㉢의 '-었-'은 이야기하는 시점에서 볼 때 완료되어 현재까지 지속되거나 현재에도 영향을 미치는 상황을 표현한다.

정답 ③

03 방송 언어에 대한 설명으로 옳지 않은 것은?

① 이 화첩은 일제 시대 이후 자취를 감춰 그동안 소재를 아는 사람이 없었습니다. → '일제 시대'는 이전 용어이므로 '일제 강점기'로 바꾸어야 한다.
② 아이사랑행복카드를 발급받으실 국민들은 해당하는 서류를 갖추어 각 주민자치센터에 접수하면 됩니다. → 국민들은 접수의 주체가 아니므로 '신청하면'으로 수정해야 한다.
③ 뇌물을 수수한 공무원을 엄중하게 벌하는 중국의 사례를 반면교사로 삼아야 한다는 지적이 높습니다. → '반면교사'는 부정적 측면에서 배우는 경우이므로 적절한 표현이 아니다.
④ 최근 아동을 대상으로 하는 범죄가 급증하고 있습니다. 네 살배기 영아 유기까지 끔찍한 사건들을 정리해 봤습니다. → 4세라는 정보로 미루어 '영아'가 아니라 '유아'가 더 적절하다.
⑤ 오늘 집계 결과 IS 무장 단체에 한국인이 피랍된 경우는 세 차례로 늘었으며 사전 예방 조치와 적극적 대처 방안이 필요하다는 지적이 나오고 있습니다. → 이중 피동의 의미를 지녀 비문이 되고 있으므로 '납치된'으로 수정하여야 한다.

해설 방송 언어

'피랍된'과 '납치된' 모두 사용할 수 있다.

정답 ⑤

04 다음 중 밑줄 친 문장 성분의 종류를 잘못 파악한 것은?

① 화분에 물을 주어야 해. → 목적어
② 영화배우라면 그 작품은 봤을 거야. → 목적어
③ 교육부에서 초등학생용 교재를 만들었다. → 주어
④ 밭이 푸른 바다로 변했다. → 부사어
⑤ 김연아가 또 세계 기록을 경신했다. → 부사어

해설 문법

'화분에'의 문장 성분은 부사어이다. 목적어는 '물을'이며, 주어는 표면적으로 드러나지 않았다.

정답 ①

05 〈보기〉에서 설명하고 있는 문학적 아름다움은?

보기

웃음을 유발하는 유머나 풍자, 해학을 통해 나타난다. 풍자는 대상을 직접적으로 비판하기 어려울 때 간접적으로 비꼬는 것이며, 해학은 풍자에 비해 비판적 의도가 적으며 부정적 상황을 익살스럽게 표현한다.

① 골계미
② 우아미
③ 숭고미
④ 비장미
⑤ 순수미

해설 국문학

골계미는 풍자나 해학의 수법으로 상황이나 인간상을 그려 내며, 기존의 권위나 이치를 의미 있는 것으로 존중하지 않고 추락시킴으로써 발생하는 아름다움이다.

정답 ①

06 〈보기〉의 ㉠~㉤의 예시로 적절하지 않은 것은?

보기

진행자: 오늘은 국립국어원에서 국어 순화 연구를 담당하고 계신 ○○○ 연구관님을 모시고 말씀을 나누어 보겠습니다. 연구관님, 요즘 국어 순화에 대한 관심이 높아지고 있는데요, 주로 어떤 말이 순화의 대상이 되나요?
연구관: 최근에는 ㉠영어를 순화하는 경우가 많습니다.
진행자: 외국어를 고유어로 바꾸는 것이 국어 순화 작업인가요?
연구관: 꼭 그렇지는 않습니다. ㉡한자어를 활용할 수도 있고 ㉢고유어를 활용할 수도 있습니다. 또 이 ㉣두 가지를 조합한 순화어도 있고 아주 드물게 ㉤외래어 자체를 활용하기도 합니다. 이때 활용된 외래어는 완전히 우리말로 정착한 외래어여야 합니다.

① ㉠: 네티즌 → 누리꾼
② ㉡: 트렌드 → 경향
③ ㉢: 노변 → 갓길
④ ㉣: 르포 → 취재기
⑤ ㉤: 보드마커 → 칠판펜

해설 순화어

'취재기'는 한자어를 활용한 순화어이다.

정답 ④

자주 출제되는 고유어		자주 출제되는 외래어 표기법	
가탈	일이 순조롭게 나아가는 것을 방해하는 조건	outlet	아웃렛
고샅	시골 마을의 좁은 골목길. 또는 골목 사이	Odyssey	오디세이
부아	노엽거나 분한 마음	propose	프러포즈
실팍하다	사람이나 물건 따위가 보기에 매우 실하다	flamenco	플라멩코
해사하다	얼굴이 희고 곱다랗다	Hollywood	할리우드

01 밑줄 친 부분 중 어법상 옳지 않은 것을 고르시오.

Domesticated animals are the earliest and most effective 'machines' ①available to humans. They take the strain off the human back and arms. ②Utilizing with other techniques, animals can raise human living standards very considerably, both as supplementary foodstuffs (protein in meat and milk) and as machines ③to carry burdens, lift water, and grind grain. Since they are so obviously ④of great benefit, we might expect to find that over the centuries humans would increase the number and quality of the animals they kept. Surprisingly, this has not usually been the case.

(유형) **문법**

(어휘) domesticated 가축화된 / strain 부담 / utilize 사용하다 / considerably 상당하게 / supplementary 보충적인 / foodstuff 음식 재료 / burden 짐 / obviously 명확하게

해설 ② 인간이 가축들을 어떻게 이용하여 왔는지 설명하고 있는 글이다. Utilizing ~의 분사구문에 주어가 없으므로 주절의 주어와 같은 주어인 것을 알 수 있고 동사 utilize는 목적어를 수반하는 타동사인데 목적어가 없으므로 수동 분사구문이 되어야 한다.

As animals are utilized with other techniques ~
→ Being utilized with other techniques ~
→ Utilized with other techniques ~

① 「주격 관계대명사+be 동사」가 생략된 구문으로, 'machines' that are available to humans에서 that are가 생략되었다.
③ 형용사적 용법의 to부정사로 앞의 명사 machines를 수식한다.
④ 「of+추상명사」는 형용사의 뜻을 갖는다. 따라서 of great benefit은 beneficial이라는 의미이다.

해석 가축화된 동물들은 인간들에게 구할 수 있는 가장 이르고 가장 효과적인 '기계들'이었다. 그들은 인간의 등과 팔의 부담을 떨쳐내 준다. 다른 기술들과 함께 사용되어지면서, 동물들은 보충적인 음식 재료들(고기와 우유의 단백질)과 짐을 실어 나르고 물을 끌어올리고 곡식을 가는 기계들 두 가지로 인간들의 삶의 기준을 매우 상당하게 올릴 수 있다. 그들이 명백하게 아주 이익이 되기 때문에, 우리는 아마 수세기를 지나 인간들이 그들이 소유하고 있는 동물들의 수와 질을 증가시킬 것이라는 것을 알아낼 것이라고 기대할 수도 있다. 놀랍게도, 이것은 보통에서 그렇지 않다.

정답 ②

02 다음 글의 내용과 일치하지 않는 것은?

Langston Hughes was born in Joplin, Missouri, and graduated from Lincoln University, in which many African–American students have pursued their academic disciplines. At the age of eighteen, Hughes published one of his most well–known poems, "Negro Speaks of Rivers." Creative and experimental, Hughes incorporated authentic dialect in his work, adapted traditional poetic forms to embrace the cadences and moods of blues and jazz, and created characters and themes that reflected elements of lower–class black culture. With his ability to fuse serious content with humorous style, Hughes attacked racial prejudice in a way that was natural and witty.

① Hughes는 많은 미국 흑인들이 다녔던 대학교를 졸업하였다.
② Hughes는 실제 사투리를 그의 작품에 반영하였다.
③ Hughes는 하층 계급 흑인들의 문화적 요소를 반영한 인물을 만들었다.
④ Hughes는 인종편견을 엄숙한 문체로 공격하였다.

[유형] 독해

[어휘] discipline 교육, 훈련, 훈육 / experimental 실험적인 / incorporate 통합시키다 / authentic 진짜의 / dialect 지역 언어 / embrace 수용하다 / cadence 억양 / fuse 결합[융합]시키다 / prejudice 편견 / witty 위트 있는

[해설] ④ 본문 마지막에 진지한 내용과 재미있는 문체를 결합시키는 능력으로 Hughes가 자연스럽고 재치 있게 인종적 편견을 공격했다고 했으므로 ④는 글의 내용과 일치하지 않는다.

[해석] Langston Hughes는 미주리 주 Joplin에서 태어나 많은 아프리카계 미국 학생들이 학업을 추구한 Lincoln 대학교를 졸업했다. Hughes는 열여덟 살 때 가장 잘 알려진 시 중 하나인 "Negro Speaks of Rivers"를 출간했다. 창의적이고 실험적인 Hughes는 작품에 진정한 사투리를 접목시켰고, 블루스와 재즈의 억양과 분위기를 수용하기 위해 전통적인 시적 형식을 조정했으며, 하류 흑인 문화의 요소를 반영하는 인물과 주제를 창조했다. 진지한 내용과 재미있는 문체를 결합시키는 능력으로, Hughes는 자연스럽고 재치 있는 방법으로 인종적 편견을 공격했다.

정답 ④

어 / 휘 / 추 / 리

01 다음 단어 쌍의 관계가 동일하도록 괄호 안에 들어갈 알맞은 단어를 고르면?

> 번창하다 : 번영하다 = 조밀하다 : (   )

① 성기다   ② 엉성하다   ③ 촘촘하다
④ 구성지다   ⑤ 정밀하다

해설 • 번창하다: 번화하게 창성하다.
• 번영하다: 번성하고 영화롭게 되다.
두 단어의 관계는 유의관계이다. '조밀하다'는 "촘촘하고 빽빽하다."라는 뜻이므로 "틈이나 간격이 매우 좁거나 작다."라는 뜻의 '촘촘하다'와 유의관계이다. 따라서 정답은 ③이다.

정답 ③

02 다음 단어 쌍의 관계가 동일하도록 괄호 안에 들어갈 알맞은 단어를 고르면?

> 진출하다 : 나아가다 = 옹골차다 : (   )

① 알차다   ② 세차다   ③ 옹립하다
④ 성취하다   ⑤ 요란하다

해설 • 진출하다: 어떤 방면으로 활동 범위나 세력을 넓혀 나아가다.
• 나아가다: 앞으로 향하여 가다.
두 단어의 관계는 유의관계이다. '옹골차다'는 "매우 실속이 있게 속이 꽉 차 있다."라는 뜻이므로 "속이 꽉 차있거나 내용이 아주 실속이 있다."라는 뜻의 '알차다'와 유의관계이다. 따라서 정답은 ①이다.

정답 ①

03 다음 단어 쌍의 관계가 동일하도록 괄호 안에 들어갈 알맞은 단어를 고르면?

접촉하다 : 맞닿다 = 두둔하다 : (   )

① 맞서다　　　　　　② 정돈하다　　　　　③ 금지하다
④ 옹호하다　　　　　⑤ 은둔하다

해설　• 접촉하다: 서로 맞닿다.
• 맞닿다: 마주 닿다.
두 단어의 관계는 유의관계이다. '두둔하다'는 "편들어 감싸 주거나 역성을 들어주다."라는 뜻이므로 "두둔하고 편들어 지키다."라는 뜻의 '옹호하다'와 유의관계이다. 따라서 정답은 ④이다.

정답　④

04 다음 단어 쌍의 관계가 동일하도록 괄호 안에 들어갈 알맞은 단어를 고르면?

영겁 : 순간 = 숭고 : (   )

① 고귀　　　　　　　② 비속　　　　　　　③ 우아
④ 비굴　　　　　　　⑤ 고속

해설　• 영겁: 영원한 세월
• 순간: 아주 짧은 동안
두 단어의 관계는 반의관계이다. '숭고'는 "뜻이 높고 고상함"이라는 뜻이므로 "격이 낮고 속됨"이라는 뜻의 '비속'과 반의관계이다. 따라서 정답은 ②이다.

정답　②

대 / 인 / 관 / 계 / 능 / 력

01 다음 글의 밑줄 친 ⑤~⑩ 중 독재자 유형과 변혁적 유형의 리더에 대한 모습으로 적절하지 않은 것을 고르면?

> 독재자 유형의 리더는 집단의 규칙하에 지배자로 군림하고, 동료에게는 그의 권위에 대한 도전이나 반항 없이 순응하도록 요구하며, 조직 구성원들에게는 주어진 업무만을 묵묵히 수행할 것을 기대한다. 이러한 유형의 리더는 ⑤ '지식(정보)이 권력의 힘'이라고 생각하기 때문에 대부분의 구성원들과 조직에 대한 핵심 정보를 혼자 독점하고 유지하려고 애쓰며, 다른 구성원들에게는 기본적 수준의 정보만을 제공하는 특징을 보인다. 또한 언제 어디서나 가장 최고의 질적 수준을 요구한다. 실수는 결코 용납되지 않으며, 한 번의 실수는 곧 해고로 이어지거나 다른 형태의 징계로 이어지게 된다. 특히 집단이 통제가 없는 방만한 상태에 있을 때 혹은 가시적인 성과물이 보이지 않을 때 독재자 유형을 사용한다면 효과적이다. 이러한 경우 독재자 유형의 리더는 ⑥ 팀원에게 업무를 공정히 나누어 주고, 그들 스스로가 결과에 대한 책임을 져야 한다는 것을 일깨워 준다.
> 반면, 변혁적 리더는 조직에 명확한 비전을 제시하고, 집단 구성원들에게 그 비전을 쉽게 전달한다. 이러한 유형의 리더는 ⑦ 자신이 조직 구성원들 중 한 명일 뿐이며, 조직 구성원들보다 경험이 더 풍부하더라도 다른 구성원들보다 더 비중 있게 대우받아서는 안 된다고 생각한다. 변혁적 리더는 뛰어난 사업 수완이 있으며, 어떠한 의사 결정이 조직에 긍정적으로 영향을 미치는지 예견할 수 있는 능력을 지니고 있다. 뿐만 아니라 ⑧ 개개인에게 시간을 할애하여 그들 스스로가 중요한 존재임을 깨닫게 하고, 존경심과 충성심을 불어넣는다. 구성원이나 팀이 직무를 완벽히 수행했을 때 칭찬을 아끼지 않으며, 사람들로 하여금 한 가지 일에 대한 성공이 미래의 여러 도전을 극복할 수 있는 자극제가 될 수 있다는 것을 깨닫게 한다. 변혁적 리더는 ⑩ 개개인과 팀이 유지해 온 이제까지의 업무 수행 상태를 뛰어넘기를 원하며, 전체 조직이나 구성원들에게 변화를 가져오는 원동력이 될 수 있다.

① ㉠   ② ㉡   ③ ㉢   ④ ㉣   ⑤ ㉤

해설 ㉢의 내용은 변혁적 유형이 아닌 파트너십 유형의 모습에 해당한다. 리더십 유형은 크게 독재자 유형, 민주주의에 근접한 유형, 파트너십 유형, 변혁적 유형 네 가지로 구분한다. 이 중에서 파트너십 유형은 리더와 구성원 간의 구분이 희미하고, 평등함을 중요시하므로 리더가 조직의 한 구성원이 되기도 하며 더 비중 있게 대우받아서는 안 된다고 여긴다. 또한 모든 구성원들은 조직의 행동에 대한 성과 및 결과에 대한 책임을 공유한다.

정답 ③

02 다음 글을 읽고 W식품이 활용한 협상전략을 고르면?

프랜차이즈 식당인 W식품은 본사와의 인테리어 비용 분담 관련 협상 과정에서 예상보다 많은 비용을 지불해야 하는 상황에 처하게 되었다. 이에 W식품은 본사와의 협상 테이블에 단골 고객 대표를 참석시켜 W식품이 인테리어 비용을 추가 부담하게 될 경우 판매 제품의 단가가 인상될 것이며, 이는 곧 고객층의 이탈로 이어질 것이라는 점을 부각시키는 전략을 사용하였다. 사장이 아닌 고객층의 이러한 설득은 본사 협상단에게 공감을 얻게 되어 결국 W식품은 예상된 비용만으로 인테리어 작업을 수행할 수 있게 되었다.

① 연결 전략
② 상대방 이해 전략
③ 사회적 입증 전략
④ 호혜 관계 형성 전략
⑤ 헌신과 일관성 전략

해설 사회적 입증 전략이란 어떤 과학적인 논리보다도 동료나 사람들의 행동에 의해서 상대방을 설득하는 것이 협상 과정에서 갈등을 해결하기 더 쉽다는 것이다. 사회적 입증에 따르면 사람은 과학적 이론보다 자신의 동료나 이웃의 말 또는 행동에 의해서 더 쉽게 설득되기 때문에 소위 '입소문'을 통해서 설득하는 것이 광고로 설득하는 것보다 효과가 더 크다는 것이다.
① 연결 전략: 협상 과정상의 갈등 상태가 발생했을 때 그 갈등 문제와 갈등 관리자를 연결하는 것이 아니라 그 갈등을 야기한 사람과 관리자를 연결하면 갈등 해결이 용이해진다는 것이다.
② 상대방 이해 전략: 협상 과정상의 갈등 해결을 위해서 상대방에 대한 이해가 선행되어 있으면 갈등 해결이 용이하다는 것이다.
④ 호혜 관계 형성 전략: 호혜 관계란 협상 당사자 간에 어떤 혜택들을 주고받은 관계가 형성되어 있으면 그 협상 과정상의 갈등 해결에 용이하다는 것이다. 호혜 관계를 잘 형성해 놓으면 차후에 어떤 정책을 추진할 때 다른 사람으로부터 협조를 잘 받아낼 수 있다.
⑤ 헌신과 일관성 전략: 협상 당사자 간에 기대하는 바에 일관성 있게 헌신적으로 부응하여 행동하게 되면 협상 과정상의 갈등 해결이 용이하다는 것이다.

정답 ③

01 다음 [그래프]는 A~E학교의 장학금 신청률과 수혜율에 관한 자료이다. 이에 대한 [보기]의 설명 중 옳은 것은 모두 몇 개인지 고르면?

[그래프] 학교별 장학금 신청률과 수혜율 (단위: %)

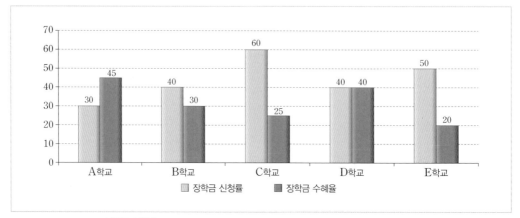

※ 1) (장학금 신청률)(%)= $\dfrac{(장학금 \ 신청자)}{(전체 \ 학생)} \times 100$

  2) (장학금 수혜율)(%)= $\dfrac{(장학금 \ 수혜자)}{(장학금 \ 신청자)} \times 100$

┤ 보기 ├

㉠ A~E학교의 장학금 신청자 수가 모두 동일할 경우, 전체 학생 수가 두 번째로 적은 학교는 E이다.

㉡ 장학금 수혜자가 1,500명일 경우, 장학금 신청률이 가장 높은 학교의 장학금 신청자 수는 6,000명이다.

㉢ 전체 학생 중 장학금 수혜자 비율이 가장 작은 학교부터 순서대로 나열하면 [E−B−A−C−D]이다.

㉣ A~E학교 중 $\dfrac{(장학금 \ 신청률)}{(장학금 \ 수혜율)}$ 이 1 미만인 학교의 장학금 수혜자 수가 가장 많다.

① 0개   ② 1개   ③ 2개

④ 3개   ⑤ 4개

정답 풀이

㉠ (장학금 신청률)=$\frac{(장학금\ 신청자)}{(전체\ 학생)}$×100의 식을 통해 장학금 신청자 수가 모두 동일할 경우, 전체 학생 수가 적을수록 장학금 신청률이 높다는 것을 알 수 있다. 장학금 신청률이 높은 학교 순으로 나열하면, [C−E−B, D−A]이다. 따라서 전체 학생 수가 높은 학교 순으로 나열하면, 장학금 신청률과 반대로 [A−B, D−E−C]이다. 따라서 E학교의 전체 학생 수는 A~E학교 중 두 번째로 적다.

㉡ A~E학교 중 장학금 신청률이 가장 높은 학교는 60%인 C로, C학교의 장학금 수혜율은 25%이다. 장학금 수혜자가 1,500 명일 때, (장학금 수혜율)=$\frac{(장학금\ 수혜자)}{(장학금\ 신청자)}$×100의 식을 바탕으로 C학교의 장학금 신청자 수를 구하면, 1,500×100÷25= 6,000(명)이다.

㉢ [그래프] 주석 1), 2)의 식을 통해 전체 학생 중 장학금 수혜자 비율은 (장학금 신청률)×(장학금 수혜율)임을 알 수 있다. 이를 바탕으로 A~E학교의 비율을 구하면 다음과 같다.

- A: 0.3×0.45=0.135(%)
- B: 0.4×0.3=0.12(%)
- C: 0.6×0.25=0.15(%)
- D: 0.4×0.4=0.16(%)
- E: 0.5×0.2=0.1(%)

따라서 전체 학생 중 장학금 수혜자 비율이 가장 작은 학교부터 순서대로 나열하면 [E−B−A−C−D]이다.

㉣을 제외한 ㉠, ㉡, ㉢이 옳으므로 [보기]의 설명 중 옳은 것은 모두 3개이다.

정답 ④

오답 풀이

㉣ (장학금 신청률)<(장학금 수혜율)일 경우, $\frac{(장학금\ 신청률)}{(장학금\ 수혜율)}$이 1 미만이다. B~E학교는 (장학금 신청률)≥(장학금 수혜율)이지만, A학교만 (장학금 신청률)<(장학금 수혜율)이므로 A~E학교 중 $\frac{(장학금\ 신청률)}{(장학금\ 수혜율)}$이 1 미만인 학교는 A학교이다. A학교의 장학금 수혜율은 45%로 A~E학교 중 가장 높지만, 주어진 자료만으로 각 학교의 장학금 신청자 수를 알 수 없으므로 A학교의 장학금 수혜자 수가 가장 많은 지 알 수 없다.

해결 TIP

이 문제는 2021년 5급 공채 PSAT 기출 변형 문제로 그래프를 바탕으로 보기의 정오를 판단하여 정답을 선택하는 일반적인 NCS 자료해석 빈출유형과는 다르게 개수를 찾는 유형으로, 비교적 높은 난도로 출제되는 유형입니다. 보통 보기의 정오를 판단하는 문제의 경우에는 선택지 구조를 바탕으로 소거법을 이용하여 풀지 않아도 되는 보기를 건너뛸 수 있지만, 이 문제처럼 옳은 또는 옳지 않은 보기의 개수를 찾는 문제의 경우에는 소거법을 이용할 수 없고, 모든 보기에 해당하는 내용을 확인해야 합니다. 따라서 정답을 찾는 데 비교적 시간이 오래 걸리므로 난이도가 상대적으로 높은 문제라고 할 수 있습니다. 하지만 보기의 내용을 해결하는 것 자체는 동일하므로 대소 관계를 물어보는 보기의 내용 중 계산 과정이 복잡한 경우에는 그 과정마다 모두 계산할 필요 없이 결과에 영향을 주지 않는 수치를 생략하거나 분수 비교법, 수치 비교법을 통해 계산 과정을 최소화하는 방법으로 풀어나가도록 합니다.

이 문제는 보기 중 옳은 것의 개수를 구하는 문제로 ㉠~㉣ 4개의 보기가 주어졌으므로 ㉠부터 순차적으로 확인하도록 합니다. ㉠의 경우, 분수의 분모와 분자의 관계를 이용하여 해결할 수 있는데, 분자의 값이 같을 때 분모의 값이 클수록 분수의 값은 작아지고, 반대로 분모의 값이 작을수록 분수의 값은 커진다는 것을 알 수 있습니다. 그래프 주석 1)의 식인 (장학금 신청률)=$\frac{(장학금 \; 신청자)}{(전체 \; 학생)}$ ×100을 통해 장학금 신청률과 전체 학생은 반비례 관계임을 알 수 있습니다. 따라서 전체 학생 수와 장학금 신청률의 수치 관계를 반대로 생각하도록 합니다. E학교의 장학금 신청률이 50%로 두 번째로 높으므로 전체 학생 수는 두 번째로 적은 학교임을 알 수 있습니다. 따라서 ㉠은 옳은 보기임을 알 수 있습니다. ㉡의 경우, 그래프 수치와 주석 2)의 식을 바탕으로 간단한 계산을 통해 빠르게 해결할 수 있는 보기입니다. C학교의 장학금 수혜율은 25%로 장학금 수혜자는 장학금 신청자의 $\frac{1}{4}$임을 알 수 있습니다. 따라서 C학교의 장학금 신청자 수는 1,500×4=6,000(명)이므로 ㉡ 역시 옳은 보기임을 알 수 있습니다. ㉢의 경우, 그래프 주석 1), 2)의 식 구조를 통해 전체 학생 중 장학금 수혜자 비율이 (장학금 신청률)×(장학금 수혜율)임을 알 수 있습니다. 따라서 (장학금 신청률)×(장학금 수혜율)의 식을 바탕으로 A~E학교의 비율을 모두 계산하지 않고 수치 비교를 하여 대소 관계를 판별할 수 있습니다. 예를 들어 D학교는 40×40이고, B학교는 40×30이므로 D학교가 더 크다는 것을 알 수 있고, C학교는 60×25이고, E학교는 50×20이므로 C학교가 더 크다는 것을 알 수 있습니다. C학교 60×25와 D학교 40×40을 비교해보면, 40 → 60은 1.5배 증가하였지만 25 → 40은 1.5배 이상 증가하였으므로 60×25＜40×40, 즉 C＜D임을 알 수 있습니다. 이와 같은 방법으로 모든 학교의 결괏값을 계산할 필요 없이 수치 비교를 통해 대소 관계를 확인하면, [E-B-A-C-D]이므로 ㉢ 역시 옳은 보기임을 알 수 있습니다. 마지막으로 ㉣을 보면, 주어진 자료는 신청률, 수혜율과 같은 비율에 관한 내용이므로 ㉡과 같이 인원이 제시되어 있지 않은 경우에는 인원수를 알 수 없습니다. 따라서 ㉣은 틀린 보기이므로 ㉣을 제외한 ㉠, ㉡, ㉢ 3개가 옳은 보기입니다. 그러므로 정답을 ④로 선택할 수 있습니다.

김 성 근
에듀윌 취업연구소 연구원

PART

04

상 식 을
넘은 상식

사고의 틀이 넓어지는 깊은 상식

고환율이 한국 경제에 미치는 영향

역대 세 번째 1300원대 환율...이번엔 수출 호재 아니다

● 이슈의 배경

미국 달러가 맹위를 떨치고 있다. 물가 상승과 부채 문제 등으로 경제 위기에 빠진 나라의 통화 가치는 하락하기 마련이다. IMF(국제통화기금) 외환위기 당시 1달러당 800원대였던 원·달러 환율은 1900원대까지 치솟으며 국민소득이 반 토막 난 적이 있다.

그러나 전 세계 기축 통화의 패권을 쥔 미국 달러만큼은 예외다. 글로벌 경제 위기가 닥칠수록 안전자산을 선호하는 심리가 강해지면서 달러에 대한 수요가 늘기에 달러 가치는 더욱 상승하는 경우가 많다.

팬데믹 이후 지나치게 풀린 시중 유동성을 줄이고자 미국 연방준비제도(Fed·연준)는 두 번 연속 자이언트스텝(기준금리를 한꺼번에 0.75%p 인상)을 밟았다. 기준금리 인상도 부족해 **양적긴축** 카드까지 꺼냈지만 40여 년 만에 최고를 기록한 인플레이션을 잡지 못하고 있다.

여기에 러시아의 우크라이나 침공으로 인한 지정학 리스크와 원자재 공급망 차질까지 더해지며 전 세계가 스태그플레이션(경기 불황 속 물가상승)의 수렁에 빠져들었지만 미국 달러 가치는 20년 만에 최고치로 치솟았다.

그 반작용으로 원·달러 환율은 고공행진을 계속했다. 지난 6월 23일 원·달러 환율은 1300원대로 치솟았다. 환율이 1300원을 웃돈 것은 2009년 미국발 글로벌 금융위기, 2001년 닷컴버블 붕괴, 1997년 IMF 외환위기 등 역대 세 차례뿐이었다.

평상시 환율이 1050~1200원 사이에서 박스권을 형성하는 점을 고려할 때 현재 환율은 매우 높은 수준이다. 이같이 이례적인 고환율 추세는 한국 기업과 경제 전반에 어떤 영향을 미칠 것인가. 또 이러한 영향에 우리는 어떻게 대비해야 하는가.

양적긴축 (QT, Quantitative Tightening)

양적긴축(QT)은 금리 인상을 통한 긴축 효과가 한계에 다다랐을 때 중앙은행이 보유한 채권을 매각하고 시중 자금을 회수하는 방법 등으로 통화의 유동성을 줄이는 정책이다. 양적긴축은 금리 인상이나 테이퍼링보다 더 직접적이고 강력한 긴축 정책이다.

미 연준은 2008년 당시 글로벌 금융위기로 무너진 경기를 살리기 위해 연방정부가 발행하거나 보증한 채권을 대량으로 사들여 시중에 자금을 푸는 양적완화를 단행했다. 경기 정상화 이후 연준은 매입했던 채권의 매각을 통해 풀었던 자금을 회수함으로써 통화량을 긴급 사태 이전으로 정상화하는 양적긴축을 단행했다.

당시처럼 코로나 팬데믹 상황에서도 미 연준을 비롯한 각국 중앙은행은 얼어붙은 경기를 되살리기 위해 시중에 막대한 자금을 풀었다. 그 후폭풍으로 현재 유동성 과잉과 자산 버블, 기록적 인플레이션 조짐이 나타났기에 연준 등은 다시 양적긴축을 고려하고 있는 것이다.

🔵 이슈의 논점

고환율이 기업에 미치는 영향

고환율로 산업계의 명암이 교차했다. 직격탄을 맞은 업종은 항공업계다. 항공사들은 항공유를 달러로 구입해야 하는데 고유가에 고환율 이중고에 시달리고 있다. 환율이 10원 오를 경우 대한항공은 약 410억원의 외화 평가 손실이 발생한다고 한다. 항공사와 여행사 등은 팬데믹 이후 해외여행 재개 특수를 기대했지만 환율 상승으로 해외여행 비용이 폭등하면서 해외여행객이 줄어드는 것도 악재다.

고환율이 정유업계에 미치는 영향은 복합적이다. 환율 상승 시 석유제품 수출에는 유리하지만 원유 수입 시 달러로 결제하기 때문에 손해를 볼 수 있다.

정유업체가 외국에서 원유를 들여와 정유 공정을 거쳐 제품을 내놓기까지는 약 두 달이 걸리는데 이 기간 현금이 묶이기 때문에 정유사들은 자금을 융통할 목적으로 유전스(usance : 수입자가 거래 은행으로부터 일정 기간 결제 대금 지급을 유예받고 일정 기간 후 현 시점 환율로 지불하도록 한 채권의 일종)라는 채권을 발행한다. 환율이 치솟으면 채권 발행에 따른 이자 부담이 커지고 손실이 늘 수 있다.

우리나라 주력 수출 산업 중 하나인 반도체 업계는 국내서 생산하는 반도체 대부분이 수출 물량이고 달러화 기준으로 거래를 하는 업종이다. 따라서 고환율 상황이 전반적으로 수익성 개선 효과를 줄 수 있다. 다만 해외에서 필수적으로 수입해야 하는 희귀가스, 실리콘 웨이퍼 등 반도체 장비나 원재료 비용 지출이 드는 것은 감안해야 한다.

조선업계 역시 주로 달러로 대금을 받기 때문에 고환율이 대체로 매출과 실적에 긍정적 영향을 준다. 하지만 환율 상승세가 장기화될 경우 철광석 등 원자재 수입 가격과 각종 자재 대금이 올라 부담으로 작용할 수 있다. 실제로 최근 후판(선박에 쓰이는 두꺼운 철판) 가격이 급등하면서 조선업계의 수익성이 악화됐다.

고환율이 더 이상 수출 호재가 아닌 이유

원·달러 환율이 오르면(원화 가치가 절하되면) 외국에 수출하는 한국 상품 가격이 싸지므로 수출이 늘고 수익도 증가하는 것이 일반적인 경제 상식이다. 유동성 과잉으로 인플레이션 시대가 오기 직전까지 각국은 수출 경쟁력을 높이기 위해 경쟁적으로 유동성 과잉 경쟁을 벌이며 자국 화폐 가치를 떨어뜨리려 했다.

실제로 2008년 글로벌 금융위기 당시부터 이듬해까지 이어진 고환율 정책은 한국 상품의 수출 증가를 도우며 우리 경제가 경제 충격을 비교적 덜 받고 빠르게 회복하는 데 도움이 됐다고 평가받는다. 14년이 지나 환율이 다시 1300원이 넘었지만 현재로서는 환율 상승은 수출 호재라는 공식이 통하지는 않는다.

그 첫 번째 까닭은 가파른 인플레이션으로 원자재 가격이 천정부지로 올라 환율 상승에 따른 수출 경쟁력 증대 효과를 상쇄했기 때문이다. 글로벌 금융위기 시기인 2009년 전 세계 물가 상승률은 2.8%에 그쳤으며 금융위기의 진원지였던 미국과 유럽 등 선진국의 물가 상승률은 0.2%에 불과했다.

그러나 IMF는 올해 전 세계 물가 상승률을 7.4%로 예상했다. 원유, 천연가스, 철강·금속, 밀·옥수수 등 폭등하지 않은 원자재를 찾기 어렵다. 자동차, 반도체, 조선, 건설, 식품 등을 막론하고 대다수 기업이 치솟는 원가 부담에 비명을 지르고 있다. 원자재 거래대금 결제는 달러를 이용하기 때문에 엎친 데 덮친 격이다.

두 번째 까닭은 달러 강세 현상이 원화뿐만 아니라 다른 주요 수출 경쟁국 통화에서도 나타나고 있다는 점이다. 일본 엔화와 중국 위안, 유럽연합(EU) 유로화의 달러 대비 통화가치는 역사적인 규모로 떨어졌다.

엔화는 20여 년 만에 처음으로 달러당 130엔을 돌파했다. 엔화가 달러당 140엔까지 떨어질 경우 한국의 1인당 국내총생산(GDP)이 일본 1인당 GDP를 앞설 것이란 전망도 나온다. 지난 7월 유로화 대비 달러 가치는 20년 만에 가장 높은 수준으로 치솟아 '1달러=1유로' 시대가 열렸다. 각국에서 달러 환율이 올랐기 때문에 원화가 수출에 유리한 상대적 가격 경쟁력을 지니기 어렵다.

세 번째는 환율·물가·금리가 오르고 수출·경기·금융시장이 둔화하고 있는 3고·3저의 퍼펙트 스톰(perfect storm : 복합적 위기)이 아직 정점에 도달하지 않았으며 이러한 위기를 극복할 글로벌 협력체도 기대하기 어렵다는 점이다.

2010년 금융위기 시점에서는 미국·중국·러시아를 포함한 G20 정상들이 자유무역과 세계화 체제의 보호를 위해 보호무역주의 배제와 환율 안정 등을 위한 협력의 의지를 다졌다. 그러나 미중 간 무역 분쟁과 팬데믹 이후 미국의 중국 공급망 철수, 러시아의 우크라이나 침공으로 신냉전 체제가 도래한 지금의 국제정세로서는 과거와 같은 글로벌 협력은 불가능하다.

고환율 시대의 대응 방안

고환율에 따른 수입 물가 상승은 무역수지 적자로 이어진다. 관세청에 따르면 수입 증가율은 작년 6월부터 13개월 연속 수출 증가율을 웃돌았다. 올해 상반기 무역적자는 103억5600만달러로 상반기 기준 66년 만에 최대였다. 지난 4월부터 7월까지 4개월 연속 무역적자가 유력한 상황으로서 2008년 금융위기 이후 4개월 연속 무역적자는 처음이다.

여기에 거듭된 적자 국채 발행으로 국가 채무는 1000조원 이상으로 GDP 대비 채무 비율이 50%를 넘었다. 지금과 같은 무역수지 악화 상황이 길어진다면 IMF 외환위기 이후 25년 만에 재정수지와 경상수지가 모두 적자에 빠지는 쌍둥이 적자가 발생할 우려도 있다.

연준이 물가를 잡기 위해 지난 7월 두 달 연속으로 자이언트 스텝을 단행해 한미 간 기준금리가 역전됐다. 이에 달러 강세가 더 심해지고 원화 가치가 급락하면서 외국인 자본 이탈이 발생하고 기업의 부담은 더 커질 위험성이 커졌다. 외국인 자금이 빠져나가면서 주식·채권·원화 값이 모두 하락하는 트리플 약세 현상이 나타났다.

물론 과거 IMF 외환위기 당시와 달리 한국 경제의 기초 체력이 선진국 수준에 도달한 만큼 제2의 외환위기를 염려할 상황은 아니다. 다만 외환 당국이 최근 원화 가치 하락을 방어하기 위해 달러 매도에 나서면서 외환보유고가 큰 폭으로 줄어들고 있다. 고환율과 미국 금리 상승이 지속될 경우 외화 유출이 불가피한 만큼 최악의 시나리오에 대비해 컨틴전시 플랜(contingency plan : 비상계획)을 마련해 둘 필요가 있다.

그 일환으로 한미 통화 스와프(currency swap : 서로 다른 통화를 미리 약정된 환율에 따라서 일정한 시점에 상호 교환하는 외환거래 계약) 체결을 고려할 수 있다. 한미 통화 스와프는 지난 2008년 금융위기 당시 300억달러 규모로 체결됐다가 작년 말 종료됐다. EU나 영국, 일본 등과 같이 한국도 미국과 상설 통화 스와프를 맺는다면 금융 시장의 불안감을 해소할 수 있을 것이다.

물가 안정과 기업 비용 감소를 위해 유류세와 할당 관세를 적극적으로 인하하는 방안도 모색해야 한다. 금융 당국은 이미 유류세와 할당 관세를 인하했지만 유가와 환율 폭등 속도가 가팔라 효과가 제한적이었다. 그렇다 하더라도 단기 물가 안정과 비용 절감 차원에서 유류세를 추가 인하하고 관세 인하 세부 품목을 늘리는 방안을 검토해야 한다.

수출을 주력으로 하며 환보험 가입 등 안전장치를 마련한 대기업과 달리 중소기업은 내수용 납품 위주로 환변동 위험에 취약한 만큼 지원책이 필요하다. 원자재 비용을 낮추기 위해 대기업과 중소기업이 공동 구매를 통해 비용을 절감하는 등 필요한 수단을 모두 동원해야 할 것이다.

연습문제 2022 매일경제TV

현재 환율은 어떤수준이며, 경제(특히 기업)에 미치는 영향은 어떠한가? (1000자, 50분)

※ 논술 대비는 실전연습이 필수적입니다. 반드시 시간을 정해 놓고 원고지에 직접 써 보세요.

200

400

윤석열 정부의 법인세 인하 시도는 옳은가

"국내 기업 국제 경쟁력 확보·낙수효과 기대"–"낙수효과 발생 미지수·세수 결손 우려"

🔴 이슈의 배경

국민의힘과 정부가 민간 기업의 활력을 높이기 위해 법인세를 인하하기로 했다. 지난 7월 18일 당정은 국회에서 세제개편안 당정협의를 열고 법인세 인하 등에 대한 의견을 모았다.

성일종 국민의힘 정책위의장은 당정협의 후 브리핑에서 법인세와 관련해 "기업의 투자·일자리 창출 여력을 확보하기 위해 법인세 인하 및 과세 체계 개편이 필요하다고 요청했다"고 밝혔다. 그러면서 "OECD(경제협력개발기구) 평균에 맞는 국제적 수준으로 맞춰줬으면 좋겠다고 이야기했다"면서 "세부적인 것은 정부에서 발표할 것"이라고 전했다.

이어서 7월 21일 기획재정부는 윤석열 정부의 첫

세제개편안을 공개하며 법인세 최고세율을 25%에서 22%로 낮추고, 과세표준 구간을 현행 4단계에서 2단계(대기업)~3단계(중소·중견기업)로 단순화하는 방안을 발표했다.

현행 법인세는 과표 2억원 이하 10%, 2억~200억원 20%, 200억~3000억원 22%, 3000억원 초과 25%의 4단계로 나뉘어있다. 정부는 이를 2단계로 줄여 과표 200억원 이하 20%, 200억원 초과 22%로 개편하겠다는 방침이다.

다만 매출액 3000억원 미만 중소·중견기업에 대해서는 과표 5억원 이하에 10% 특례세율을 적용하므로, 사실상 법인세 과표 구간이 3단계로 나누어지는 셈이다. 정부는 이 같은 조치로 기업의 세 부담을 줄여줘 투자를 활성화하고, 일자리 창출을 유도할 수 있을 것으로 기대하고 있다.

정부안대로 세법이 개정되면 과표 5억원 중소·중견기업의 법인세는 현행 8000만원에서 5000만원으로 3000만원 줄어든다. 과표 4000억원 일반기업의 법인세는 현행 905억8000만원에서 876억원으로 29억8000만원 감소한다.

윤석열 정부의 첫 세제개편안이 공개된 이후 법인세는 뜨거운 감자가 됐다. 문재인 정부에서 25%까지 올렸던 최고세율을 22%로 낮춘 등의 이번 법인세 개편의 효과를 두고 의견이 분분하기 때문이다.

정부는 다양한 실증연구와 저명 학자의 연구까지 인용하며 법인세를 인하함에 따라 기업 투자 여력이 높아지고 고용도 창출되는 등 향후 경제 성장으로 이어질 것이라는 입장이다. 그러나 정부의 예측에 동의하지 않는 목소리도 적지 않다.

정부의 법인세 인하에 반대하는 사람들은 금리인상 등 각종 대외악재가 겹쳐 기업 투자 환경이 좋지 않은 현시점에서 법인세 인하는 재정 여력을 떨어뜨려 복지 재원만 축소하는 결과로 이어질 수 있다고 지적하며, 정부가 장밋빛 미래만을 그린다고 꼬집는다.

한편, 법인세 인하에 반대 의견을 보이는 사람들을 고려해 기획재정부는 세제개편안 발표 다음날인 7월 22일 설명자료를 내고 법인세율 인하의 경제적 효과에 대해 다시 한번 강조했다. 기재부는 우선 법인세 인하 혜택이 사회 전반에 돌아간다는 것은 경제학적으로 당연한 사실이라고 밝혔다.

기재부는 또 "법인 그 자체가 세금을 부담하는 것은 불가능하다. 세금이란 법인과 관련된 노동자든, 소비자든, 주주든 누군가 살아 움직이는 인간들에게 영향을 주는 것이다"라는 이창희 서울대 법학전문대학원 교수의 저서 『세법강의』를 인용해 법인세율 인하 혜택이 주주, 근로자, 소비자 모두에게 이어질 것이라고 설명했다.

● 이슈의 논점

법인세 인하 찬성 ① : 국내 기업 국제 경쟁력 확보

한국 기업이 부담해야 하는 법인세는 국제적으로 비교해 봤을 때 과도하다. 높은 법인세율 때문에 국제 무대에서 기업 경쟁력이 떨어지는 사례가 있다. 삼성전자의 경우 2018년~2021년 연평균 27.3%의 법인세를 감당했는데, 경쟁 기업인 대만의 TSMC의 법인세 11%와 비교하면 2배 이상의 세금을 부담한 셈이다. 전 세계 기업들과 경쟁하는 삼성전자가 취약한 조세 경쟁력을 가지고 세계 시장에서 제대로 경쟁하기는 어렵다.

현재 한국의 법인세 최고세율은 25%로 OECD 38개국 중 아홉 번째로 높다. 이 순위는 2000년 28위에서 2009년 22위, 2018년 10위, 올해 9위로 지속 상승한 결과다. 다른 나라들이 투자 유치 등을 위해 법인세율을 낮췄지만, 우리는 오히려 올렸기 때문이다.

대표적으로 영국은 금융위기 이후 침체에 빠진 상황을 타파하기 위해 최고 법인세율을 30%에서 19%로 내렸다. 영국은 법인세를 인하한 이후 아마존, 도요타 등 기업들이 영국에 진출하거나 투자를 확대하는 등의 효과를 봤다.

반면, 우리나라는 문재인 정부에서 22%였던 법인세율을 25%로 올린 결과 국내 기업의 해외 직접투자가 89억달러에서 182억달러로 늘어나며, 자본이 두 배 이상 해외로 빠져나갔다. 이때 외국인의 국내 직접투자는 72억달러에서 50억달러로 줄었다.

법인세를 인하하면 해외로 빠져나간 자본을 불러들일 수 있을 것이다. 트럼프 행정부가 법인세율을 35%에서 21%로 내렸을 때 연간 수백조원 규모의 기업 자금이 미국으로 돌아왔다는 조사 결과가 있다.

나아가 법인세를 높이는 것이 반드시 소득 배분 효과를 가져오는 것도 아닌 것으로 알려졌다. 통계에 따르면 법인세율을 높인 문재인 정부 때 소득 1·2 위의 저소득 계층 근로소득은 이전보다 5~6%가량 줄었다.

이처럼 부자증세의 명분이나 취지에도 맞지 않으며, 가뜩이나 경쟁국들과 비교했을 때 내수 규모가 작고, 경영 환경이 불리한 국내 기업에 족쇄를 채워 국제 경쟁력을 떨어뜨리는 우리나라의 과도한 법인세율은 인하되어야 한다.

법인세 인하 찬성 ② : 낙수효과 기대

법인세율을 인하하면 그만큼 기업의 세 부담이 줄어들면서 투자가 늘어나고, 고용 또한 창출될 수 있기 때문에 국민의 전체 소득이 증가하고 경기가 회복되는 등의 **낙수효과**를 기대할 수 있다.

2016년 한국개발연구원(KDI) 보고서와 2017년 조세재정연구원 보고서 등에 따르면 법인세 평균 실효세율을 1%p 낮추면 투자율은 0.2%p 늘고 법인세율을 3%p 인상하면 투자는 0.7%, 고용 0.2%, GDP(국내총생산)는 0.3% 감소하는 것으로 알려졌다.

기업이 잘 되면 자연히 국가 경쟁력이 강화되고, 그 이득이 국민에게 돌아가기 마련이다. 정부가 기업에 법인세 부담을 덜어준다면, 기업도 제품과 서비스 가격을 낮춰 소비자에게 혜택이 돌아갈 것이고, 법인세 부담이 덜어진 만큼 근로자의 임금이 증가하는 등 사회 전반에 혜택이 돌아가 경제 활성화를 유도할 수 있을 것이다.

낙수효과 (落水效果)

낙수효과는 부유층의 투자·소비 증가가 저소득층의 소득 증대로까지 영향을 미쳐 전체 국가적인 경기 부양 효과로 나타나는 현상을 말한다. 대기업 및 부유층의 소득이 증대되면 더 많은 투자가 이루어져 경기가 부양되고, 전체 GDP가 증가하면 저소득층에게도 혜택이 돌아가 소득의 양극화가 해소된다는 논리다. 이 이론은 국부(國富)의 증대에 초점이 맞추어진 것으로 분배보다는 성장을, 형평성보다는 효율성에 우선을 둔 주장이다.

우리나라 경제는 주로 재벌 대기업 중심의 수출 제조업에 의존해 왔다. 일단 재벌 대기업에 특혜를 몰아주고 수출을 많이 하도록 유도하면 국민 전체로 부가 넘쳐흐를 것이라는 낙수효과가 경제 성장·분배 전략의 바탕을 이루었다. 이 같은 재벌 대기업 체제를 근간으로 한 성장 전략이 양극화 문제를 해소할 수 없다는 비판과 함께 낙수효과와 반대되는 개념으로 분수효과 전략이 등장했다. 분수효과는 저소득층의 소비 증대가 생산 및 투자 활성화로 이어져 전체 경기를 부양시키는 효과다.

법인세 인하 반대 ① : 낙수효과 발생 미지수

법인세를 낮췄을 때 낙수효과가 발생할지는 미지수다. 법인세 인하가 낙수효과를 불러온다는 증거를 구체적으로 찾기 어렵기 때문이다. 지난 2019년 5월 국제통화기금(IMF)이 발표한 미국 500대 기업 분석 보고서에 따르면, 미국의 큰 법인세 감세 조치에도 불구하고 기업 투자는 충분히 증가하지 않았으며, 기업은 보유 현금의 80%를 주주에게 분배한 것으로 분석됐다. 최근에는 바이든 행정부도 "낙수효과는 없다"며 선을 그은 바 있다.

설령 법인세를 낮춰 기업 투자가 늘어나고 부유층의 소비가 늘어난다 해도, 그 영향이 중·저소득층에게 긍정적으로 흘러갈지는 확신할 수 없다. 경제개혁연구소에 따르면 노무현 정부 시절인 2007년 소득 상위 20%의 평균 소득을 하위 20%의 평균 소득으로 나눈 값인 5분위 소득배율은 7.09배였으나, 이명박 정부 출범 후 법인세가 25%에서 22%로 낮아진 2008년은 7.38배, 2011년은 7.86배로 늘어났다. 상대적 빈곤율 또한 2007년 17.3%에서 2011년 18.3%로 악화했다.

여러 조사 결과를 봤을 때 부자 계층의 소비를 높이는 정책이 중·저소득층의 소득을 높이는 효과를 기대하기는 어려운 것으로 보인다. 법인세 인하는 이미 부유한 소수에게만 혜택이 될 가능성이 크다. 당장 경기부양 효과를 달성하기 위해서는 부자 계층에 감세를 시도하기보다 소비의 파급 효과가 큰 중간 소득층을 대상으로 한 조세 정책을 펴는 것이 옳을 것이다.

법인세 인하 반대 ② : 세수 결손 우려

법인세 최고세율을 낮추면 연간 세수가 2~4조원 줄어들 것으로 예상된다. 지난 3월 국세청이 공개한 지난해 세수실적에 따르면 전체 세수에서 법인세가 차지하는 비중이 21%나 됐다.

정부가 걷는 세금 가운데 법인세가 차지하는 비율이 이렇게 큰데, 법인세 인하로 발생하는 세수 결손에 대한 보완책을 구체적으로 마련하지 않고 법인세를 인하해서는 안 된다.

윤석열 정부는 출범 이후 소상공인·취약계층의 코로나19 피해 보상 지원과 방역 보강, 민생·물가 안정 등에 62조원을 투입하기로 했다. 윤석열 정부가 추진 중인 국군 장병 월급 단계적 인상을 위해서도 막대한 예산이 필요한 등 세금을 써야 할 곳이 많은 상황에서 세수 결손을 일으키는 법인세 인하는 신중하게 접근해야 한다.

연습문제

윤석열 정부가 첫 세제개편안을 공개하며 법인세를 인하할 방침을 발표했다. 법인세 인하에 대한 본인의 생각을 서술하시오. (1000자, 50분)

※ 논술 대비는 실전연습이 필수적입니다. 반드시 시간을 정해 놓고 원고지에 직접 써 보세요.

200

400

대형마트 의무휴업 규제 존폐 논쟁

"소비자 선택권 존중해야"-"공생 발전 위해 규제 필요"

➕ 배경 상식

10년 묵은 대형마트 의무휴업 규제가 존폐의 기로에 섰다. 윤석열 정부가 과감한 규제 철폐를 주장하고 있어 대형마트 의무휴업 규제가 철폐될 가능성은 어느 때보다 크다. 대통령실은 지난 7월 31일까지 '국민제안 톱10' 정책 투표를 진행했는데 1위로 대형마트 의무휴업 폐지가 선정됐다. 국무조정실은 8월 4일 규제심판회의를 열고 민간이 규제 개선을 심의하는 규제심판제도를 가동했다. 여기서 민간 전문가와 현장 활동가 등 100여 명으로 구성된 규제심판부가 주축이 돼 대형마트 의무휴업 규제에 대한 규제 개선 권고안을 만들 예정이다. 대형마트 의무휴업 규제는 골목상권을 보호한다는 취지로 2012년 시행됐다. 규제에 따라 현재 대형마트는 월 2회 공휴일, 자정부터 오전 10시까지 영업을 할 수 없다.

대형마트 의무휴업 규제가 전통시장 등 골목상권을 보호한다는 본래 목적에 부합하는지에 대해서는 논란이 끊이지 않았다. 전통시장 상인들은 의무휴업 규제가 그간 전통시장 활성화에 기여했다고 주장한다. 대형마트가 쉬는 날에는 전통시장으로 향하는 발길이 확연히 많다는 것이다. 팬데믹 여파로 소상공인이 집중적으로 타격을 받았는데 정부가 규제 철폐로 대기업에만 혜택을 준다는 볼멘소리도 나온다. 그러나 휴일에 장을 보는 소비자들의 편의를 무시하는 규제란 반론도 있다. 대형마트를 이용하는 소비자들이 휴일이라고 전통시장으로 가지 않기에 실효성 없는 규제란 것이다. 실제로 지난 6월 대한상공회의소의 소비자 인식조사에 따르면 소비자는 대형마트 의무휴업일을 피해 토요일에 대형마트를 이용하거나 온라인 쇼핑몰 등 다른 채널을 이용하는 경우가 많았다.

대형마트 규제 철폐 찬성1 소비자 선택권 존중해야

대형마트 의무휴업 규제는 소비자들의 선택권을 과도하게 제한한 것이다. 여성의 사회 진출이 늘면서 맞벌이 부부가 증가했는데 이들은 심야 시간대나 주말이 아니면 현실적으로 장을 보기 어렵다. 육아 부담이 동반되는 경우에는 상대적으로 편의시설이 열악한 전통시장을 이용하는 데 불편함을 느낄 수 있다.

소비자는 가격과 편의성 등을 고려해 합리적인 소비를 하려 한다. 정부가 휴일에 대형마트를 이용하지 못하게 규제한다고 해서 소비자가 골목상권 보호란 대의명분을 위해 전통시장을 찾지 않는다. 전통시장의 경쟁력은 대형마트를 규제함으로써 얻어지지 않는다.

대형마트 규제 철폐 찬성2 전통시장만 영세한가

대형마트 의무휴업 규제는 골목상권의 영세상인 못지않게 형편이 어려운 중소 협력업체에 타격을 주고 마트 직원들의 일자리를 줄인다. 대형마트에 농산물을 납품하는 계약농가는 발주물량이 줄고 장기 보관으로 농산물 가격이 떨어지는 등 큰 피해를 입고 있다. 대형마트에도 사회적 약자는 얼마든지 있다.

또한 대형마트가 휴업할 때 소비자들이 전통시장을 이용하기보다 소비를 중단하는 경우가 많다보니 이는 가계 소비지출액 감소로 이어져 내수 침체와 불황을 부채질하고 있다. 전통시장 매출 증대로 인한 세수 증가분보다 대형마트 세수 감소분이 훨씬 크다.

대형마트 규제 철폐 반대1 공생 발전 위해 규제 필요

경제적 선택의 자유라는 이유를 들어 시장 독·과점을 방치한다면 건강한 자본주의 생태계를 해치게 된다. 선진국일수록 독·과점을 엄격하게 규제한다. 대기업 자본이 무차별적으로 골목 상권까지 파고들면서 전통·재래시장과 소상공인들의 삶의 터전을 절멸시킨 만큼 공생발전과 상생의 관점에서 대형마트의 영업규제는 반드시 필요하다.

대형마트의 영업규제는 대형마트 근로자들의 노무환경을 개선하는 데 기여한다. 영업규제가 없었을 때 대형마트 근로자는 야간·순환 근무 등 비인간적인 근로 환경으로 건강권과 휴식권을 위협받았다.

대형마트 규제 철폐 반대2 전통시장에 도움돼

일각에서는 대형마트 의무휴업 규제가 전통시장 매출 증대에 도움이 되지 않는다고 주장하지만 이를 반박하는 통계 자료도 있다. 서울시가 최근 발표한 '대형마트 의무휴업에 따른 전통시장 영향 분석'을 보면, 대형마트 영업 규제 이후 매출 변화를 묻는 질문에 전통시장 상인 36.5%가 매출이 증가했다고 답했다.

대형마트 의무휴업 규제 효과를 감소시키는 원인은 복합쇼핑몰, 온라인몰, 변종 SSM(Super SuperMarket) 등 유통법 규제를 벗어난 형태의 시장진출이다. 의무휴업 규제를 철폐하기는커녕 그 규제 범위를 넓혀 재벌 유통업체의 무분별한 영업확장을 제한해야 한다.

스포츠업계 취업박람회
전국 35개 대학 참가

스포츠업계로 진출하고 싶은 청소년과 젊은이들에게 취업·진로·진학 관련 정보를 종합해 전달하는 취업박람회가 열린다. 경향신문이 주최하는 '2022 스포츠 진학진로취업 박람회'가 9월 2~3일 서울 잠실학생체육관에서 개최된다.

이 취업박람회는 대학 진학, 진로 체험 및 탐색, 취업 상담 등 세 가지가 동시 진행되는 스포츠 진로 전문 박람회로, 문화체육관광부, 대한체육회, 대한장애인 체육회, 국민체육진흥공단, 스포츠안전재단이 후원한

다. 대학 35곳이 진학 상담 부스를 차리고 대한체육회와 축구협회 등 스포츠 주요 단체들도 다양한 진로를 소개하고 체험하는 프로그램을 가동한다.

참가 대학은 서울대, 연세대, 동국대, 숙명여대, 숭실대 등 서울 소재 대학과 성균관대(수원), 을지대(성남), 경기대(수원), 경희대·명지대·한국외대(이상 용인) 등 경기도 소재 대학을 포함해 대전, 천안, 충주, 세종, 아산, 평택, 경산, 청주, 부산 등 전국 각지 주요 대학들이 모였다.

국제대와 한신대는 참가 대학 중 e스포츠 관련 학부생, 대학원생을 모집하는 두 대학이다. 두 대학 부스 앞에 한국 e스포츠협회도 위치한다. 장애인 체육 및 특수체육 관련해서는 나사렛대(천안), 백석대(천안), 영남대(경산), 한경국립대(평택) 등이 대한장애인체육회와 함께 상담을 진행한다.

불경기와 고물가, 글로벌 위기 속에 취업문이 좁아지는 가운데 이번 취업박람회가 관련 업계 취업준비생들의 관심을 모으고 있다.

한국에너지공단, 청년 일자리 지원 프로젝트
'2022년 KEA 청년 드림캐쳐' 오픈

한국에너지공단이 청년 일자리 지원교육인 '2022년 KEA 청년 드림캐쳐'(이하 드림캐쳐) 프로젝트를 오픈, 8월 16일부터 10월 31일까지 2개월 간 온라인으로 실시한다.

지난해 시작해 올해 세 번째 진행되는 '드림캐쳐 프로젝트'는 청년 구직자와 에너지 유관기관 취업을 희망하는 취업준비생을 위해 한국에너지공단이 준비한 일자리 지원 교육 프로그램으로 대한민국 청년이라면 누구나 무료로 수강할 수 있다.

이 프로젝트는 NCS, 면접 대응전략 등 취업에 대한 팁과 최신 에너지 정책 및 기본지식을 소개하는 온택트(online-contact)로 무료교육을 마련해, 에너지 분야에 취업을 원하는 청년 구직자들에게 도움을 주기 위해 기획되었다.

교육은 총 6차시로 구성되며 ▲1차시 한국에너지공단 소개 및 채용절차 안내 ▲2차시 NCS 이해 및 면접 유형별 전략 ▲3차시 에너지 기본개념의 이해 ▲4차시 기후위기시대 우리나라 탄소중립 추진 정책방향 ▲5차시 에너지이용합리화법 등 관련법령 및 에너지정책 ▲6차시 수소경제 필요성과 추진방향을 위한 과정들로 구성될 계획이다.

교육 신청은 8월 16일부터 KEA 에너지 전문교육 홈페이지에서 가능하며, 수강 신청을 한 누구나 무료로 수강할 수 있다. 아울러 교육 이수자 중 우수 교육 후기를 남긴 50명을 선정해 경품을 제공하는 이벤트도 함께 진행할 예정이다.

"하반기 채용 기업 늘지만
채용 규모는 줄 것"

올 하반기 채용을 계획하는 기업들이 작년 보다 많아지겠지만 채용을 진행하더라도 그 규모는 감소할 것이란 조사 결과가 나왔다. HR테크 기업 인크루트는 지난 7월 12일부터 8월 5일까지 국내 기업 853곳을 대상으로 진행한 설문 결과를 담은 올 하반기 채용 동향을 8월 11일 발표했다.

이에 따르면 국내 대기업의 경우 80.4%가 올해 하반기 채용계획을 확정 지은 것으로 나타났다. 지난해 같은 조사(72.5%) 대비 약 8%p 높은 수치다. 하반기 채용계획이 없는 대기업은 8.8%였다.

이에 반해 중견기업은 채용계획을 확정 짓기보다 갈피를 못 잡은 곳은 26.2%로 작년(14.0%)보다 2배가량 많았다. 경기 침체 우려의 영향을 받은 것으로 해석된다. 올 하반기 채용계획을 확정 지은 중소기업은 67.1%로 집계됐다.

올 하반기 채용 계획을 밝힌 기업 중 404곳을 추려 기업규모별로 나눠 본 결과 대기업은 ▲한 자릿수 (38.5%) ▲두 자릿수(59.0%) ▲세 자릿수(2.5%)로 나타났다. 전년 대비 한 자릿수 채용은 13.1%p 늘었고 세 자릿수 채용(작년 17.7%)은 급감했다.

중견기업도 대기업과 비슷하게 한 자릿수(56.0%) 또는 두 자릿수(44.0%) 채용을 계획 중이고 세 자릿수 채용을 계획한 곳은 없는 것으로 나타났다. 작년 대비 한 자릿수 채용은 14.8%p 늘었지만 두 자릿수는 9.1%p 줄었다. 중소기업은 한 자릿수 채용(94.9%)이 대다수였다.

채용 방식은 수시채용 69.1%, 정기공채 12.1% 등으로 조사됐다. 대기업은 정기공채 20.5%, 수시채용 59.0%, 채용연계형 인턴 20.5% 등으로 나타났다. 중견기업도 18.0%가 정기공채를 시행하고 66.0%는 수시채용을 택했다.

잡코리아,
AI 맞춤형 채용 정보 검색 서비스 선보여

취업 플랫폼 잡코리아가 구직자에 최적화된 맞춤형 채용 정보를 제공하는 'AI 추천&검색' 서비스를 론칭했다고 8월 9일 밝혔다. 신규 서비스는 ▲나의 활동 추천 ▲직무별 인기 공고 ▲복리후생으로 보는 공고 ▲급상승 공고 등 AI 알고리즘 기반의 다양한 정보를 제공한다.

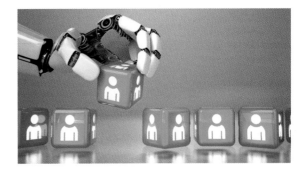

AI 추천 서비스는 구직자 개인의 행동 패턴, 취향과 함께 최신 구직 트렌드 등 잡코리아 전체 이용자들의 관심사항까지 반영해 최적화된 추천 공고를 제공한다. 사용자환경(UI·UX)을 대폭 개선하고 공고별 채용 기업의 대표 이미지를 적용해 편의성과 직관성도 대폭 향상시켰다.

구직자는 추천 리스트에서 좌우 스와이프를 통해 다양한 테마별 공고를 확인할 수 있다. 직무 필터 기능도 추가해 사용자의 선택 폭을 확대했다. 검색 서비스는 키워드 검색 의도를 파악해 원하는 검색 결과를 알려준다.

검색 서비스는 키워드 검색 의도를 파악해 원하는 검색 결과를 신속하고 정확하게 제공하는 의도기반 속성 검색으로 업그레이드됐다. 직무, 지역, 기업명 등 총 6개의 속성으로 검색 키워드를 라벨링해 자동완성어를 노출시켜 사용자가 원하는 검색결과에 빠르게 도달할 수 있다.

특히 검색 시 채용정보 외에도 해당 기업의 정보를 바로 확인할 수 있도록 자동완성어로 제시되는 기업명을 클릭하면 바로 기업정보 페이지로 이동할 수 있다. 이 외에도 머신러닝 모델을 활용한 사용자의 연관·추천 검색어 제공, 전용 필터를 통한 맞춤 공고 등을 제공한다.

우영우가 환기한
자폐인의 현실

'이상한 변호사 우영우' 신드롬

채널 ENA 수목 드라마 '이상한 변호사 우영우'(이하 '우영우')가 돌풍을 일으키고 있다. 막장과 빌런(villain : 악당)이 가득한 매운맛 드라마에 중독됐던 시청자들은 '우영우'가 선사하는 선한 서사에 치유됐다. 국내에서 시청률과 화제성을 평정한 '우영우'는 글로벌 신드롬을 이어갔다. 지난 7월 말 '우영우'는 넷플릭스 시청 순위 집계에서 20개국 1위에 올랐고 비영어권 TV쇼 부문 1위를 기록했다.

'우영우'의 인기 비결은 무엇보다 배우 박은빈이 열연한 주인공 우영우 변호사의 무해한 캐릭터에서 찾을 수 있다. 우영우는 자폐 스펙트럼 장애를 앓고 있어 일상생활에서 크고 작은 어려움을 겪지만 한번 읽은 법조문은 모두 기억하는 천재적 지능으로 까다로운 소송을 척척 해결한다.

드라마 속 예쁘고 머리 좋은 자폐인은 실제 자폐인의 삶과 거리가 멀고 실제 자폐인에 대해 그릇된 선입견을 줄 수 있다는 지적도 있다. 실제로 대한민국에 자폐인 변호사는 존재하지 않는다. 하지만 '우영우'가 일반인들의 무관심과 오해의 영역에서 맴돌았던 자폐인의 현실에 대한 이해를 환기했다는 점은 특기할 만하다.

자폐 스펙트럼 장애와 서번트 증후군

의학 전문가들에 따르면 자폐 스펙트럼 장애(ASD, Autism Spectrum Disorder)는 복합적인 신경 발달 장애를 포괄적으로 일컫는 말이다. 의사소통이 거의 불가능한 자폐부터 의사소통이 가능한 고기능 자폐, 공감 능력이 떨어지는 자폐 등 다양한 종류가 있다. 개인별로 매우 다양한 양상이 나타나기에 스펙트럼(분포)이란 이름이 붙은 것이다.

ASD는 지적 장애를 동반하는 경우가 많아 자폐인은 대부분 학습에 어려움을 겪는다. 사회적 상호작용 장애로 타인과 눈 맞추기를 하지 못하거나 감정을 공유하지 못하는 증상이 많다. 대화를 끌어나가는 것도 힘들다. 우영우가 고래에게 그러하듯 특정 대상에 계속 집착하는 모습을 보이기도 한다. ASD는 조기에 발견해 특수 교육과 언어 및 행동 치료를 하는 게 중요하지만 완치할 수 있는 치료법은 특별히 없다.

다만 자폐인 가운데는 특정 영역에 관해 기억력이 뛰어난 경우도 있다. 극소수는 특정 분야에서 일반인보다 훨씬 뛰어난 능력을 보이기도 하는데 이를 서번트 증후군(Savant syndrome)이라고 한다.

예를 들어 '인간 카메라'라는 별명을 가진 영국 화가 스티븐 윌트셔는 서번트 증후군 환자로 도시를 한번 훑어본 뒤 그 기억력만으로 도시 전경을 매우 세밀하게 그릴 수 있다. 영화 '레인 맨'의 모델이었던 미국의 서번트 증후군 환자 킴 픽은 지능지수가 지적장애(IQ 70) 수준이었지만 1만 권의 책 내용을 대부분 외울 수 있었다.

서울대 로스쿨을 수석 졸업하고 변호사 시험에서 만점에 가까운 점수를 받은 우영우 역시 자폐 스펙트럼 장애를 가진 서번트 증후군 환자란 설정이다. 하지만 전 세계를 통틀어 이러한 서번트 증후군 환자는 100명도 되지 않을 것으로 추정된다. ASD를 겪고 있는 사람들이 '우영우'를 휴먼 드라마나 로맨스라기보다 판타지로 소비하는 이유이다.

차이를 인정하며 살아가기

ASD는 생각보다 흔한 장애다. 2011년 발표된 국내 전수 역학조사에 따르면 7~12세 아동의 ASD 유병률은 2.64%로 나타났다. 자폐 아동 수는 매년 증가하고 있다. 혼다 히데오 일본 자폐증협회 이사장은 장애 정도가 심하지 않은 이들까지 포함하면 인구의 10%가 ASD에 해당한다고 추정했

다. 지하철 한 칸에 탄 100명 중 10명은 자폐인일 수 있는 것이다. 세계 최대 거부인 일론 머스크 테슬라 최고경영자(CEO)도 자폐인이라고 밝힌 바 있다.

장애인개발원의 '장애인 삶' 조사 보고서에 따르면 지적·자폐성 장애인의 46.8%는 최저임금에도 미치지 못하는 월 100만원 이하를 받는다고 답했다. 44.5%는 100만원 이상 200만원 미만을 받는다고 했다. 일상화된 차별 속에서 고학력과 능력을 갖추었어도 장애로 인해 면접 기회조차 잡지 못하는 경우도 허다하다.

전국장애인차별철폐연대가 사회적 비난을 감수하며 지하철 출근길을 늦추는 시위에 나설 수밖에 없는 사연과 이들의 피 끓는 절규가 혐오에 묻히는 살풍경은 장애인에 대한 일반인들의 인식이 얼마나 차별과 무관심에 젖어 있는지를 보여준다.

자폐인을 비롯한 장애인은 치료받아야 할 환자가 아니라 보호받아야 할 소수자들로 인식돼야 한다. 이러한 사회적 인식 변화는 장애인들에게 더 공정한 기회를 주고 장애인은 물론 비장애인의 삶까지 개선시킬 것이다. 장애인과 비장애인이 함께 인간의 존엄성을 복원해나가는 과정에 특혜와 역차별을 거론하는 타락한 능력주의가 끼어들 공간은 없다.

중국과 대만,
양안 관계의 역사

동아시아 순방 중인 낸시 펠로시 미국 하원의장이 8월 2일 대만을 방문하면서 대만을 둘러싼 국제 사회의 긴장이 고조되고 있다. 갈등의 핵심은 중국 정부는 대만을 중국에서 이탈한 자국 영토, 즉 자국의 일부로 본다는 점이다. 그러나 많은 대만인들은 공식적인 독립 선언 여부와 관계없이 대만섬을 하나의 독립된 국가로 여긴다.

중국과 대만 사이의 관계를 양안이라 한다. 양안이란 대만해협을 두고 서안(西岸, 본토)과 동안(東岸, 대만)이 자연적인 군사분계선 역할을 하고 있기에 붙여진 이름이다. 그동안 양안 관계는 중국과 대만이 국공내전 이후 각각 별도의 정부를 수립한 후 대립과 갈등, 때로는 협력관계를 유지하며 오늘에 이르고 있다.

양안 관계의 시작

서기 239년 당시 중국 황제가 이 지역 정찰을 위해 원정군을 보내면서 대만섬은 중국 역사 기록에 처음 등장한다. 중국 정부가 대만은 자국 영토라는 주장을 뒷받침하기 위해 언급하는 역사적 사실이다. 그러나 대만섬은 청나라가 등장하기 전까지 어느 왕조의 관심도 받지 못했다.

대륙과 대만섬 간의 갈등이 본격적으로 진행된 시기는 20C부터다. 중국 본토에서는 중국 공산당과 중국 국민당 사이에서 국공내전이 한창이었다. 1949년 패색이 짙어진 국민당과 총통이었던 장제스는 마오쩌둥이 베이징에서 중화인민공화국을 선포하자 대규모 군과 지지세력을 이끌고 대만섬으로 도망가 타이베이를 임시 수도로 삼는다. 중화인민공화국과 함께 중국을 계승하는 두 개의 정부가 들어서며 갈등이 시작됐다.

장제스는 대만에 망명정부를 수립하고 미국의 전폭적인 지원을 받으며 이후 25년간 집권했다. 장제스의 중화민국 망명정부는 자신들이 중국 전체를 대표하는 정부라고 주장하며 본토 탈환을 꿈꿨다. 당시 유엔 안전보장이사회(안보리)의 중화인민공화국 자리에 중화민국이 있었으며, 여러 서방 국가들 또한 중화민국을 유일한 중국의 정부로 인정했다.

그러나 1970년대 들어 일부 국가에서 대만 정부가 수억 명의 중국 본토인을 진정으로 대표한다고 볼 수 없다는 주장이 나오기 시작했다. 결국 1971년 유엔은 오직 중화인민공화국 정부 대표만을 합법적인 중국의 대표로 인정하게 된다. 그 이후 중화민국 정부를 외교적으로 공식 인정하는 국가의 수는 약 15개국으로 급격히 감소했다.

미중 갈등과 양안 관계

양안 관계에서 미국은 빼놓을 수 없다. 미국은 자유 진영의 수호라는 이름으로 1954년부터 대만을 중국의 마수로부터 지켜나갔다. 미국에 있어서 민주주의 국가인 대만의 현상유지는 미국이 구축한 전후 질서·샌프란시스코 체제를 상징한다. 이에 반해, 중국에 있어서 대만의 수복은 중국의 통일이라는 역사적 과업을 넘어서 미국을 대체하는 지역 패권국으로서의 등장을 상징한다.

또한, 경제 전략적 차원에서 대만은 미중 양국의 기술 패권경쟁 차원에서 중요한 위치를 차지한다. 미국과 중국 양국에 있어서 반도체 산업에서의 우위는 국가 경쟁력의 우위로 이어지는 만큼, 대만으로부터의 반도체 공급은 국가 전략적 차원에서도 중요하다.

미국은 대만에 대해 오랫동안 '전략적 모호성'을 유지해 왔다. 중국의 대만 침공 시 군사적으로 개입하겠다고 밝혔지만, 공식적으로 베이징의 정부만을 유일한 중국 정부로 인정하는 '하나의 중국' 정책을 고수한다. 또한 미국은 대만이 아닌 중국과 공식 수교한 상태다. 그러나 현재 미중 전략경쟁 심화 속에서 미국은 대만과의 관계를 전면적으로 강화하면서, 기존의 '전략적 모호성'에서 보다 대만에 대한 미국의 외교·안보적 지원을 대내외적으로 알리는데 방점을 놓고 있다.

지난 4월 미일 정상회담 공동성명에 '대만해협의 평화와 안정'이 거론됐는데, 이처럼 대만 문제가 미일 정상회담 공동성명에 명시된 것은 52년 만에 처음이었다. 또 바이든 정부는 영국, 호주와 오커스(AUKUS) 군사동맹을 결성하면서 호주의 핵추진 잠수함 건조를 지원하기로 했는데, 바로 이 핵잠수함이 남중국해와 대만해협 등지에서 중국을 견제할 유용한 무기가 될 것이다.

미국의 변화된 대만 정책은 중국의 강한 반발을 부르고 있다. 중국은 대만의 독립 선언을 방지하지 못하면, '하나의 중국' 원칙이 훼손된다고 본다. 그러면 애국주의를 강조해 온 중국 공산당의 통치 정당성이 약화될 것이고, 분리 독립을 원하는 중국 내 소수민족들도 자극할 것이다. 소련이 여러 민족공화국들로 해체되면서 쇠락하는 것을 지켜 본 중국 당국은 절대 그 전철을 밟지 않으려 한다.

영웅의 탄생,
이순신과 한산

파죽지세破竹之勢

그야말로 파죽지세였다. 일본 전국시대戰國時代[1]를 통일한 도요토미 히데요시豊臣秀吉의 대륙 침략 망상은, 끝내 조선 침략으로 이어졌다. 선조宣祖(조선 제14대 왕, 재위 1567~1608) 25년인 1592년 4월 14일, 부산포를 침입한 일본군이 한양에 당도한 것은 같은 해 5월 2일이었다.

불과 20일 만에 수도가 점령당한 것으로, 일본의 육군은 무인지경으로 한반도를 돌파한 셈이었다. 그 사이 도성을 버리고 몸을 피한 임금은 심지어 명나라로의 망명을 고려하였고, 조선의 멸망은 허상이 아닌 실체로 다가와 있었다.

전쟁 초기 이순신이 이끄는 조선 수군은 옥포·당포·당항포·율포 등에서 일본군을 상대로 연승을 거두었다. 이는 거의 일방적인 토벌에 가까웠다. 예상치 못한 바다에서의 패배에 자칫 육군의 진격까지 영향을 받을까 우려한 도요토미 히데요시는 당시 용인에 있던 와키자카 야스하루脇坂安治에게 정예 병력 73척을 주어 바다로 급파하고, 해적 출신으로 해전에 능한 구키 요시타카九鬼嘉隆에게도 42척과 함께 뒤를 따르도록 했다.

당시 먼저 출전 준비를 마친 와키자카 야스하루는 자신이 거느린 73척으로 단독 출전을 감행하였다. 앞선 용인 전투에서 조선을 손쉽게 격퇴했던 기억이 그의 자만심을 부추긴 결과였다. 단독 출전이라고는 하지만 당시 그가 거느린 73척의 일본 함대는 이순신이 맞아 싸운 일본 수군 중 가장 큰 규모였다. 당시 이에 맞설 수 있는 조선의 전선은 전라좌수사 이순신과 전라우수사 이억기李億祺가 거느린 48척에 경상우수사 원균元均이 끌고 온 7척을 더한 55척이 전부였다.

1592년 7월 7일, 이순신 함대는 당포(지금의 경남 통영시 삼덕리 부근) 앞바다에 이르렀다. 그날 저녁 목동 김천손金千孫이 50리 길을 달려와 일본군이 견내량(지금의 경남 거제시 덕호리와 통영시 장평리 사이의 좁은 해협)에 있다는 귀중한 정보를 전했다. 50리라면 20km에 이르는 거리였다. 이순신은 이튿날 함대를 한산도 앞바다로 이동하여 결전을 준비하였다.

견내량 주변은 수심이 얕고 암초가 많아 당시 조선의 주력 전선이었던 판옥선板屋船[2]의 활동이

---

1 무로마치 막부(1336~1573)가 저물던 15세기 후반부터 약 100년 동안 이어진 군웅할거 시대

자유롭지 못할 뿐만 아니라 육지와도 가까워 일본 수군이 상륙하기에 쉬운 장소였다. 이를 확인한 이순신은 일본군을 한산도 앞바다로 유인하여 섬멸하는 전략을 실행하였다. 조선의 주력함대는 한산도 앞바다에 매복시키고 먼저 5, 6척의 판옥선으로 하여금 일본군을 공격한 뒤, 거짓으로 패한 척 달아나게 하였다. 오만함에 눈이 먼 와키자카 야스하루 함대는 큰 의심 없이 곧 이를 추격하였고 어느덧 한산도 앞바다에 이르렀다.

기회를 잡은 이순신은 모든 함선에게 학익진을 형성하여 일본함대를 포위, 집중 포화를 명령하였다. 도망치던 함선이 일제히 방향을 바꾸어 돌격하였고, 매복해 있던 조선의 전선들이 일본 함대를 순식간에 포위한 뒤 거북선을 포함한 조선 전 함대의 함포가 불을 뿜었다.

이 전투에서 이순신 함대는 와키자카 함대 73척 중 47척을 침몰시키고 12척을 나포하였다. 조선은 병력의 일부 손실은 있었으나 전선은 한 척도 잃지 않았다. 그야말로 대승이었다. 이 해전이 임진왜란 3대첩 중 하나인 한산도대첩閑山島大捷이다.[3] 바다에서의 연이은 대승은 육지에서 연패로 수렁에 빠진 육군의 사기를 북돋울 수 있었다.

패장 와키자카는 구사일생으로 전장에서 탈출하여 무인도로 피신한 뒤, 그곳에서 13일간 솔잎과 미역을 뜯어먹으며 버티다 뗏목을 이용해 간신히 육지로 도망쳤다.

▲ 통영 한산도 이충무공 유적(제승당) 전경 (자료 : 문화재청)

이순신의 조선 수군은 한산도대첩 하루 뒤 와키자카를 구하러 달려온 구키 요시타카·가토 요시아키(일본의 두 번째 주력함대)에게도 대패를 안기며(안골포해전) 일본의 수륙병진책을 좌절시켰다. 그결과 전라도와 충청도를 사수한 조선은 새로운 전기를 마련할 수 있었다.

올해는 한산도대첩 430주년이 되는 해이다. 지난 7월 말에는 영화계에서 한산도대첩을 다룬 영화 '한산: 용의 출현'이 개봉하였다. 영화가 개봉할 당시 전작인 '명량'에 이은 '국뽕 마케팅'이라 비하하는 목소리가 있었다. '국뽕'이면 좀 어떤가. 각박한 현실 속에서 영화로나마 세계에서 인정하는 선조의 활약상에 잠시나마 자긍심과 위로를 넘어 카타르시스를 느낄 수 있다면 말이다.

신 민 용
에듀윌 한국사연구소 연구원

---

2 판옥선 : 명종明宗(조선 제13대 왕, 재위 1545~1567) 때 개량된 배를 타고 침략하는 왜구를 무찌르기 위해 개발하였다. 을묘왜변 이후 조선의 가장 중요한 전선 역할을 하였으며, 임진왜란 때 큰 활약을 하였다.

3 임진왜란 3대첩 : 한산도대첩, 진주성대첩晉州城大捷, 행주대첩幸州大捷

맹자 **맹**　　어미 **모**　　끊을 **단**　　베틀 **기**

맹자의 어머니가 베틀의 실을 끊었다

출전: 『열녀전列女傳』

맹모단기孟母斷機란 중국 한나라 유향劉向이 지은 열녀전列女傳에서 유래한 말로, 학문을 중도에서 그만두면 아무 쓸모가 없다는 말로 사용된다. 맹자가 유학자로서 태두가 될 수 있었던 것은 다음 이야기와 같은 어머니의 가르침에 힘입은 바 크다.

맹자孟子는 전국시대 추趨나라 사람으로 왕도정치王道政治와 인의仁義를 존중하여 성선설性善說을 주창한 당대 최고의 유학자였다. 맹자는 어린 시절 학문을 닦기 위해 집을 떠나 공자의 손자이자 당대의 덕망가였던 자사子思의 문하에서 배웠다.

집을 떠나 타지에서 공부하던 어린 맹자는 어머니가 보고 싶어, 아무런 기별없이 집에 돌아왔다.

그때 어머니는 베틀에 앉아 베를 짜고 있었다.

맹자의 어머니는 맹자에게 "공부를 끝마쳤느냐?"라고 묻자, 맹자는 "아직 마치지 못했습니다"라고 말했다. 그러자 어머니는 짜고 있던 날실을 끊어버리고는 "군자란 모름지기 학문을 배워 이름을 날리고, 모르는 것은 물어서 앎을 넓혀야 하느니라. 네가 공부하다 말고 돌아온 것은 이렇게 짜고 있던 날실을 끊어버리는 것과 같다"라고 꾸짖었다.

어머니의 말을 듣고 크게 깨우친 맹자는 곧바로 스승에게로 돌아가서 더욱 열심히 공부했고, 훗날 공자와 어깨를 나란히 하는 훌륭한 학자가 됐다.

▌ 한자 돋보기

孟은 대야(皿)에 담긴 물로 아이(子)를 씻는 모습을 그린 글자로, 오늘날 맹자의 약칭으로만 사용되고 있다.

- 虛無孟浪(허무맹랑) 말하기 어려울 만큼 거짓되어 실상이 없음

맹자 <u>맹</u>
子 총8획

母는 아기에게 젖을 물려야 하는 어머니를 표현하는 글자로, '어머니'의 의미로 사용된다.

- 賢母良妻(현모양처) 어진 어머니 혹은 착한 아내

어미 <u>모</u>
母 총5획

斷은 실타래를 도끼로 자르는 모습을 그린 글자로, '끊다'의 의미로 사용된다.

- 優柔不斷(우유부단) 어물어물하기만 하고 딱 잘라 결단(決斷)을 하지 못함.
- 斷金之交(단금지교) 친구 사이의 정이 매우 두터움

끊을 <u>단</u>
斤 총18획

機는 베틀을 그린 글자로, '베틀'의 의미로 사용된다.

- 危機一髮(위기일발) 당장에라도 끊이질 듯한 위험한 순간을 비유
- 心機一轉(심기일전) 어떠한 동기로 인해 이제까지 먹었던 마음을 바꿈

베틀 <u>기</u>
木 총16획

▌ 한자 상식 | 맹자의 사단

맹자의 사단이란 사람의 본성에서 우러나오는 네 가지 마음을 말한다. 맹자는 인간이 본래부터 선한 마음을 가지고 있다는 성선설을 내세우며, 이것을 4단으로 나누었다. 인간의 마음에는 인(仁)·의(義)·예(禮)·지(智) 등 사덕(四德)의 사단이 있다고 했다.

구분	의미
측은지심(惻隱之心)	불쌍한 사람을 보면 생기는 안타까운 마음
수오지심(羞惡之心)	옳지 못함을 부끄러워 하는 마음
사양지심(辭讓之心)	양보하는 마음
시비지심(是非之心)	옳고 그름을 가리는 마음

—— | Books | ——

다섯번째 산

파울로 코엘료 저·오진영 역

| 문학동네

파울로 코엘료가 『■『연금술사』』보다 더 야심 찬 이야기를 가지고 돌아왔다. 그의 신작 『다섯번째 산』은 성경에 등장하는 예언자 엘리야의 이야기를 바탕으로 한다. 엘리야의 이야기에 파울로 코엘료의 문학적 상상력이 풍성하게 더해졌다. 파울로 코엘료의 작품 중에서 가장 종교색이 짙은 소설로도 평가될 수 있는 이 책에서 작가는 위기의 순간에 무너지지 않고 나를 바로 세울 수 있는 가장 보편적이고 진정한 믿음과 사랑에 대한 이야기를 담아냈다.

■『연금술사』 브라질을 대표하는 작가 파울로 코엘료가 쓴 장편소설로, 1988년 출간됐다. 이 작품은 양치기 청년이 '자아의 신화'를 이루기 위한 여정을 그린 작품으로, 전 세계에서 수천만 부가 판매된 초대형 베스트셀러. 우리나라에서도 수많은 독자의 사랑을 받았다.

매일을 헤엄치는 법

이연 저 | 푸른숲

"겁내지 않고 그림 그리는 방법"이라는 자전적 주제로 시작한 유튜브 채널 '이연LEEYEON'으로 수십만 구독자의 마음을 사로잡고, 또 공감을 끌어내며 독보적인 미술 ■크리에이터로 자리매김한 이연이 첫 번째 오리지널 그림 에세이를 선보였다. 이 에세이는 이연의 인생을 바꿀 결정적 계기가 되어준 1년간의 기록을 담은 자전적 에세이다. 해가 바뀌어도 끊이지 않는 괴로움으로 인해 퇴사를 결심하며, 독자들의 마음을 끌어당길 그 모든 이야기가 시작된다.

■크리에이터(creator) 본래 '창작자'를 뜻하는 말이나, 요즘에는 유튜브 등 온라인 플랫폼에 콘텐츠를 제작해 올리는 사람들을 일컫는 표현으로 더 많이 사용되고 있다. 크리에이터가 창작하는 콘텐츠에 따라 앞에 수식어가 붙는데, 먹방 크리에이터, 뷰티 크리에이터, 여행 크리에이터 등과 같은 식이다.

어른의 문해력

김선영 저 | 블랙피쉬

부족한 문해력으로 고통받는 것은 어린아이들만의 문제가 아니다. 최근에는 어른들도 글보다 영상으로 콘텐츠를 소비하는 시간이 많아지면서, 글을 읽고 이해하는 능력이 부족해져 일상생활이나 직장 생활에서 불편함을 호소하는 경우가 많다. 이 책은 어른의 문해력을 키워줄 실전서다. 13년간 교양 프로그램 방송작가로 글을 썼고, 현재 글쓰기&독서 코치 '글밥'으로 활약 중인 김선영 작가는 성인의 문해력 문제에 일찍부터 주목해온 경험을 바탕으로, 이 책에서 부족한 문해력으로 고통받는 어른들이 이제 어떤 글이든 쓱 읽기만 해도 싹 이해할 수 있도록 이끈다. 이 책과 함께라면 글이라고는 세 줄 요약밖에 읽지 못하는 ■스몸비족도 문해력을 높일 수 있을 것이다.

■스몸비족(smombie族) 스마트폰에 열중하며 걷는 사람들을 좀비에 빗댄 말이다.

놉

조던 필 감독

| 다니엘 칼루야·케케 파머 출연

영화 「겟 아웃」과 「어스」로 자기만의 독특한 영화 세계관을 구축한 ■**조던 필** 감독이 세 번째 영화 「놉」으로 돌아왔다. 「놉」은 정체를 알 수 없는 '그 것'을 둘러싸고 벌어지는 미스터리 하고 기묘한 현상을 그린 영화다. 조던 필 감독은 전작들에 이어 세 번째 작품도 완성도 있게 만들어 평단의 호평을 끌어냈다. 북미 시사회 이후에는 히치콕과 스탠리 큐브릭 등의 거장들과 조던 필을 나란히 둘 만큼의 호평이 쏟아졌다. 또한, 마블의 대작 「토르:러브 앤 썬더」를 밀어내고 미국 박스오피스 1위를 차지하는 등 관객의 사랑도 폭넓게 받으며 이 영화에 대한 국내 관람객들의 기대감을 더욱 키웠다.

셰퍼드 페어리, 행동하라!

롯데뮤지엄

| 2022. 07. 29.~2022. 11. 06.

세계에서 가장 영향력 있는 ■**그래피티** 아티스트이자 유명 의류 브랜드 'OBEY'의 창립자인 셰퍼드 페어리의 작품을 선보이는 전시가 관객을 찾는다. 이번 전시에는 서브컬처였던 거리 예술을 보다 넓은 미술 시장으로 이끈 셰퍼드 페어리의 예술 세계를 살펴볼 수 있게끔, 초기작부터 신작까지 300여 점의 작품이 전시된다. 여기에 벽화 2점도 새롭게 선보여진다. 이들 작품을 통해 관람객들은 셰퍼드 페어리의 자유로우면서도, 그만의 단단한 철학이 담긴 예술 세계 전반을 조망해볼 수 있다.

두 교황

한전아트센터

| 2022. 08. 30.~2022. 10. 23.

희곡에서 소설, 연극, 영화로 제작되며 전 세계인의 사랑을 받은 명작 「두 교황」이 전 세계 최초 연극 라이선스 공연으로 한국 관객을 찾는다. 「두 교황」은 본래 극작가 앤서니 매카튼이 2017년도에 쓴 희곡으로, 2019년 1월에는 책으로 발간됐고, 같은 해 6월에는 영국에서 연극으로 초연됐으며, 8월에는 영화로 제작됐다. 우리나라에서 이번에 연극 버전으로 선보여지는 「두 교황」은 보수적이며 전통적인 교황 ■**베네딕토 16세**와 진보적이며 개방적인 교황 프란치스코를 통해 관객들에게 치유의 시간과 위로를 선사한다.

■ **조던 필(Jordan Peele, 1979~)** 미국의 .코미디언, 배우, 영화감독이다. 데뷔작인 「겟 아웃」으로 아카데미 시상식 각본상을 수상했다.

■ **그래피티(graffiti)** 주로 전철이나 건축물의 벽면, 조각 등에 스프레이 페인트로 거대한 그림 등을 그리는 것을 가리키는 말이다.

■ **베네딕토 16세(Benedictus XVI, 1927~)** 제265대 교황이다. 베네딕토 16세는 고령으로 해외 출장이나 임무를 수행하는 데 부담을 느껴 자진 사임했다. 교황의 자진 사임은 1415년 그레고리오 12세가 사임한 후 598년 만이었다.

누적 다운로드 수 35만 돌파[*]
에듀윌 시사상식 앱

93개월 베스트셀러 1위 상식 월간지가 모바일에 쏙![*]
어디서나 상식을 간편하게 학습하세요!

매월 업데이트 되는
HOT 시사뉴스

20개 분야 1007개
시사용어 사전

합격에 필요한
무료 상식 강의

에듀윌 시사상식 앱 설치
(QR코드를 스캔 후 해당 아이콘 클릭하여 설치)
or 구글 플레이스토어나 애플 앱스토어에서 '에듀윌 시사상식'을 검색하여 설치)

* '에듀윌 시사상식' 앱 누적 다운로드 건수 (2015년 6월 1일~2021년 12월 13일)
* 알라딘 수험서/자격증 월간 이슈&상식 베스트셀러 1위 (2012년 5월~7월, 9월~11월, 2013년 1월, 4월~5월, 11월, 2014년 1월, 3월~11월, 2015년 1월, 3월~4월, 10월, 12월, 2016년 2월,
7월~12월, 2017년 8월~2022년 8월 월간 베스트)

에듀윌 취업 아카데미에서
제대로 공부하세요!

공기업·대기업 수준별 맞춤 커리큘럼
온종일 밀착 학습관리부터 전공&자격증 준비까지 케어

고품질 영상 및 음향 장비를 갖춘 최고의 강의실

언제나 전문 학습 매니저와 상담이 가능한 안내데스크

1:1 대면 첨삭 및 전문 컨설팅이 가능한 일대일 상담실

공용 PC, 프린터, 충전기 등 편의시설을 갖춘 휴게실

강남 캠퍼스	운영시간 [월~금] 09:00~22:00 [토/일/공휴일] 09:00~18:00
	주 소 서울 강남구 테헤란로 8길 37 한동빌딩 1, 2층
	상담문의 02)6486-0600

취업 아카데미
바로가기

베스트셀러 1위! 2,014회 달성* 에듀윌 취업 교재 시리즈

공기업 NCS | 쏟아지는 100% 새 문항*

NCS 통합 기본서/봉투모의고사
피듈형 | 행과연형 | 휴노형 봉투모의고사
PSAT형 NCS 수문끝
NCS BASIC 기본서 | NCS 모듈형 기본서

매1N
매1N Ver.2
월간 NCS

한국철도공사 | 부산교통공사
서울교통공사 | 5대 철도공사·공단
국민건강보험공단 | 한국전력공사
8대 에너지공기업 | 한국가스공사

한수원+5대 발전회사
한국수자원공사 | 한국수력원자력
한국토지주택공사 | IBK 기업은행
인천국제공항공사 | 한국도로공사

NCS를 위한 PSAT 기출완성 시리즈
NCS, 59초의 기술 시리즈
NCS 6대 출제사 | 10개 영역 찐기출
공기업 전기직 기출로 끝장

대기업 인적성 | 온라인 시험도 완벽 대비!

대기업 인적성 통합 기본서

GSAT 삼성직무적성검사

LG그룹 온라인 인적성검사

SKCT SK그룹 종합역량검사
롯데그룹 L-TAB

농협은행
지역농협

취업상식 1위!

월간 시사상식

多통하는 일반상식
일반상식 핵심기출 300제

공기업기출 일반상식
언론사기출 최신 일반상식
기출 금융경제 상식

자소서부터 면접까지!

NCS 자소서&면접
실제 면접관이 말하는 NCS 자소서와
면접_인문·상경계/이공계

끝까지 살아남는 대기업 자소서

더 많은
에듀윌 취업 교재

기출빅데이터로 단기간에 합격! 합격의 차이를 직접 경험해 보세요

100만 권* 판매 돌파!
33개월* 베스트셀러 1위 교재

기본서

한국사 초심자도
확실한 고득점 합격

2주끝장

기출선지 빅데이터로
2주 만에 단기 합격

ALL기출문제집

합격 최적화 최신 기출문제
강의를 뛰어넘는 첨삭 해설

우선순위50

3개년 기출빅데이터로
최최종 마무리 점검

초등 한국사

비주얼씽킹을 통해
쉽고 재미있게 배우는 한국사

취업, 공무원, 자격증 시험준비의 흐름을 바꾼 화제작!
에듀윌 히트교재 시리즈

에듀윌 교육출판연구소가 만든 히트교재 시리즈!
YES24, 교보문고, 알라딘, 인터파크, 영풍문고 등 전국 유명 온/오프라인 서점에서 절찬 판매 중!

공인중개사 기초서/기본서/핵심요약집/문제집/기출문제집/실전모의고사 외 12종

주택관리사 기초서/기본서/핵심요약집/문제집/기출문제집/실전모의고사

7·9급공무원 기본서/단원별 기출&예상 문제집/기출문제집/기출팩/실전, 봉투모의고사

공무원 국어 한자·문법·독해/영어 단어·문법·독해/한국사/행정학·행정법 노트/행정법·헌법 판례집/면접

7급공무원 PSAT 기본서/기출문제집

계리직공무원 기본서/문제집/기출문제집

군무원 기출문제집/봉투모의고사

경찰공무원 기본서/기출문제집/모의고사/판례집/면접

소방공무원 기본서/기출문제집/실전 봉투모의고사

맞춤형 화장품 조제관리사

검정고시 고졸/중졸 기본서/기출문제집/실전모의고사/총정리

사회복지사(1급) 기본서/기출문제집/핵심요약집

직업상담사(2급) 기본서/기출문제집

경비 기본서/기출/1차 한권끝장/2차 모의고사

전기기사 필기/실기/기출문제집

전기기능사 필기/실기

1위 21.2월

한국사능력검정시험 기본서/2주끝장/기출/우선순위50/초등

1위 22.8월

조리기능사 필기/실기

1위 22.8월

제과제빵기능사 필기/실기

1위 22.8월

SMAT 모듈A/B/C

1위 22.8월

ERP정보관리사 회계/인사/물류/생산(1, 2급)

1위 22.8월

전산세무회계 기초서/기본서/기출문제집

1위 22.7월

무역영어 1급 | 국제무역사 1급

1위 22.8월

KBS한국어능력시험 | ToKL

1위 22.8월

한국실용글쓰기

1위 22.3월

매경TEST 기본서/문제집/2주끝장

1위 22.8월

TESAT 기본서/문제집/기출문제집

1위 22.2월

운전면허 1종·2종

1위 22.7월

스포츠지도사 필기/실기구술 한권끝장

1위 22.7월

산업안전기사 | 산업안전산업기사

1위 22.8월

위험물산업기사 | 위험물기능사

1위 22.5월 4주

토익 입문서 | 실전서 | 어휘서

컴퓨터활용능력 | 워드프로세서

정보처리기사

1위 20.2월

월간시사상식 | 일반상식

1위 22.3월

월간NCS | 매1N

1위 22.2월

NCS 통합 | 모듈형 | 피듈형

1위 20.7월 1주

PSAT형 NCS 수문끝

1위 22.1월 4주

PSAT 기출완성 | 6대 출제사 | 10개 영역 찐기출

1위 22.4월

한국철도공사 | 서울교통공사 | 부산교통공사

1위 22.4월

국민건강보험공단 | 한국전력공사

1위 22.7월

한수원 | 수자원 | 토지주택공사

1위 22.7월

행과연형 | 휴노형 | 기업은행 | 인국공

1위 22.8월

대기업 인적성 통합 | GSAT

1위 22.5월

LG | SKCT | CJ | L-TAB

1위 22.8월

ROTC·학사장교 | 부사관

합격자 모임 실제 현장
(서울 강남 코엑스)

에듀윌 합격자 모임

우리는 평생을 함께할
에듀윌 동문입니다

6년간 아무도 깨지 못한 기록
**합격자 수 1위
에듀윌**

• KRI 한국기록원 2016, 2017, 2019년 공인중개사 최다 합격자 배출 공식 인증
  (2022년 현재까지 업계 최고 기록)